Wolfgang-Uwe Friedrich

DDR
Deutschland zwischen Elbe und Oder

Zweite Auflage

Verlag W. Kohlhammer
Stuttgart Berlin Köln

CIP-Kurztitelaufnahme der Deutschen Bibliothek

Friedrich, Wolfgang-Uwe:

DDR: Deutschland zwischen Elbe und Oder / Wolfgang-Uwe Friedrich. – 2. Aufl. – Stuttgart; Berlin; Köln: Kohlhammer, 1989
ISBN 3-17-010758-5

Zweite Auflage 1989

Verlagsort: Stuttgart
Umschlagfoto: dpa
Gesamtherstellung:
W. Kohlhammer Druckerei GmbH + Co. Stuttgart
Printed in Germany

Inhalt

An Stelle eines Vorwortes: Ansichten über die anderen Deutschen

Was zwei Mädchen aus der DDR über Besuche ihrer Altersgenossen aus der Bundesrepublik kritisch feststellten:

»Die Bundis (= Bundesdeutschen) kommen. Man erkennt sie fast immer sofort. Knallenge Levis-Jeans oder Streifenhosen, Adidas und Prinzenrolle. Sie kommen über die Grenze, über die wir fast niemals kommen dürfen. Sie bekommen Fleisch, Bockwürstchen und Sahnetorte in der Jugendherberge und wundern sich, daß wir vor Fleischereien und Gemüseläden Schlange stehen. Morgens erheben sie sich stöhnend aus den Betten in den Sechser-Zimmern, motzen über die Waschräume und wollen zurück in ihre Einzelzimmer mit Bad und Toilette. Sie lachen sich halbtot über die Brille des Typen auf dem Bild im Speisesaal, bewundern gegenseitig ihre neuen Kontaktlinsen und wissen nicht, daß sie eben über Erich Honeckers Augengläser geredet haben. Mit der viel zu unmodernen Straßenbahn wollen sie nicht fahren und zu Fuß gehen auch nicht, weil hier alles so dreckig ist. Zu Hause werden die Straßen dauernd gefegt und gepflegt. Für die eigene Pflege haben sie Seife aus Köln, zwanzig Sorten zur Auswahl, und eine Anzahl Cremes und Wässerchen, Haarwaschmittel für jedes Haarproblem, für jeden Pickel eine Spezialbehandlung. Unsere Geldscheine sind zu klein, die Häuser zu alt, das Brot zu billig, die Kartoffeln zu hart, die Straßen zu holprig, die Leute zu langweilig. Insgesamt sind sie sowieso was Besseres, wir was Schlechteres, aber es war ganz lustig, in der DDR gewesen zu sein – und nächstes Jahr geht es wieder nach Spanien.«

(aus: Wolfgang *Büscher*, Peter *Wensierski:* Null Bock auf DDR, Aussteigerjugend im anderen Deutschland. Hamburg 1984. = Spiegel-Buch 47, S. 181)

DDR-Jugendliche in der Freizeit: T-Shirt, Jeans und Moped ... (Photo Müller-Schneck)

Was zwei Mädchen aus dem Westen über die DDR und ihre Bewohner meinten:

Ines, 18 Jahre, aus Kassel

»Um es vorwegzunehmen – die DDR ist für mich Ausland! Das einzige, was BRD und DDR noch gemeinsam haben, ist die Sprache. Unterschiedliche Wirtschaftssysteme – hier Marktwirtschaft – dort Planwirtschaft, unterschiedliche politische Systeme, hier Sozialismus und dort parlamentarische Demokratie, haben neben den Grenzen einen unübersehbaren Graben zwischen beiden Staaten gezogen. ...

Jedenfalls habe ich die ›totale Diktatur‹, wie sie im Meinungsbild der BRD-Bevölkerung herrscht, nicht erlebt: Im Gegenteil, die Leute waren freundlicher und aufgeschlossener als bei uns, und in Kneipen wurde kräftig auf die Mißwirtschaft des Staates gewettert. Verzweifelt suchte ich den Stasi-Mann, der, so war mein Bild, bevor ich in die DDR kam, den Meckerfritzen gleich abtransportieren würde! Interessant ist auch noch zu bemerken, daß die DDR-Jugendlichen nicht etwa eine Sowjetorientierung haben, die eigentlich von der SED verlangt wird: Unter der Hand wird mit

Bravo-Postern, leeren Cola-Büchsen und sonstigen West-Artikeln gehandelt, nicht zu vergessen die Tchibo-Kaffee-Währung, die schon fast die eigentliche West-Währung ersetzt hat. Informationen, gleich welcher Art, werden von den Ost-Jugendlichen begierig aufgenommen – manchmal, so war zumindest mein Eindruck, kannten sie die bundesdeutsche Realität besser, als wir sie kennen. Allerdings glaube ich nicht mehr an die Wiedervereinigung: Es ist doch paradox, wenn gerade die Parteien und Interessenverbände, die am lautesten nach Wiedervereinigung schreien, alles dafür tun, um die DDR durch Repressalien usw. noch weiter abzudrängen. Selbst wenn man den Fall einer Wiedervereinigung annähme, stünden sich total unterschiedliche Menschen gegenüber, die sich zwar von der Sprache her, nicht mehr aber vom Sinn dessen verstehen würden, was sie sich mitzuteilen hätten.«

Silke, 18 Jahre, aus Berlin

»Ich wohne ca. 6 km entfernt von der Mauer in Berlin-Spandau … Ich sollte erstmal erwähnen, daß ein Großteil meiner Verwandten in Ost-Berlin oder Thüringen wohnt. Dadurch bedingt war ich schon sehr häufig in Ostdeutschland. (Das Wort ›Ostdeutschland‹

Jugend in der DDR: Liedermacher in der Altstadt (Gesamtdeutsches Institut)

Jugend in der DDR: FDJ-Aufmarsch (Gesamtdeutsches Institut)

gefällt mir besser als DDR. Meiner Ansicht nach ist Ostdeutschland kein fremdes Land oder gar Ausland. Auf beiden Seiten der Mauer ist Deutschland und wohnen Deutsche.) Ich habe viele Freunde und Bekannte in Thüringen und versuche, jedes Jahr mindestens einmal zu ihnen zu fahren. Ich habe mich viel mit Gleichaltrigen unterhalten. Sie sind nicht etwa andere Menschen, sondern haben die gleichen Probleme und Sorgen wie wir auch. Klar, sie müssen für Jeans über 100,– bezahlen, können nicht einfach in einen Laden gehen und alle Schallplatten kaufen. Aber das steht mehr am Rand. Sie würden sehr gern mal nach Westdeutschland. Doch die meisten würden nach ihrem Besuch wieder nach Hause zurückkehren. Sie haben ja schließlich dort ihre Verwandten, Freunde, Wohnung und Existenz. ... Sie müssen auf sehr viel Komfort verzichten ... Ich kann es mir sehr schwer vorstellen, dort zu leben, auf Grund des Systems. Man wird sehr vom Staat gelenkt und kann nicht gut öffentlich seine Meinung vertreten. Ich finde die Teilung sehr traurig. Wenn man an der Mauer steht, und man sieht auf der anderen Seite Sandstreifen, Stacheldraht, Zäune, Wachtürme und Militär, auf unserer Seite aber spielen Kinder an der Mauer und bemalen sie, dann ist man ganz schön deprimiert. ... Man soll auf jeden Fall die Hoffnung nicht aufgeben und den

Kontakt nicht abbrechen lassen. Ich wünsche mir ein großes, offenes Deutschland.«

(zit. nach: Alles klar?! Eine Jugendsendung Live vom WDR. Sendung vom 5. 3. 1982 »Die DDR – das ist für mich ein fremdes Land«, Manuskript Folge 44, S. 21–26)

Diese Aussagen von Jugendlichen machen eines deutlich: Je nach persönlicher Erfahrung stellt sich die Beziehung zwischen den Deutschen in Ost und West, zwischen den beiden Staaten in Deutschland unterschiedlich dar. Es gibt gemeinsame Erkenntnisse und auch Einschätzungen: Mauer und Stacheldraht sind unübersehbar; jeder DDR-Besucher kennt das geringere Angebot an Waren, den schlechteren Zustand der Straßen und Häuser usw.; auch der starke Einfluß der westdeutschen Medien besonders auf das Freizeitverhalten, Modebewußtsein und die Konsumwünsche ist für jeden sichtbar. Doch schwierig wird es dann, wenn man zu einem allgemeinen Urteil über die DDR gelangen will. Betrachtet man die Mauer und liest man Berichte über politische Gefangene, so ist das Urteil eindeutig: Die DDR erscheint als brutale Diktatur. Mischt man sich unter die Urlauber auf der Insel Rügen, Ausflügler auf der Wartburg, Museumsbesucher im Dresdner Zwinger oder Gäste in einem Café am Prenzlauer Berg in (Ost-)Berlin, so kann man zu einem entgegengesetzten Urteil gelangen: Die DDR erscheint als Land, in dem es sich ganz gut leben läßt. Beides gehört zur Realität zwischen Elbe und Oder, von der die meisten Westdeutschen nur so wenig wissen.

Das vorliegende Buch soll demjenigen, der die DDR nicht oder nur wenig kennt, einige Informationen vermitteln. Es stützt sich auf gesicherte Forschungsergebnisse. Großer Wert wird auf *offizielle Dokumente* aus der DDR gelegt. Sie helfen uns zu verstehen, wie der »real existierende Sozialismus« von der SED definiert wird und wie die Partei ihre Politik begründet. Diese Verfahrensweise bedarf jedoch der Ergänzung. Über bestimmte Sachverhalte äußern sich nämlich SED und DDR-Regierung offiziell nicht oder aber grob verfälschend. Es gibt offiziell keine Opposition in der DDR. Oppositionelle sind »Rowdys«, »Kriminelle« oder (schlimmer noch) »Agenten«. Als der Liedermacher Stefan Krawczyk 1988 zur Symbolfigur der Opposition in der DDR wurde, verhaftete ihn der Staatssicherheitsdienst, und man klagte ihn der »nachrichtendienstlichen Tätigkeit« an. Aufgrund der besonderen innerdeutschen Beziehungen war und ist es möglich, das Schicksal solcher Oppositioneller zu mildern: Krawczyk wurde aus der DDR abgeschoben, aufgrund der nach dem Grundgesetz Artikel 116 geltenden (gesamt-)deutschen Staatsangehörigkeit in der Bundesrepublik sofort und ohne Einschränkung aufgenommen. Das Beispiel verdeutlicht: Eine rein »systemimmanente« Betrachtung, die sich ausschließlich auf DDR-Quellen stützt, greift zu kurz. Über die Opposition in der DDR informieren in erster Linie *westdeutsche Medien* und Bewohner der DDR mit deren Hilfe. Es informieren darüber Bücher von Bewohnern der DDR, die freilich durch derartige Veröffentlichungen in Schwierigkeiten gekommen sind. Die meisten von ihnen leben heute in Westdeutschland oder in West-Berlin. Irene Böhme, Gabriele Eckart, Franz Loeser, Rudolf Bahro, Hermann von Berg, Harry Maier, Wolfgang Seiffert, Helga Lippelt, Erich Loest, Wolf Biermann, Horst Hiller und viele andere berichten uns eindrucksvoll über das Leben in der DDR. Einige dieser Autoren werden hier zitiert, wenn es darum geht, kritische Positionen der offiziellen Sichtweise vergleichend gegenüberzustellen. Nur so ist es möglich, zu einem *ausgewogenen Urteil* über die DDR zu gelangen.

Im Mittelpunkt der Darstellung stehen das politische System und die Gesellschaft. Beides muß man kennen, um über die DDR urteilen zu können. Beides ersetzt nicht den direkten Kontakt zu den Menschen zwischen Elbe und Oder, aber es soll helfen, Zusammenhänge und Hintergründe zu verstehen.

Einleitung: Lebensbilder aus der DDR

Im folgenden Abschnitt werden ganz unterschiedliche Äußerungen von Bewohnern der DDR zu ihrem Lebenslauf und zu den Lebensumständen wiedergegeben. Die Texte stammen von Frauen und Männern aus drei Generationen. Darunter sind Parteilose und SED-Mitglieder, ehemalige SED-Mitglieder, loyale Staatsbürger, Oppositionelle, »Abgeschobene« und »Übersiedler«. Typisches und Besonderes stehen nebeneinander. Alltagsszenen werden geschildert.

Straßencafe in Leipzig (Gesamtdeutsches Institut)

Eine dreizehnjährige Schülerin sagt, was für sie wichtig ist und läßt dabei die Einflüsse der sozialistischen Erziehung erkennen. Eine Siebzehnjährige verrät etwas vom inneren Zwiespalt, der durch offizielle Pflichten und private Interessen entsteht. Ein Einundzwanzigjähriger gibt u. a. seine Klischeevorstellungen vom Westen wieder, die maßgeblich vom »Westfernsehen« geprägt sind. Ein zwanzigjähriger »Aussteiger« zeigt drastisch, was passieren kann, wenn man nicht »mitmacht«. Ein vierunddreißigjähriger Kulturfunktionär erzählt von seinem persönlichen Erfolg und macht deutlich, wie wichtig eine »feste Grundüberzeugung« für diesen Erfolg ist. Ein SED-Mitglied aus der Kriegsgeneration berichtet von den schwierigen Aufbaujahren. Den Schluß bilden drei kurze Texte von ehemaligen Bewohnern der DDR, dem Liedermacher Stefan Krawczyk, der Malerin Bärbel Bohley und dem Graphiker Hans Noll. Krawczyk und Bohley wollten Veränderungen in der DDR auf der Grundlage des Sozialismus; Noll drohte die Anklage, er lehnte »geheuchelte Reue« und »Selbsterniedrigung« ab, fürchtete »Selbstzerstörung« und stellte deshalb einen Antrag auf Übersiedlung in die Bundesrepublik.

Die Texte verdeutlichen, wie vielschichtig die Gesellschaft der DDR, wie facettenreich das Leben dort ist. Aber auch sie ersetzen

Ein großer Tag für die Jugend: Bruce Springsteen in Ost-Berlin. Außer 160 000 Fans waren auch die »Sicherheitsorgane« unterwegs (dpa)

nicht eigene Erfahrungen im Umgang mit den Deutschen »drüben«. Die Lebensbilder helfen verstehen und werfen Fragen auf.

Grit, 13 Jahre, Schülerin
»Mir sind Eltern und Geschwister am nächsten. Sie sind mir besonders wichtig. Ich lebe bei ihnen in Geborgenheit und Glück. Sie helfen mir, Klüfte des Lebens zu überwinden. Wichtig sind mir auch meine Freunde, denn Freunde braucht man zum Leben. Weiterhin ist es wichtig, daß ich im Sozialismus lebe. Ich kann mir ein glücklicheres Leben im Kapitalismus nur schwer vorstellen. Dort, wo es Hunger, Ausbeutung gibt, Arbeitslosigkeit und Verbrecher, möchte ich nicht leben. Aber um das Leben der Kinder in anderen Ländern zu verbessern, übe ich Solidarität. Das ist mir auch sehr wichtig. Natürlich darf man auch die Schule nicht vergessen. Ich möchte etwas leisten, was allen zugute kommt, und dazu brauche ich Bildung.

Ich lese am liebsten. Beim Lesen kann man in herrliche Träume verfallen. Ich erlebe die Handlungen der Bücher immer mit. ... Es gibt Lehrer, deren Unterricht einwandfrei ist, wo man sich nie langweilt. Andere wiederum sind genau das Gegenteil. Auf die Ferien freue ich mich natürlich riesig. Denn nach langer Schulzeit und in meiner Funktion brauche ich natürlich Erholung. Ich bin Freundschaftsratsvorsitzende in meiner Schule. Dieses Amt übe ich schon drei Jahre aus. Die Arbeit macht mir viel Freude. Ich verstehe stets, andere Schüler mitzureißen und ihnen Vorbild zu sein. Zu Hause gehe ich meiner Mutter so gut wie möglich zur Hand. Ich mache die Betten und sauge das Kinderzimmer, ich mache die Treppen und bringe den Mülleimer ins Müllhaus. Ich gehe einkaufen, koche manchmal das Essen und wasche und trockne Geschirr ab. Manchmal wird es mir zwar zuwider, doch was gemacht werden muß, muß gemacht werden.

In meiner Funktion tue ich sehr viel für die Pionierfreundschaft. Ich erledige gern Aufträge, die man mir erteilt. Wenn ich später im Beruf stehe, werde ich dem Staat sehr viel nutzen. Ich bin für den Sozialismus. Dabei denke ich an Einhaltung der Menschenrechte – gesicherte Zukunft – frohe Kindheit – ein Leben in Geborgenheit und Glück – Frieden – Abrüstung – Freundschaft – sehr gute Lebensverhältnisse – gleiche Behandlung aller Menschen – gleiche Rechte – gleiche Pflichten – gleicher Lohn – Schulbildung – Brot für alle. Ich möchte gern die Schule mit dem Abitur beenden. Danach möchte ich den Beruf des Lehrers studieren. Ich möchte

Leistungsschau der Gesellschaft für Sport und Technik (Bildarchiv Jürgens)

die Schüler zu pflichtbewußten Bürgern unseres Staates erziehen. Eine glückliche Ehe mit zwei Kindern wünsche ich mir. Schön wäre es, wenn ich den Kommunismus noch erleben würde. Ich werde mit allen Kräften mithelfen, ihn aufzubauen.«

(aus: Katrin *Pieper* [Hg.]: Um 6 Uhr steh ich auf. Kinder aus der DDR erzählen. Reinbek bei Hamburg 1980 [erschien zuerst 1979 im Kinderbuchverlag Ost-Berlin], S. 54–55)

Imke, 17 Jahre, Lehrling
»Ich wohne auf dem Dorf ... Alle sagten: Mach Berufsausbildung mit Abitur, weil ich die zehnte Klasse mit eins abgeschlossen habe,

aber ich will später nicht mal am Schreibtisch landen wie mein Vater. Der hatte immer gelernt, gelernt ... Er ist zwar oft draußen, aber ich weiß, wie's ihn ankotzt, wenn er mal paar Tage lang nur Listen ausfüllen muß. Er ist Technologe bei den Kirschen. Das will er nicht mehr machen, sie lassen ihn aber nicht weg, und er ist unheimlich gutmütig. Wenn sie sagen: kommt 'ne Ladung Bäume, die anderen können nicht!, sagt mein Vadder schon: Ja. Meine Mutter rastet bald aus, wenn er am Wochenende wieder nicht zu Hause ist.

Aber der ist in Ordnung, hat ein unheimliches Wissen in allen Sachen. ...

Meine Mutter ist Lehrerin. Die kann keine Ungerechtigkeit und Heuchelei vertragen, und Lehrer müssen eine ganze Menge schwindeln: Sie hatten das und das gemacht, damit die Schüler durch die Klassen kommen, obwohl sie gar nichts gemacht haben. Die Direktorin sagt, sie müssen's schreiben. Da macht meine Mutter den Mund auf und handelt sich Ärger ein. ...

Ich bin Facharbeiter für industriemäßige Apfelproduktion. Ich kann nur einen Apfelbaum schneiden, der entsprechend gewachsen ist und schon mal 'n Erziehungsschnitt gekriegt hat!

Später will ich was anderes werden, vielleicht Erzieher für Leute im Internat. Obwohl mein Freund sagt, viele von denen haben die Nase voll. Bei uns im Internat herrschen ganz blöde Erziehungsnormen, da geht's immer nur: Wenn ihr das nicht macht, Briefe an die Eltern, da wird Entsprechendes reingeschrieben! Und was nicht alles *streng verboten* ist. Zum Beispiel in die Kirche gehen. Ist doch jetzt 'ne Modefrage. Die FDJ (= Freie Deutsche Jugend) ist selber daran schuld, bietet uns nichts außer bißchen Tanz. Die Kirche ist der einzige Ort, wo man seinen Geist bißchen anstrengen kann. Zum Beispiel: Was ist Kultur? Was hab ich mir denn vorgestellt darunter? Tanzen und höchstens 'mal 'ne Bilderausstellung. Da hört's schon auf. Nichts Aktives, wo ich meine Phantasie entwickeln kann. ...

Aber die Kirche ... ich war in der Bibelstunde. Darf keiner wissen, bin ja FDJ-Sekretär ... Aber ich will mich weiterbilden, weeßte? Wer das nicht versteht, tut mir leid. Die denken dort einfach so vollkommen anders. Na ja, ist eigentlich verrückt, Glaube! Da darfste nicht fragen: Wieso? und Warum? Aber es ist was anderes und nicht mit soviel Zwang verbunden, soviel Organisiertheit und Unpersönlichkeit. Und freundlich ist's da ... ist das einzige Wort, was mir dafür einfällt. Als ich zum erstenmal dort war, dachte ich: Häh? und hab die angekiekt. Die reden mich einfach so an. Mensch, man kriegt fast ein schlechtes Gewissen, wenn die Leute 'mal zu einem freundlich sind. Ist das nicht schlimm?

Unser Erzieher, Herr H., sagt immer bloß: *Das ist ein sozialistisches Internat. Hier werdet Ihr zu sozialistischen Persönlichkeiten herangezogen.* Das ist uns total hohl. Und weiter weiß der nischt. Ich hab ihn mal in einer FDJ-Versammlung, wo's um Rüstung ging, gefragt: Aber wenn die SU (= Sowjetunion) Waffen nach Iran verkauft, verdient die daran nichts? Er konnte mir keine Antwort geben, erzählte nur nach, was er irgendwo mal gehört hat. Du spürst, er steht nicht dahinter. ...

Mein Mann, der soll erst mal richtig schön männlich aussehen. Ja, ist doof, vom Aussehen auszugehen, aber irgendwie lege ich doch Wert drauf. Dann soll er intelligent sein, ich muß mich mit ihm unterhalten können. Und wie noch? Er soll mir meine Freiheit lassen. Ich laß ihm seine auch. ... Aber vor fünfundzwanzig will ich nicht heiraten. Und Kinder will ich nicht so viele. Möchte ja viel unternehmen. ... In Polen war ich, auf der Halbinsel Hela, auch in Ungarn. Aber ich finde, man müßte auch mal richtig die DDR kennenlernen. Und außerdem auch das kapitalistische Ausland. Wegen dem Vergleich. Unser Staat sagt: Ihr habt ja eure Arbeit, könnt zufrieden sein! Okay, ich weiß, daß es dort noch vielen Leuten dreckig geht, Arbeitslosigkeit und so. Aber das müßte man sich selber ansehen. Außerdem könnte man sich was abgukken, was die besser machen. Ich kann mir vorstellen, daß für die Jugendlichen dort mehr los ist. Wenn ich SFB (= Sender Freies Berlin) höre: Also heute abend die und die Veranstaltung, zum Beispiel Konzert mit Alexis Corner, wir haben noch zehn Karten ... da könnte ich ausflippen. Die haben noch Karten, und ich sitze hier!«

(aus: Gabriele *Eckart:* So sehe ick die Sache. Protokolle aus der DDR. Köln 1984, S. 55–60. Das Buch sollte ursprünglich in der DDR erscheinen, fiel dann aber wegen seines kritischen Inhalts der Zensur zum Opfer)

Matthias *Bothe* über seine Schulerfahrungen

»Diese schulische Propaganda hatte bei mir weder großen Erfolg noch großen Mißerfolg, wie das bei vielen der Fall ist, die zu jung sind, das Gesagte kritisch zu verarbeiten und zu bewerten. Man wiederholt einfach die dargebotenen Phrasen – und der Lehrer ist zufrieden. Mein Interesse für Politik und Philosophie wurde aber dennoch durch die Schule geweckt. In der siebten Klasse nämlich begann der Staatsbürgerkundeunterricht, in dem man uns die ›Tatsache‹ vermittelte, daß wir über die einzige wissenschaftliche

Weltanschauung verfügten, die es überhaupt gibt. Die westlichen Philosophen seien alle dumm, so der Lehrer, da sie behaupten würden, es sei überhaupt nichts da, aber wir uns doch sehen und anfassen könnten – allgemeine überlegene Heiterkeit über die Einfalt der westlichen Philosophen einschließlich der Kirche. Man sagte uns, wenn wir an diese einzige wissenschaftliche Weltanschauung glaubten, vertraten wir die Wissenschaft und seien die Pioniere des Fortschritts in der Welt.

Nun ist zwar jeder junge Mensch sicher überrascht, erfreut und stolz, in ein paar Stunden zur einzig wissenschaftlichen Weltanschauung gelangt zu sein, die ihn schlagartig allen anderen (auch Gelehrten) gegenüber überlegen macht, aber ein ungutes Gefühl, das mit einer gewissen realistischen Selbsteinschätzung zu tun haben muß, bleibt. Aber immerhin stand dahinter die gesamte Autorität des Lehrers und mit ihm die des Staates. Allein die Primitivität der Propaganda, die einem mit zunehmendem Alter immer fragwürdiger erscheint, ihre Eindringlichkeit und Penetranz erschöpfen sehr schnell die Aufnahmefähigkeit und vor allem den Aufnahmewillen des Jugendlichen. So kommt es, daß der Staatsbürgerkundeunterricht bald zum Horrorfach wird, das einem nur die Zeit stiehlt und tödlich nervt. …

Ein weiterer Schritt auf dem Weg der Entfremdung vom Staat war die Frage der Informationen. Ich war wißbegierig und wollte lernen, warum dies so und anderes so ist. In den naturwissenschaftlichen Fächern wurde diese Neugierde zum Teil befriedigt, aber in der Gesellschaftspolitik ganz und gar nicht. Nur dumme, hohle Phrasen – angefangen von der Schule über Rundfunk, Fernsehen, Zeitungen bis zu den Transparenten an den Häuserwänden. Überall die gleichen abgedroschenen Sprüche, die uns suggerieren sollten, daß wir in einem Paradies leben würden oder zumindest dieses uns in Kürze erreiche, obwohl die Realität keinerlei Anzeichen dafür bot. Die Propaganda erdrückte mich förmlich; wo ich auch hinkam, immer das gleiche. Irgendwann begriff ich, daß diese Lehrformeln keine Inhalte mehr besitzen. Also suchte ich mir andere Informationsquellen. Da ich wenig Beziehungen hatte, blieb nur das Fernsehen. Und das nutzte ich, so gut es ging. … Alles, was ich am DDR-Fernsehen vermißte, bot mir das West-Fernsehen.«

(aus: Matthias *Bothe:* Die Acht-Stunden-Ideologie. In: G. *Finn* und L. *Julius* [Hg.]: Von Deutschland nach Deutschland. Köln 1983, S. 58–68 [Zitate S. 60, 64 f.])

Aufmarsch der »Jungen Pioniere« (Gesamtdeutsches Institut)

Heinz, 21 Jahre, Gärtner

»Zu meinem Beruf bin ich gekommen ... ich wollte was mit Technik machen. Ich kannte paar Treckerfahrer, die haben gesagt, wenn Du hier lernst, kannst Du als Treckerfahrer anfangen und dich später qualifizieren auf Lkw. So bin ich in die Firma gekommen ... Ich habe Obstbauer gelernt und danach eine Qualifizierung gemacht als Mechanisator. Ich fahre meistens einen ETM, das ist ein Traktor aus Belgrad, so'n kleines Ding. An der Arbeit befriedigt mich nur, daß ich fahre. Ankotzen tut mich 'ne ganze Menge. Es gibt einen Unterschied zwischen Bereichstechnik und richtiger Technik. In die richtige wollte ich. Die haben nur einen Chef, und im Winter machen die was auf der Autobahn, Schilderwaschen, Streuen, Schneepflugfahren. Aber weil ich als Lehrling mal Scheiße gebaut hatte, bin ich Bereichstraktorist und muß mich von jedem Chef, der sich einbildet, daß er wat zu sagen hat, rumkommandieren lassen. Was ich für Scheiße gebaut habe? Wir hatten einen Bunker gebaut, zwischen lauter Gemüsekisten und Holzwolle, jedenfalls ist alles abgebrannt. Ich wurde im April 78 vom Kreisgericht verurteilt zu zwei Jahren Bewährung, Gerichtskosten zahlen und zehn Tage unbezahlte, gemeinnützige Arbeit. Da hab' ich 'n Pfiffi gemacht, ich mußte vor der Schule Straße fegen.

Zu der Sache hat seitdem keiner von den Chefs was gesagt. Aber es stört mich, daß es noch immer in meiner Kaderakte (= eine Art Personalakte) steht. Das werden jetzt vier Jahre, die woll'n das nicht rausnehmen. Aber wie will ich so in 'nem Betrieb anfangen? Als wenn sie mich damit halten wollen. Ich gehe mich bald erkundigen, ob das von Rechts wegen nicht raus muß. ...

Da hab ich mitgekriegt, daß es Helga gibt. Ich bin jetzt fünf Monate mit ihr zusammen. Die ist immer sauber, worauf ich auch Wert lege, wenn ich mir eine suche, sie ist auch immer ehrlich zu mir gewesen, trinkt nicht, roocht nicht, ist hilfsbereit, die anderen reden von ihr nicht schlecht. Na ja, vom Geschmack paßt sie mir auch ... habe ich also einen Volltreffer gemacht. ... Heiraten wolln wir noch nicht, ich will vorher erst zur Armee. Die, mit denen ich gelernt habe, sind schon wieder hier, mich haben sie noch nicht geholt. Das paßt mir nicht, ich will endlich anfangen, mir mein Leben aufzubauen mit Wohnung, Kindern ... Viele heiraten bloß wegen der Wohnung, ist doch so ...

Wenn die Grenze offen wäre, ich würde nicht nach drüben gehn. Zwar, in der Welt sehen sie Westdeutschland 'ne Stufe höher. Vielleicht liegt das daran: weil die Betriebe dort privat sind, gibt es keine Schludereien. Der Betriebsleiter weiß: is meins! Das ist ihm nicht egal, wie's aussieht. Wenn die Musbude hier in Werder im Westen wär, würde einer von der Zeitung kommen, paar Fotos machen, und keiner würde mehr 'ne Flasche Ketchup kaufen oder Appelwein. Da ist der Konkurrenzkampf, da können sie sich so was nicht leisten. Die wissen auch ganz genau, wie sie kalkulieren, da ist nicht 'ne Schraube umsonst. Aber ich nehme an, deshalb übertreiben sie's bißchen mit Ordnung und Ökonomie. Die könnten uns was davon abgeben. Aber drüben arbeiten? Nee. Hier weeß ick, nächstes Jahr arbeite ich immer noch in der Firma, drüben weeß ick's nich. Und hier kann ich meinem Chef sagen, was mir nicht paßt. Und überhaupt ... wenn sie zum Beispiel einen Rechner kaufen wollen, fragen sie uns vorher auf der Hauptversammlung, und es wird abgestimmt. Oder wenn einer von den Chefs mehr Gehalt kriegen soll, da wird die Höhe vorher angesagt, da solln wir drüber diskutieren, jeder kann sagen: ja oder nein. Mit dem Plan ist's auch so, wir kriegen alles erst vorgelegt, drüben würde da keiner zu uns wat sagen. ...

Zum FDJ-Studienjahr geht keiner hin, sie sagen: muß einkaufen oder zum Friseur oder das Kind ist krank ... Ich war mal da, das hat mir überhaupt nicht zugesagt. Da haben sie bloß ihr Buch, das schlagen sie auf, und dann geht's los: der böse Westen, der gute Sozialismus, stundenlang. ... Das hatten sie mir schon in der

Schule erzählt. Und wie die Situation in der Welt ist, weeß ick ooch alleene, durch Fernsehen und die Zeitung....

In meiner Freizeit bastele ich gern, am Moped oder Motorrad, ich hab noch zwei Ersatzmotoren zu Hause, die will ich dieses Jahr zusammenbauen. Ab und zu gehe ich ins Kino, mal in die Kneipe. Nicht als Säufer, ich setz mich an'n Tisch, da quatsch ich und bin gleich in Kontakt. Zuerst geh ich vorsichtig ran, man weiß ja nicht, wen man vor sich hat, irgendwelche politischen Parolen darfste nicht rauskloppen. Ich red über Allgemeines, über Technik oder den Film, der gestern geloofen ist, oder über die Kneipe, dann merkst du ja, wie der andere reagiert. Wenn ich denke, der Kunde gefällt mir nicht, kann ich auch gar nischt sagen. Meistens gehe ich alleine, auch mal zum Tanz auf die Friedrichshöhe. Helga geht überhaupt nicht weg, sie trinkt auch nur Cola....

Im Fernsehen kiek ich am liebsten Abenteuerfilme, Piratenfilme oder was aus dem Krieg, mit Humphrey Bogart... so was ist meine Richtung. Ich sehe fast nur Westen. Ich finde, die bringen hier alles so übertrieben und nur Planerfüllung und so'n Humbug. Als wenn sie die Leute für blöde erklären wolln. Alles ist so zugespitzt, oder wie soll ich dazu sagen.«

(ebenda, S. 70–74, 78–82)

Harry, 20 Jahre, Aussteiger

»Im Frühjahr 1982 wollte ich von Sangerhausen im Harz nach Leipzig ziehen. Hinter mir: eine verkrachte Lehre wegen Waffenverweigerung bei der vormilitärischen Ausbildung, vom Abi geflogen, Krach mit den Erzeugern, Durchschlagen mit 'nem Zimmer bei 'nem Kumpel und 120 Mark im Monat....

Ich zieh' ... nach Leipzig zu Bruno, der 'ne Einraum-Wohnung mit feuchten Wänden bekommen hat. Dort lern' ich Tanja näher kennen, die natürlich mächtig am Ende ist. Und dort wohnen wir nun, Bruno, Tanja, Mozart und ich. Bruno geht als einziger arbeiten und stinkt entsprechend auf uns ab.

Ich renn' wie ein Bekloppter nach Arbeit 'rum. Nichts zu machen. Als gelernter Elektriker höre ich nur immer wieder die Worte, ›gehn sie mal zurück in die Produktion. Als Elektriker werden sie gebraucht. Sie als junger Mann müssen doch ihre Arbeitskraft voll auslasten‹, und so weiter. Dieser ewige Kreislauf, dieses Reinpressen in Proletennormen, nur nicht denken, Arbeiten und Konsumieren sind angesagt. Wer das kennt, so einen Achtdreiviertel-Stunden-Tag in der Fabrik, der weiß, wie es ist, wenn man nach Hause kommt und nicht mehr den Elan hat, sich ein Buch zu greifen oder wegzugehen.

Aber noch hatte ich genug Zeit, mich mit allem möglichen zu beschäftigen. Langsam auch vergessen die Zeit, wo ich mit Liebe die Welt revolutionieren wollte. ...

Entscheidend waren eigentlich immer solche spontanen Feten. Ich war dann mit Tanja irgendwie auseinander, wir wohnten zwar noch zusammen, aber gelaufen ist halt nix mehr. Mir selbst ging's immer beschissener, ohne Job, kein Geld. Dazu Depressionen und die Angst, festgenagelt zu werden – dieser Verfolgungswahn vor den Bullen und der Stasi (= Staatssicherheitsdienst), denn Nichtarbeiten ist ja strafbar und asozial.

Aber weiter ging's trotzdem. Ich trampte viel 'rum, Leute besuchen und so. ...

Im November war ich dann auch viel in Berlin. Leipzig kotzte mich total an – diese unheimlich dreckige Stadt, und vor allem diese Hinterwäldler-Spießer. Wegen 'nem Ring im Ohr ist man da gleich angemacht worden. Allerdings gab uns das den Zusammenhalt, einfach, daß die Beziehungen zu den anderen Leuten eigentlich viel enger waren, bedingt durch die graue Masse und das System. Es gab natürlich auch Diskrepanzen zwischen uns. ... Da war zum Beispiel die Sache mit Tanja, eines der beschämendsten Dinge, die ich mir je geleistet habe. Durch ein paar dumme Erlebnisse mit den Bullen in direkter Folge aufeinander – es war Anfang Dezember – hatte ich einen ziemlichen Frust und Verfolgungswahn. Überall sah ich Spitzel, achtete auf die abnormsten Details bei den Leuten, die auf solche Tätigkeiten hinweisen konnten.

Bei Tanja kam da so einiges zusammen, meine Phantasie hatte keine Grenzen mehr, ich steigerte mich da immer mehr hinein. ... Ich erzählte nur ein paar Freunden meine Befürchtungen ... Aber es kam, wie es kommen mußte. Einer hielt die Klappe nicht, der Kreis schloß sich, und Tanja erfuhr von allem. Klar, daß sie total fertig war. Es kam zu 'ner Aussprache zwischen uns beiden, ich fühlte mich ziemlich mies. Schließlich hatte ich das alles verzapft! Aber sie nahm mir das gar nicht übel, und irgendwann war die Sache dann auch vergessen. Es wäre nicht das erste Mal gewesen, daß Leute durch solche Denunziation fertiggemacht worden wären oder zum Strick gegriffen hätten.«

(aus: *Der Spiegel* Nr. 40, 3. Oktober 1983, S. 128–129)

Monika *Reuter*, Journalistin, geb. 1951 in Dresden, nach ihrer Umsiedlung nach München rückblickend und vergleichend

»Ich glaube, in der DDR wird zuviel Für- und Vorsorge getrieben. Der Glücksanspruch des einzelnen bleibt dabei auf der Strecke.

Mit materieller Sicherheit, mit Arbeitsplatz und Lehrstelle für jeden, mit preiswerten Wohnungen, Straßenbahn und Brot für Pfennige allein ist der Mensch kaum zufriedenzustellen. Er braucht auch Verrücktheiten, Sensationen, Genickschläge, Flitterglanz, Wunder, wankenden Boden, Abenteuer, Angstgefühl, Triumph, um sich dran müde zu jagen. Sicher ist vieles davon Lebenslüge. Der eine durchschaut sie zynisch, der andere versinkt mit wohligem Lächeln darin. Aber jeder, wirklich jeder findet hier irgendetwas, woran er sich festhalten kann. Mag das nun ein Bankkonto oder eine Drehleiter, eine Weltreise oder Mode nach dem letzten Schrei sein. Das administrierte Glück für alle dagegen hat nicht nur einen faden Beigeschmack, sondern produziert auch apathische Unzufriedenheit.

... In dieser allumfassenden Weise, wie der Staat die Biographie des einzelnen vorprogrammiert – Krippe, Kindergarten, Schule, Lehre/Studium, Arbeit, Rente, Tod –, liegt so viel Einengung und Uniformierung, so viel Passivität und Umsicht, daß es normal wird, den Lebensweg entlangzutrotten ...«

(aus: Monika *Reuter:* Ihr da drüben. Briefe in die DDR. Eine Chronik des Einlebens. Lübbe Verlag Bergisch Gladbach 2. Aufl. 1988 [Zitat S. 21 f.])

Die Karl-Marx-Allee in Karl-Marx-Stadt (Chemnitz) (Gesamtdeutsches Institut)

Harry, Bauingenieur
»Mein Vater ist gefallen, meine Mutter arbeitet als Verkäuferin. Nach zehn Jahren Schule hatte ich keine Lust mehr, ich bin auf den Bau, lernte Maurer. Wir haben angefangen, Dresden wiederaufzubauen. Jetzt sieht es schon ganz gut aus, an einigen Stellen zumindest. In der Maurerbrigade fühlte ich mich wohl, alles prima Kumpel, drei waren in der SED, alles meine Väter. Als ich 18 Jahre alt war, sagten sie, ich müsse in die Partei eintreten, das sei nun mal so. Ich konnte gar nichts dagegen machen, es war mir auch egal. Ich habe unterschrieben, zwei haben gebürgt, eines Tages stand ich da mit dem Nelkenstrauß in der Hand, und anschließend haben wir schön gefeiert. Geändert hatte sich nichts für mich. Erst als ich zwei Jahre später zur Fachschule ging, merkte ich, daß von mir ständig etwas erwartet wurde, weil ich Genosse war. Ich habe Aufgaben bekommen, wurde FDJ-Sekretär, ich tat, was notwendig war. Das war nicht schwer, weil ich mit allen Leuten gut auskomme. Später fiel mir auf, daß ich eine seltene Erscheinung bin: Bauingenieur und Genosse. Mancher fragt: ›Warum bist du in der Partei, du bist doch ein guter Fachmann, das hast du doch gar nicht nötig.‹ Stimmt. Unter meinen Kollegen gibt es wenig Genossen.

Ich hatte nie Schwierigkeiten, weder bei der Arbeit noch mit der Partei. Als 1970 ein Kollege über Nacht abgesägt wurde und ich das Großprojekt übernahm, machte ich mir ein paar Gedanken. Ich hatte erst vier Jahre Berufserfahrung, es hätte andere mit besseren Voraussetzungen gegeben. Jedoch: Ich war jung, ein guter Fachmann, warum eigentlich nicht? Ich wollte nicht wahrhaben, daß meine Parteizugehörigkeit vielleicht ausschlaggebend gewesen war. Inzwischen weiß ich es besser. Jetzt meine ich, daß ein guter Fachmann, der zusätzlich gesellschaftliche Arbeit leistet, wichtiger ist als nur ein guter Fachmann. Er kann mehr erreichen, sich besser durchsetzen bei übergeordneten Leitungen.

Schwer wird es, wenn politische Entscheidungen vor fachlichen rangieren. Damit habe ich es jetzt oft zu tun. Manchmal kann man was hinbiegen, manchmal nicht. Wenn nicht, fühlt man sich hundeelend. Oft heißt es, du bist doch schon 20 Jahre in der Partei, du bist doch 1961 eingetreten, als wir die Mauer gebaut haben, du weißt doch, was auf dem Spiel steht. Ich widerspreche dann nicht. Wenn die wüßten, wie das damals gewesen ist. Viel kann man ja ohnehin nicht machen. Aber in dem Rahmen, der mir gegeben ist, habe ich Einfluß, das glaube ich fest. So naiv bin ich. Ich bin eben zur Partei gekommen wie die Jungfrau zum Kind. Dadurch stimmt etwas mit mir nicht. Aber das läßt sich nicht ändern, damit lebe ich nun.«

(aus: Irene *Böhme:* Die da drüben. Sieben Kapitel DDR. Rotbuch Verlag Berlin 1985, S. 52–53).

Lied-Text von *Stefan Krawczyk*

»Das geht solange gut, solang' das gut geht
solange du dich an die Regeln hältst
doch wenn du fällig bist, dann bist du fällig
weil du dann meistens auf die Schnauze fällst«

»Besser scheint's uns doch, aufzubegehren
Und auf keine kleinste Freude zu verzichten
Und die Leidensstifter abzuwehren
Und die Welt uns häuslich einzurichten!«

»Hoffnung kommt nicht vor der Trauer
Rettung von Ohnmacht nicht
Leben ist von kurzer Dauer
keine Zeit mehr für Verzicht«

Krawczyk erhielt 1985 vom Magistrat Ost-Berlins »Abteilung Erlaubniswesen« Berufsverbot. Er trat bis zu seiner Verhaftung im Januar 1988 in Kirchengemeinden auf. Im Februar 1988 wurden er und seine Frau Freya Klier, denen der Staatssicherheitsdienst wegen »landesverräterischer Tätigkeit« langjährige Gefängnisstrafen angedroht hatte, in den Westen abgeschoben.

Aus dem Tagebuch des Graphikers *Hans Noll*
25. 2. 1984
»Die Partei-Leitung sah sich veranlaßt, ein Exempel zu statuieren, und auf ihrer Abschußliste waren wir die Nummer eins. Vor drei Tagen kam ein Brief. Man bestellte uns zu einer Aussprache wegen ›häufigen unentschuldigten Fehlens bei Parteiversammlungen‹. Der Brief verhieß ein Parteiverfahren mit öffentlicher ›Selbstkritik‹, er verhieß möglicherweise, im Fall der Uneinsichtigkeit, den Parteiausschluß und alle seine Folgen. Was die Situation ausweglos machte: Wir waren nicht imstande, uns einsichtig zu zeigen. Natürlich konnte man Botmäßigkeit heucheln. Aber wir hatten es bei anderen miterlebt und wußten, daß geheuchelte Reue und

Selbsterniedrigung vor der Partei die ersten Schritte auf dem Weg zur Selbstzerstörung sind.

Die Prozeduren einer öffentlichen ›Selbstkritik‹ sind so angelegt, daß man sich anschließend verachten muß. Indem man sich vor der Partei klein macht, sich erniedrigen läßt, verliert man einen Teil seiner Selbstachtung. Man wird ängstlich und anlehnungsbedürftig und sucht eine Zuflucht. Je weniger von der Selbstachtung übrigbleibt, desto mehr flüchtet man sich in den schützenden Apparat der Partei, liefert sich aus und verschwindet. Erst dann hat die Partei einen Menschen soweit, wie sie ihn braucht. Er ist würdelos, ohne Rückgrat und läßt alles mit sich geschehen. Er ist zu allem bereit, was die Partei verlangt, er ist ein ›guter Genosse‹.«

Hans Noll entschließt sich einen Ausreiseantrag zu stellen. Sein Vater Dieter Noll ist Parteischriftsteller. Hans Noll hofft, daß die SED einen Skandal vermeiden und seinen Antrag rasch genehmigen wird. Seine Hoffnung wird erfüllt. Nach zehn Wochen trifft er mit seiner Familie in der Bundesrepublik Deutschland ein. Eine letzte Begegnung in Ost-Berlin fand während des Umzugs statt. Noll schreibt:

»Im letzten Moment kam eine Frau, die ich nicht gleich erkannte … ›Ich bin Frau S., die ehemalige Lehrerin Ihres Sohnes … Ich weiß, Sie reisen heute aus. Deshalb komme ich ja … Mein Mann ist verhaftet worden. Sie kennen ihn doch!‹

›Warum?‹ fragte ich.

›Er war in der Ständigen Vertretung‹ (der Bundesrepublik Deutschland in Ost-Berlin).

›Haben Sie einen Ausreise-Antrag gestellt?‹

›Ja, schon vor zwei Jahren. Mein Mann wollte es beschleunigen und ging in die Ständige Vertretung … Drei Tage später ist er morgens zur Arbeit gefahren und nicht wiedergekommen … Vorgestern kam ein Brief vom Generalstaatsanwalt. Ein Vordruck. Werte Frau Soundso, gegen Ihren Mann läuft ein Ermittlungsverfahren wegen des Verdachts strafbarer Handlungen.‹

›Und was wollen Sie unternehmen?‹

›Deshalb komme ich zu Ihnen.‹ Die Frau förderte aus ihrer Handtasche einen Zettel zutage. ›Das ist die Adresse meines Hamburger Onkels. Wenn Sie drüben sind, schreiben Sie ihm eine Karte: Udo sitzt. Nur das. Er weiß dann Bescheid.‹

›Gut‹, sagte ich.«

(aus: Hans *Noll:* Der Abschied. Journal meiner Ausreise aus der DDR. Hoffmann und Campe Verlag Hamburg 1985, S. 7, 268–269)

. . . gesucht: Brieffreundschaften Kleinanzeigen im Jugendmagazin »neues Leben«

SCHREIBST
DU
MIR

SCHREIB
ICH
DIR

1.
Vorname, Alter, Größe

2.
Ort oder Bezirk, Beruf

3.
Meine Haupteigenschaft

4.
Was stört mich an anderen?

5.
Meine Lieblingsbeschäftigung

*

Wer Briefpartner sucht, schreibe die Antwort auf diese Punkte (jeweils nur ein Wort und genau nach unserem Schema) auf eine Karte und schicke diese unter Angabe der Personenkennzahl an den Berlinder Verlag, Abt. Anzeigen, Berlin, 1054 und überweise dazu 12,50 M, Postscheckkonto 7199-68-37873 (bitte Zahlkarte benutzen!). Etwa ein halbes Jahr später wird er seine »Visitenkarte« auf diesen Seiten finden. Bedingung: Er darf nicht älter als 26 Jahre sein. Wem diese oder dieser aufgrund der hier abgegebenen »Visitenkarte« gefällt, der schreibe seinen Brief an sie oder ihn mit der Angabe der Kenn-Nummer an den Berliner Verlag, Abt. Anzeigen, PF 19, Berlin, 1056. Die Briefe werden dann vom Berlinder Verlag weitergeleitet.

1. Claudia 16/1,67 2. Bez. Magdeburg, Schülerin 3. lieb bis frech 4. Schüchternheit 5. vielleicht du [nl 5110]

---

1. Dagmar 22/160 (Brillentr., leichtes Rückenleiden) 2. Eberswalde, Krippenhilfe 3. zurückhaltend 4. Alkohol 5. Briefe lesen [nl 5111]

---

1. Renée 19/1,68 2. Leipzig, Köchin 3. sehr mißtrauisch 4. Gefühlslosigkeit 5. Zimmer auf- u. umräumen [nl 5112]

---

1. Claude 19/1,68 (Brillentr.) 2. Bezirk Gera, Gartenbauarbeiterin 3. ruhig 4. jeder hat Fehler 5. alles, was Spaß macht [nl 5113]

---

1. Annette 19/1,68 2. Bez. Frankfurt (O.), Studentin 3. verständnisvoll 4. Rücksichtslosigkeit 5. Gedankenaustausch [nl 5114]

---

1. Siegrid 20/1,69 2. Bez. Dresden, FA für Textiltechnik 3. lustig 4. rauchen 5. vielseitig interessiert [nl 5115]

---

1. Elke 18/1,78 2. Bez. Dresden, Lehrling 3. ruhig 4. Unzuverlässigkeit 5. Musik [nl 5116]

---

1. Simone 19/1,63 2. Berlin, Wirtschaftskaufmann 3. kein Engel 4. zuviel Nikotin 5. nette Menschen kennenlernen [nl 5117]

---

1. Kerstin 24/1,61 2. Berlin, Ing. 3. lieb bis frech 4. Überheblichkeit 5. das Leben ausschöpfen [nl 5118]

---

1. Sabine 15/1,64 2. Karl-Marx-Stadt, Schülerin 3. heiter bis wolkig 4. Überheblichkeit 5. alles, was Spaß macht [nl 5136]

---

1. Brigitte 22/1,56 2. Bezirk Leipzig, Sachbearbeiterin 3. ruhig 4. Überheblichkeit 5. Musik [nl 5137]

Die Redaktion und der Berliner Verlag vermitteln keine Adressen.

Beachtet bitte beim Versenden Eurer Antwortbriefe, daß die Kenn-Nummer bereits auf dem Umschlag zu vermerken ist.

TAUSCH

1. Elvira 17/1,57 2 Halle (S.), (Lehrling) FA für Postverkehr 3. zurückhaltend 4. Verständnislosigkeit 5. reisen [nl 5146]

1. Iris 20/1,72 2. Bez. Rostock, FA für Textiltechnik 3. ruhig 4. Unehrlichkeit 5. mein Sohn (2 Monate) [nl 5146]

1. Christiane 16/1,64 2. Dresden, Schülerin 3. christlich 4. Egoismus 5. Musik [nl 5147]

1. Angela 25/1,60 2. Bez. Dresden, FA für Postverkehr 3. ehrlich 4. Trinker 4. mein Sohn (4 Jahre) [nl 5148]

1. Kathrin 18/1,68 2. Gera, Zootechnikerin (Abi) 3. lebenslustig 4. arrogante Raucher 5. lieb sein [nl 5149]

1. Katrin 15/1,20 2. Saßnitz, Schülerin 3. lebenslustig 4. Überheblichkeit 5. alles Schöne [nl 5150]

1. Jana 15/1,65 2. Karl-Marx-Stadt, Schülerin 3. keß 4. Angeberei 5. leben und leben lassen [nl 5138]

1. Cony 24/1,68 2. Bez. Leipzig, Bufettier 3. ruhig 4. rauchen 5. Musik[nl 5139]

1. Annette 18/1,78, 2. Gera, Wirtschaftskaufmann 3. liebebedürftig 4. Unehrlichkeit 5. kannst du werden [nl 5140)

1. Wiebke 15/1,68 2. Berlin, Schülerin 3. zurückhaltend 4. Angeberei 5. Briefe bekommen [nl 5141]

1. Silke 19/1,65 2. Schwerin, Facharb. f. ETT 3. kompliziertes Innenleben 4. Niveaulosigkeit 5. viel erleben [nl 5142]

1. Dagmar 20/1,56 2. Halle (S.), Wirtschaftsgehilfin 3. unternehmungslustig 4. Eitelkeit 5. reisen [nl 5143]

1. Jörn 20/1,80 2. Berlin, Installateur 3. etwas schüchtern 4. Vorurteile 5. kannst du werden [nl 5144]

1. Claudia 15/1,76 2. Bez. Suhl, Schülerin 3. stille Wasser sind tief 4. Unpünktlichkeit 5. leben [nl 5166]

1. Claudia 16/1,70 2. Bezirk Suhl, Schülerin 3. natürlich 4. Unehrlichkeit 5. Elvis-Fan [nl 5167]

1. Ines 17/1,63 2. Leipzig, Schülerin 3. lieb bis frech 4. Mensch sein heißt Fehler machen 5. nette Leute kennenlernen [nl 5369]

1. Sabine 17/1,66 2. Bez. Magdeburg, Schülerin 3. unternehmungslustig 4. Pessimismus 5. vielleicht du (nl 5370]

1. Jane 16/1,64 2. Bezirk Halle, Schülerin 3. lustig 4. rauchen 5. Briefe beantworten [nl 5371]

1. Bianca 15/1,62 2. Schneeberg, Schülerin 3. lieb bis frech 4. Überheblichkeit 5. alles Verrückte [nl 5372]

Suche: nl 7/79; 9/85
Biete: nl 1,2,3,5/80; 10, 11/85
Anke Woditzschka, Pestalozzistr. 42, Neunkirchen, 9632
Suche: nl 2, 5/86
Biete: nl 3, 7/86
Jana Viertel, Obergasse 6, Thum (Erzg.), 9377
Suche: nl 9/85
Biete: nl 7/86
Andrea Steudel, Lunochodstr. 95, Magdeburg, 3033
Suche: nl 7/85; 2/86; 5/86
Biete: nl 3/86; 7/86; 8/86

I. Vom Zweiten Weltkrieg zur Gründung der DDR

In den Geschichtsbüchern der DDR wird der Eindruck erweckt, als sei der Zweite Weltkrieg in erster Linie ein Krieg der Gesellschaftssysteme gewesen. Der Jugend wird folgendes Geschichtsbild vermittelt:

»Der Zweite Weltkrieg trug einen ausgeprägten Klassencharakter. ...
Das faschistische Deutsche Reich, das als Speerspitze des Weltimperialismus den Versuch unternommen hatte, die Herrschaft der deutschen Monopole zunächst in Europa und später in der ganzen Welt zu errichten, war zusammengebrochen. Es hörte faktisch auf zu existieren.«

(aus: Geschichte, Lehrbuch für Klasse 10. (Ost-)Berlin 1987, S. 7)

Wahr ist an dieser Darstellung, daß Hitler und die Nazis ganz Europa beherrschen wollten. Unterschlagen wird, daß Hitler und Stalin zu Beginn des Krieges Verbündete waren, den Überfall auf Polen gemeinsam absprachen, Polen unter sich aufteilten, und das Schicksal der anderen Völker Ostmitteleuropas entschieden. Später rechtfertigte die Sowjetunion das Bündnis mit Hitler als taktische Maßnahme, durch die der sozialistische Staat habe Kräfte sammeln können. Tatsache ist jedoch, daß Hitler und Stalin Bundesgenossen waren und daß sie erst zu Kriegsgegnern wurden, als Hitler die Sowjetunion überfiel. Tatsache ist auch, daß nach dem Überfall auf die UdSSR diese nun neue Verbündete unter den demokratischen Weltmächten fand, zunächst die Briten, dann auch die Amerikaner. Mit deren Hilfe, vor allem mit amerikanischen Waffenlieferungen, gelang es der UdSSR, die deutsche Wehrmacht zu besiegen. Die Sowjetunion ging als Sieger aus dem Zweiten Weltkrieg hervor, weil sie mit den beiden »kapitalistischen« Weltmächten USA und Großbritannien verbündet war.

Schillers Wohnhaus in Weimar (Bildarchiv Jürgens)

Das »Bauhaus« in Dessau, 1926 eingeweiht, von den Nazis geschlossen, erst 1976 wiedereröffnet (dpa)

Schloßturm und Denkmal des Großherzogs Karl August in Weimar (dpa)

Kennzeichen des Krieges ist also entgegen der Behauptung des DDR-Geschichtsbuches nicht sein »Klassencharakter«, sondern vielmehr das Bündnis sehr unterschiedlicher Staaten mit entgegengesetzten politischen, wirtschaftlichen und gesellschaftlichen Systemen: Westliche Demokratien und die kommunistische Diktatur Stalins waren durch Hitlers Politik zu Alliierten geworden und besiegten gemeinsam die nationalsozialistische Tyrannei.

Bald nach Abschluß ihres Waffenbündnisses begannen die Alliierten über die Zukunft Deutschlands zu diskutieren. Stalin schlug dem britischen Außenminister Eden bei dessen Besuch in Moskau am 16. Dezember 1941 vor, Ostpreußen nach dem Krieg an Polen abtreten zu lassen und das Rheinland vom restlichen Preußen zu trennen. Damit war die Idee der Teilung Deutschlands Gegenstand alliierter Gespräche geworden. Zunächst lehnten die Briten diese Diskussion im Hinblick auf die Kriegslage ab. Als jedoch die Frontlage sich zugunsten der Anti-Hitler-Koalition wandelte, nahmen die Gespräche konkreteren Charakter an. Auf dem Treffen der »Großen Drei« in Teheran Ende November 1943 wurde das Bündnis zwischen den USA, der UdSSR und Großbritannien auch für die Zeit nach dem Sieg über Deutschland, die »Eintracht« der Alliierten, beschworen. Doch über die Zukunft Deutschlands konnten die drei Staats- und Regierungschefs keine Einigkeit erzielen. Stalin schlug die Abtrennung deutschen Gebietes an Polen bis zur Oder vor. Roosevelt wollte Deutschland in fünf unabhängige Staaten und besondere alliierte Kontrollzonen, darunter die Industrieregionen Ruhrgebiet und Saarland, aufteilen. Churchill wünschte die Trennung Preußens von Süddeutschland und die Verbindung des Südens mit Österreich und Ungarn zu einer Donauföderation. Das wiederum mißfiel Stalin, der dadurch eine Ausweitung des britischen Einflußgebietes bis hin zur sowjetischen Grenze befürchtete. Die Beschwörung der »Eintracht« stand bereits im Gegensatz zu den Interessen der Siegermächte, die Umrisse des künftigen Konfliktes begannen sich abzuzeichnen. Noch bemühten sich Stalin, Churchill und Roosevelt um gütliche Einigung. Eine in London von den drei Alliierten gebildete »European Advisory Commission« (Europäische Beratende Kommission) wurde beauftragt, konkrete Vorschläge über die Behandlung Deutschlands nach der bedingungslosen Kapitulation der deutschen Streitkräfte auszuarbeiten.

Am 12. September 1944 legten die Unterhändler der drei Alliierten im *Londoner Protokoll* das Ergebnis ihrer Arbeit fest: Deutschland sollte in den Grenzen von 1937 (also im Gebietszustand vor Beginn der Hitlerschen Annexionspolitik) in Besatzungszonen, Berlin in Sektoren aufgeteilt werden. Von einer Aufteilung in unabhängige Staaten und von Gebietsabtretungen war nicht die Rede. Zwei Monate später unterzeichneten die alliierten Vertreter das Abkommen über ein Kontrollsystem. Nach Absetzung der nationalsozialistischen deutschen Regierung wollten die drei Mächte die »oberste Gewalt in Deutschland« selbst übernehmen, und zwar durch ihre im Kontrollrat zusammenarbeitenden Ober-

Anhang zum Protokoll zwischen den Vereinigten Staaten von Amerika, Großbritannien und der UdSSR vom 12. September 1944 über die Besatzungszonen in Deutschland und die Verwaltung Groß-Berlins (Londoner Protokoll). Die Zuweisung einer Besatzungszone an Frankreich wurde später beschlossen.

(Sonderdruck aus dem Kalender 1985 »Deutschland nach dem Kriege«. Herausgeber: Gesamtdeutsches Institut – Bundesanstalt für gesamtdeutsche Aufgaben.)

befehlshaber. Im Februar 1945 bestätigten Stalin, Churchill und Roosevelt auf der Jalta-Konferenz diese von ihren Diplomaten in London ausgearbeiteten Beschlüsse. Doch in den folgenden Monaten verschlechterten sich ihre Beziehungen zusehends. Schuld daran war vor allem die von den Sowjets geleitete kommunistische Machtübernahme in Polen. Auf der Konferenz von Potsdam wurde in einem gemeinsamen Protokoll am 2. August 1945 formal Einigkeit über die alliierten Besatzungsziele in Deutschland erzielt: Demilitarisierung, Denazifizierung, Dezentralisierung und Demokratisierung. Was Demokratisierung bedeuten sollte, war mit folgenden Worten beschrieben worden:

»(9) I. örtliche Selbstverwaltung in ganz Deutschland nach demokratischen Grundsätzen und insbesondere durch gewählte Körperschaften ...
II. werden alle demokratischen politischen Parteien mit dem Recht auf Versammlung und öffentliche Diskussion in ganz Deutschland zugelassen und gefördert ...
(10) Vorbehaltlich des Erfordernisses, die militärische Sicherheit aufrechtzuerhalten, werden Rede-, Presse- und Religionsfreiheit gewährt und religiöse Einrichtungen geachtet. Ferner wird ebenfalls vorbehaltlich des Erfordernisses, die militärische Sicherheit aufrechtzuerhalten, die Bildung freier Gewerkschaften zugelassen.«

Das *Potsdamer Protokoll* sah also ein politisches System nach westlichem demokratischem Vorbild für ganz Deutschland vor. Churchill hatte aber vorausgesehen, daß Stalin anderes im Sinn hatte. Deshalb schrieb der britische Premierminister an Stalin vor Konferenzbeginn am 23. Juni 1945 einen Brief, in dem er eine »intensive Auseinandersetzung« wegen der »Ausdehnung des sowjetischen Einflusses bis zur Linie Lübeck, Eisenach, Triest und noch weiter« ankündigte. Das Potsdamer Protokoll zeigt folglich Stalins Bereitschaft zu Formelkompromissen. Scheinbar ging er auf westliche Wünsche ein. Doch die Sorge der britischen und amerikanischen Seite kam schon dadurch zum Ausdruck, daß die Gebietsabtretungen östlich der Oder-Neiße-Linie nicht völkerrechtlich verbindlich wurden. Vielmehr verlangt das Potsdamer Protokoll eine spätere Festlegung der Grenzen durch eine endgültige »Friedensregelung«. Bis heute hat es keine solche Friedensregelung gegeben. Die Siegermächte haben mit Deutschland keinen Friedensvertrag geschlossen. Der Friedensregelungsvorbehalt war nicht mit Rücksicht auf die Deutschen im Protokoll vermerkt worden, hier kam vielmehr die westliche Skepsis gegenüber Stalins Absichten zum Ausdruck. Die Vorgänge in Polen schürten das Mißtrauen bei Briten und Amerikanern. Stalin schien die Ausdehnung des sowjetischen Machtbereichs wichtiger zu sein als die Schaffung einer gerechten Friedensordnung. Formal begann so für Deutschland eine Übergangsperiode, die Besatzungszeit. Frankreich wurde als Besatzungsmacht hinzugezogen und erhielt aus Teilen des ursprünglich für Amerikaner und Briten bestimmten Gebiets eine eigene Zone. Auch ein Sektor in Berlin wurde den Franzosen unterstellt. Zwischen Elbe und Oder und vom Brandenburger Tor bis zum östlichen Stadtrand Berlins übte nun die Sowjetunion die »oberste Gewalt« aus, leiteten Stalins Offiziere die »antifaschistisch-demokratische Umwälzung«, an deren Ende die Gründung des »ersten sozialistischen Staates auf deutschem Boden» stand.

Der 7. Oktober ist das Gründungsdatum der Deutschen Demokratischen Republik.

Der von der SED beherrschte Deutsche Volksrat erklärte sich zur Provisorischen Volkskammer, und eine bereits im März 1949 beschlossene Verfassung trat in Kraft. Stalin nannte das Ereignis einen »Wendepunkt in der Geschichte Europas«. Die SED spricht heute bescheidener von einer »grundlegenden Wende in der Geschichte des deutschen Volkes«. Die offizielle DDR-Geschichtsschreibung charakterisiert das Ereignis präzise: »Die DDR entstand als sozialistischer Staat, der die Funktionen der Diktatur des Proletariats auszuüben begann.« (*Autorenkollektiv:* Geschichte der Deutschen Demokratischen Republik. (Ost-)Berlin 1981, S. 117).

Doch der wirkliche »Wendepunkt in der Geschichte Europas« war nicht dieser Gründungstag, er ist vielmehr in der Machtübernahme durch sowjetische Militärorgane im Jahre 1945 zu sehen. Unter der Herrschaft der Sowjetischen Militäradministration in Deutschland (SMAD), dem höchsten Machtorgan in der sowjetischen Besatzungszone (SBZ) von 1945 bis 1949, begann die politische, gesellschaftliche und wirtschaftliche Umgestaltung, durch welche Deutschland zwischen Elbe und Oder tiefgreifend verändert wurde. Eine ähnliche Entwicklung vollzog sich in Polen, Ungarn, der Tschechoslowakei, Rumänien und Bulgarien. Das Ende des

Zweiten Weltkriegs brachte für diese Völker zum einen die Befreiung von der nationalsozialistischen Terrorherrschaft, es brachte aber zugleich die Einführung einer kommunistischen Diktatur, die schon nach kurzer Übergangszeit Züge des stalinistischen Terrors annahm. In Deutschland wie in den anderen genannten Ländern war deshalb die »Befreiung durch die Sowjetunion« ein zweischneidiger Vorgang: Zunächst kamen die Opfer der Naziherrschaft frei, doch schon nach wenigen Wochen kam es zu umfangreichen neuen Verhaftungsaktionen. Stalins Geheimpolizei, der NKWD, inhaftierte in der SBZ weit über 100 000 Menschen. Nazi-Konzentrationslager, darunter Buchenwald und Sachsenhausen, heute Mahnmale für die Opfer des Faschismus, wurden von den Sowjets wieder geöffnet und dienten bis 1950 als Lager. Tausende von Menschen fielen der Unterernährung und Krankheiten zum Opfer. Unbekannt ist die Zahl der Hinrichtungen und die Zahl derer, die in sibirische Arbeitslager verschleppt wurden. Spätestens seit Januar 1946 waren unter den Häftlingen wieder solche, die schon unter den Nazis gelitten hatten, ja, manche waren Häftlinge in denselben KZs gewesen: Gewerkschafter, Sozialdemokraten, Christen. Der Terror dieser Zeit diente dazu, den Weg für den »Aufbau des Sozialismus« zu ebnen, tatsächliche oder vermeintliche Gegner eines kommunistischen Systems frühzeitig auszuschalten. Die Maßnahmen standen im Gegensatz zu den Beschlüssen der Potsdamer Konferenz. Stalin hatte in Polen bereits deutlich gemacht, daß er eine politische Umgestaltung besonderer Art beabsichtigte. Dem jugoslawischen Kommunisten Milovan Djilas gegenüber brachte er dies im April 1945 mit den Worten zum Ausdruck:

> »Dieser Krieg ist nicht wie in der Vergangenheit; wer immer ein Gebiet besetzt, erlegt ihm auch sein eigenes gesellschaftliches System auf. Jeder führt sein eigenes System ein, so weit seine Armee vordringen kann. Es kann gar nicht anders sein.«
>
> (M. *Djilas:* Gespräche mit Stalin. Frankfurt/M. 1962, S. 146)

Das gesellschaftliche System der Sowjetunion, die von Stalin gestaltete »Diktatur des Proletariats«, sollte also bis zur Elbe ausgedehnt werden. Dieser Prozeß der Machtausdehnung der UdSSR durch die Sowjetisierung der Nachbarländer wurde 1945 eingeleitet und ungeachtet aller taktischen Maßnahmen, die angewandt wurden, um die Zahl der Gegner klein zu halten, um Schwierigkeiten besser bewältigen zu können und auch um die Westmächte nicht unnötig zu provozieren, konsequent fortgeführt. Zwischen 1945 und 1949 fanden die entscheidenden Weichenstellungen für den Aufbau eines kommunistischen Systems in Deutschland statt. Die offizielle Geschichtsschreibung der DDR bezeichnet diesen Zeitraum heute als Jahre der »antifaschistisch-demokratischen Umwälzung« und erklärt, nur in der sowjetischen Besatzungszone seien die Beschlüsse der Potsdamer Konferenz konsequent verwirklicht worden. Um dies zu überprüfen, muß kritisch betrachtet werden, worin diese »antifaschistisch-demokratische Umwälzung« bestand und inwieweit dabei die in Potsdam konkret genannten demokratischen Prinzipien tatsächlich beachtet wurden.

»Befreiungsmission der UdSSR«

Die Befreiung vom Faschismus eröffnete dem deutschen Volk die Möglichkeit, sich für immer der Monopolkapitalisten und Junker zu entledigen und den Weg zu Demokratie und Sozialismus zu beschreiten. Diese *historische Chance* wurde durch die Tatsache begünstigt, daß sich die Sowjetunion in ihrer Haltung gegenüber dem deutschen Volk von sozialistischen Prinzipien leiten ließ. Die UdSSR sah ihre *Befreiungsmission* sowohl in der konsequenten Politik zur Vernichtung des deutschen Faschismus und Militarismus als auch in der Unterstützung des deutschen Volkes, insbesondere der Arbeiterklasse, bei der Umgestaltung der gesellschaftlichen Verhältnisse. Die UdSSR war deshalb bemüht, einen einheitlichen, friedliebenden deutschen Staat zu schaffen. Die sowjetische Besatzungsmacht gab, um dieses Ziel zu erreichen, den deutschen Antifaschisten umfassende materielle und ideelle Hilfe.
Anfang Mai 1945 begaben sich *Gruppen von Beauftragten des Zentralkomitees der KPD* aus der Sowjetunion in die von der Sowjetarmee befreiten Gebiete Deutschlands. Sie wurden von bewährten Funktionären des Zentralkomitees geführt. So stand die Berliner Gruppe unter der Leitung Walter

Ulbrichts, in Sachsen wirkten Hermann Matern und Kurt Fischer unter der Leitung Anton Ackermanns. Diese Initiativgruppen arbeiteten eng mit den Truppenführungen der sowjetischen Armee zusammen und unterstützten sie bei der Bewältigung der dringendsten Aufgaben. Sie nahmen gemeinsam mit den sowjetischen Organen den Kampf gegen den Hunger, die Obdachlosigkeit, gegen die katastrophalen Verkehrs- und Versorgungsschwierigkeiten auf. Sie stellten die Verbindung zu den aus der Illegalität hervortretenden Parteiorganisationen, zu Sozialdemokraten und bürgerlichen Demokraten her.
Beispielhaft für die gesamte sowjetische Besatzungszone wirkte die Beauftragtengruppe in Berlin. Sie stellte in kurzer Zeit Verbindung zu den Antifaschisten und Hitlergegnern verschiedener politischer Richtungen her und schuf mit ihnen gemeinsam in allen Berliner Stadtbezirken neue, demokratische Selbstverwaltungsorgane. Bereits am 19. Mai 1945 trat der erste demokratische Magistrat von Groß-Berlin zu seiner konstituierenden Sitzung zusammen. Ihm gehörten Kommunisten, Sozialdemokraten und Gewerkschafter und antifaschistische bürgerliche Politiker an. Der parteilose Demokrat Dr. Arthur Werner wurde vom ersten sowjetischen Stadtkommandanten, Generaloberst Bersarin, als Oberbürgermeister bestätigt und in sein Amt eingeführt.
So wie in Berlin sahen die sowjetischen Behörden in allen Ländern und Provinzen der sowjetischen Besatzungszone in den deutschen Antifaschisten die berufenen Vertreter des deutschen Volkes. Ihnen übertrugen die Orts- und Kreiskommandanten der Sowjetarmee die Verantwortung als Bürgermeister, Gemeindevorsteher oder Landräte. Die SMAD erkannte die *demokratischen Selbstverwaltungen* als einzige deutsche Machtorgane an und war bestrebt, deren Befugnisse zu erweitern.

(aus: Geschichte, Lehrbuch für Klasse 10. (Ost-)Berlin 1987, S. 51–52)

Zunächst entsprachen die Maßnahmen der SMAD auch westlichen Vorstellungen von Demokratie. Bereits am 10. Juni 1945, also noch vor Beginn der Potsdamer Konferenz, hatte der Chef der SMAD, Marschall Shukow, den Befehl Nr. 2 erlassen, wonach die »Schaffung und Tätigkeit aller antifaschistischen Parteien« erlaubt, »bürgerliche Freiheiten in ganz Deutschland« wiederhergestellt und »freie Gewerkschaften« zugelassen wurden. Allerdings legte der Befehl zugleich fest, daß dies »unter der Kontrolle der Sowjetischen Militärischen Administration und in Übereinstimmung mit den von ihr herausgegebenen Instruktionen ausgeübt wird«. Schon am 11. Juni trat das Zentralkomitee der Kommunistischen Partei Deutschlands mit einem Aufruf an die Öffentlichkeit. Darin konzentrierte sich die KPD auf Forderungen sehr allgemeiner Art: »Beseitigung der Überreste des Hitlerregimes«, »Kampf gegen Hunger, Arbeitslosigkeit und Obdachlosigkeit«, »Herstellung der demokratischen Rechte und Freiheiten des Volkes«. Die aus der sowjetischen Emigration zurückgekehrten KPD-Führer durften zu diesen Forderungen breite Zustimmung erwarten. Walter Ulbricht, Anton Ackermann und Gustav Sobottka hatten jedoch schon seit Anfang Mai mit kleineren Gruppen in der UdSSR ausgebildeter Funktionäre in Berlin, in Sachsen und in Mecklenburg und Vorpommern konkrete Maßnahmen zur Neugestaltung der Politik ergriffen. Ulbricht urteilte später: »Unser Vorteil bestand darin, daß wir gut vorbereitet waren.« Die Vorbereitung war in der Schule der Kommunistischen Internationale in der Sowjetunion erfolgt. Hier waren Kommunisten aus allen Teilen Europas auf den Tag X, den Tag des Einmarsches der Sowjetischen Armee, vorbereitet worden. Ulbricht, Ackermann und Sobottka gehörten zu der deutschen Gruppe. Noch vor der Kapitulation der Wehrmacht begann die »Gruppe Ulbricht« in Berlin damit, das Gelernte in die Praxis umzusetzen. Wolfgang Leonhard, der später in den Westen flüchtete, berichtet über seine Erfahrungen in der »Gruppe Ulbricht«:

> »Ulbricht gab uns neue Direktiven ...: ›Die Bezirksverwaltungen müssen politisch richtig zusammengestellt werden. Kommunisten als Bürgermeister können wir nicht brauchen. ... Die Bürgermeister sollen in den Arbeiterbezirken in der Regel Sozialdemokraten sein. In den bürgerlichen Vierteln ... müssen wir an die Spitze einen bürgerlichen Mann stellen, einen, der früher dem Zentrum, der Demo-

kratischen oder der Deutschen Volkspartei angehört hat. Am besten, wenn er ein Doktor ist; er muß aber gleichzeitig auch Antifaschist sein und ein Mann, mit dem wir gut zusammenarbeiten können. ... Und nun zu unseren Genossen. Der erste stellvertretende Bürgermeister, der Dezernent für Personalfragen und der Dezernent für Volksbildung – das müssen unsere Leute sein. Dann müßt ihr noch einen ganz zuverlässigen Genossen in jedem Bezirk ausfindig machen, den wir für den Aufbau der Polizei brauchen.‹ Im klassischen Sächsisch gab er uns die letzte abschließende Direktive: ›Es ist doch ganz klar: Es muß demokratisch aussehen, aber wir müssen alles in der Hand haben.‹«

(aus: Wolfgang *Leonhard:* Die Revolution entläßt ihre Kinder. 3. Aufl. München 1981, S. 315–317)

Die Taktik der KPD bestand also darin, über Personalverwaltung und Polizei die entscheidenden Machtmittel in ihre Hände zu bringen, um von dieser Basis aus mit der Umgestaltung des politischen und wirtschaftlichen Systems beginnen zu können. Nach außen hin sollte alles »demokratisch aussehen«. Der KPD-Aufruf vom 11. Juni entsprach dieser Taktik und war zwecks propagandistischer Wirksamkeit ohne jede klassenkämpferische Scharfmacherei formuliert. Zentrale Bedeutung für die Propaganda der KPD erhielten die Begriffe »Antifaschismus« und »Demokratie«. Mit diesen Schlagworten wurde um Zustimmung geworben, Widerspruch nahezu unmöglich gemacht. Die tatsächliche, auf Machtgewinn hin konzipierte Politik der KPD tarnte man auf diese Weise. Bis heute haben kommunistische Funktionäre dieselben propagandistischen Methoden beibehalten: Schlagworte, die auch im Westen eine positive Bedeutung haben und daher auf allgemeine Zustimmung stoßen, werden für die eigene Politik in Anspruch genommen, ohne daß deren spezifische Verwendung geklärt wird. 1945 waren das die Begriffe »Antifaschismus« und »Demokratie«, heute ist es das Wort »Frieden«.

Zu den »demokratischen» Maßnahmen der SMAD gehörte die Zulassung weiterer Parteien in der SBZ. Am 15. Juni trat der Zentralausschuß der SPD in Berlin an die Öffentlichkeit. Otto Grotewohl forderte zusammen mit anderen führenden Sozialdemokraten: »Kampf dem Faschismus, für die Freiheit des Volkes, für Demokratie, für Sozialismus.« Die Bereitschaft, mit den Kommunisten zusammenzuarbeiten, war groß. Am 26. Juni konstituierte sich in Berlin die Christlich-Demokratische Union Deutschlands, eine neue Partei mit Mitgliedern aus den Reihen des früheren Zentrums und der Deutschen Demokratischen Partei. Die CDUD verlangte eine »Neugestaltung des deutschen Gemeinschaftslebens«, einen »wahrhaft demokratischen Staat« und trat – ebenso wie die SPD – für eine Verstaatlichung der Schlüsselindustrien ein. Schließlich wurde am 5. Juli die Liberaldemokratische Partei Deutschlands gegründet. Auch sie verlangte eine »Neugestaltung des deutschen Gemeinschaftslebens auf wahrhaft demokratischer Grundlage«, betonte allerdings gleichzeitig die Bedeutung des Privateigentums. Damit existierte in der SBZ früher als in den Westzonen ein Mehrparteiensystem als unbedingte Voraussetzung für einen demokratischen Neubeginn.

Für eine demokratische Entwicklung sprach auch folgende Aussage des KPD-Aufrufs vom 11. Juni: »Wir sind der Auffassung, daß der Weg, Deutschland das Sowjetsystem aufzuzwingen, falsch wäre, denn dieser Weg entspricht nicht den gegenwärtigen Entwicklungsbedingungen in Deutschland.« Daraus konnte abgeleitet werden, daß die KPD den Aufbau einer bürgerlichen Demokratie akzeptiert hatte. »Antifaschismus« und »Demokratie« als zentrale Werte in allen vier Parteiprogrammen schienen eine enge und vertrauensvolle Zusammenarbeit zu ermöglichen. Angesichts der deutschen Trümmerlandschaft, des Hungers, der Millionen von Obdachlosen konnte dies das Gebot der Stunde sein.

Am 14. Juli 1945 wurde die »Einheitsfront der antifaschistisch-demokratischen Parteien« mit einem gemeinsamen Ausschuß zur Koordinierung der Politik gebildet. Die KPD hatte damit ein Instrument zur Durchsetzung ihrer eigenen Politik gewonnen, das unter dem Namen »Demokratischer Block« noch heute in der DDR existiert. Schrittweise wurden die anderen Parteien in der Einheitsfront gleichgeschaltet. Zugleich schuf sich die KPD in Form von Massenorganisationen wie den Jugendausschüssen, den Frauenausschüssen, dem Kulturbund und vor allem dem Freien Deutschen Gewerkschaftsbund (FDGB) Hilfsorganisationen zur Durchsetzung ihrer Politik. Diese »Massenorganisationen« waren und sind »Transmissionsriemen« der Partei im Leninschen Sinne, sie sollten Parteiziele den verschiedenen Bevölkerungsgruppen vermitteln.

Auch in der reorganisierten Verwaltung übernahmen Kommunisten die Schlüsselpositionen. Mit dem Befehl Nr. 17 schuf die SMAD am 10. August 1945 zunächst 10 deutsche Zentralverwaltungen für die Bereiche Verkehrswesen, Industrie, Landwirtschaft, Arbeit und Sozialfürsorge usw. An ihre Spitze wurden deutsche

Präsidenten berufen, fünf aus den Reihen der KPD, drei Sozialdemokraten, je einer von CDUD und LDPD. Die Arbeit dieser Zentralverwaltungen kontrollierten die Sowjets umfassend.

Überhaupt darf durch die Entwicklung zwischen 1945 und 1949 nicht der Eindruck entstehen, als seien die Deutschen in der SBZ, vor allem die deutschen Kommunisten, dort selbständig oder doch zumindest weitgehend unabhängig vorgegangen. In Wirklichkeit bestimmten die Sowjets den Kurs. Sie kontrollierten Einstellungen und Entlassungen. Die SMAD disziplinierte auch nicht nur die KPD-Funktionäre, sondern ebenso die Politiker der Blockparteien. Bereits im Dezember 1945 wurde der erste CDUD-Vorsitzende, Hermes, wegen Meinungsverschiedenheiten in der Enteignungsfrage abgesetzt. Seinem Nachfolger Kaiser widerfuhr Gleiches im Dezember 1947. Als der Chef der Zentralverwaltung für Brennstoffindustrie, Friedensburg, ebenfalls von der CDUD, in Konflikt mit seinem Stellvertreter Sobottka (SED) geriet, wurde er im September 1946 von den Sowjets wegen »Duldung faschistischer Umtriebe« entlassen. Der 1945 von allen gewünschte »Antifaschismus«, die Beseitigung nationalsozialistischer Institutionen und Ideen, die Entlassung von überzeugten Nazis aus öffentlichen Ämtern, wurde so mißbraucht, um politische Gegner der Kommunisten zu entmachten.

Zur entscheidenden Bewährungsprobe der »demokratischen Umwälzung« in der SBZ kam es im Jahr 1946. Wahlen sollten durchgeführt werden.

Vorausgegangen waren unter ähnlichen Bedingungen Wahlen im besetzten Österreich, wo am 25. November 1945 die Kommunisten ein niederschmetterndes Ergebnis, den Gewinn von nur 4 der insgesamt 165 Parlamentsmandate, zu verzeichnen hatten. In Berlin hatte daraufhin die KPD ihre Taktik geändert, indem sie nun nachdrücklich den Zusammenschluß der beiden Arbeiterparteien forderte. Otto Grotewohl von der Berliner SPD unterstützte diese Forderung. Als kritische Mitglieder der SPD hierüber diskutieren wollten, kam es zu einem Beschluß der Führungsgremien von KPD und SPD in Berlin: Am 22. April wurde als Zusammenschluß beider Parteien die Sozialistische Einheitspartei Deutschlands gegründet. Sozialdemokraten, die eine Abstimmung durchführen wollten, waren im Ostsektor Berlins von der sowjetischen Militärpolizei daran gehindert worden. In der SBZ übermittelte die SMAD den Ortsvorsitzenden der SPD kurzerhand einen »Befehl«: »Urabstimmungen sozialdemokratischer Grundorganisationen über die Frage der Vereinigung der Arbeiterparteien sind verboten.« Begründet wurde dieses Verbot mit dem Hinweis auf

die große Zahl neuer Mitglieder, die angeblich nicht über den erforderlichen Erfahrungsschatz verfügten. Demokratische Verfahrensweisen blieben so »erfahrenen Genossen«, zuverlässigen Gefolgsleuten also, vorbehalten. Mit Einschüchterungen und Verhaftungen disziplinierten Sowjets und KPD oppositionelle Bürger. In den drei Berliner Westsektoren kam es hingegen zu einer Abstimmung unter den SPD-Mitgliedern, in der sich 82,2 % von ihnen gegen den Zusammenschluß aussprachen. Der »Vereinigungsparteitag« und die Gründung der SED sind deshalb zu Recht als Zwangsvereinigung charakterisiert worden.
Die neue SED, CDUD, LDPD und als gesellschaftliche Organisationen der Kulturbund und die Vereinigung der gegenseitigen Bauernhilfe kandidierten im September 1946 bei den Gemeindewahlen der SBZ und im Oktober bei den Landtagswahlen. Die Wahlbeteiligung in Sachsen, Sachsen-Anhalt, Thüringen, Brandenburg und Mecklenburg lag insgesamt bei 91,6 %. Knapp zehn Millionen Stimmen wurden ausgezählt. Als Gesamtergebnis hochgerechnet ergibt sich folgende Prozentverteilung:

SED	47,5 %
CDU	24,5 %
LDP	24,6 %
VdgB/KB	3,4 %

Die SED hatte die absolute Mehrheit verfehlt, war aber deutlich stärkste Kraft geworden. Indessen bedarf dieses Ergebnis einer Erläuterung. Christdemokraten und Liberale waren während des Wahlkampfes in vielfältiger Weise behindert worden: bei der Gründung von Ortsgruppen, bei der Kandidatenaufstellung, bei der Zuteilung von Papier usw. Wegen dieser Behinderungen vor allem durch sowjetische Stellen können die Wahlen nicht als demokratisch bezeichnet werden. Freie, demokratische Wahlen hatte es hingegen in Groß-Berlin ebenfalls am 20. Oktober 1946 gegeben. Sie fanden unter der gemeinsamen Aufsicht aller vier Alliierten statt. Außerdem traten hier SPD und SED als konkurrierende Parteien auf. Das Ergebnis vermittelt ein ganz anderes Bild vom politischen Willen der Wähler:

SPD	48,7 %
CDU	22,2 %
SED	19,8 %
LDP	9,3 %

Bei künftigen Wahlen in der DDR wurde das demokratische Verfahren, also die Möglichkeit, auf dem Stimmzettel unter konkurrierenden Parteien tatsächlich *auswählen* zu können, kurzerhand dadurch vermieden, daß man dem Wähler nur noch die Entscheidung zwischen einem Ja oder Nein zu einer Einheitsliste überließ. Auf dieser Einheitsliste wurden Kandidaten der Blockparteien und Massenorganisationen zusammengefaßt. Das Verfahren ist bis heute geblieben, »gewählt« wird die »Einheitsliste der Nationalen Front«.

Da freie Wahlen von den Kommunisten nicht gewonnen werden konnten, verfolgte die SED diesen Weg der Legitimierung der eigenen Herrschaft nicht weiter. Nicht mehr – wie im Aufruf 1945 – die »bürgerliche Demokratie«, vielmehr die »sozialistische Demokratie« wurde nun angestrebt. 1948 erkannte die SED auch öffentlich die »führende Rolle der Sowjetunion und der KPdSU« an, nannte den »besonderen deutschen Weg zum Sozialismus« einen theoretischen Irrtum und begann als »Partei neuen Typs« mit der Errichtung der »Diktatur des Proletariats«. Walter Ulbricht ließ nach sowjetischem Vorbild durch eine neugeschaffene »Partei-Kontroll-Kommission« mißliebige Genossen, besonders kritische ehemalige Sozialdemokraten, mit dem Vorwurf des »Agententums« oder des »Antisowjetismus« aus der SED entfernen.

Ebenfalls 1948 lizensierte die SMAD zwei neue Parteien. Dadurch sollten die »bürgerlichen« Parteien CDUD und LDPD weiter geschwächt werden. Die Nationaldemokratische Partei Deutschlands, deren Gründer Bolz bis 1933 der KPD angehört hatte, bemühte sich darüber hinaus, ehemalige Nazis und Wehrmachtsangehörige in das System zu integrieren. Man wollte auf die Mitarbeit dieser Personengruppen u. a. aus wirtschaftlichen Gründen nicht verzichten. Die Integration der Bauern stand im Vordergrund bei der Gründung der Demokratischen Bauernpartei Deutschlands. Deren Vorsitzender Goldenbaum war ebenfalls bis 1933 KPD-Mitglied gewesen. Die DBD machte deutlich, daß sie nicht in Wettbewerb zur SED treten wollte, daß »vielmehr Arbeiter und Bauern beim Neuaufbau unzertrennliche Glieder sind«. Beide Parteien, DBD und NDPD, wurden und werden von der SED gesteuert.

Nicht nur parteipolitisch, auch gesellschaftlich gestalteten SMAD und SED die Verhältnisse um. In zwei großen »antifaschistisch-demokratischen Umwälzungen« wurden Entnazifizierung und Transformation im kommunistischen Sinne vereint: Mit der im September 1945 beginnenden Justizreform entließ die SMAD 85 % aller Richter als ehemalige NSDAP-Mitglieder. Für die richtige Auswahl der Nachfolger trug die KPD Sorge. In Schnellkursen wurden »Volksrichter« und »Volksstaatsanwälte« ausgebildet, deren wichtigstes Qualifikationsmerkmal nicht juristisches Wissen, sondern kommunistische Einstellung war. Das Justizwesen wurde so zu einem Instrument der kommunistischen Machthaber, mit dessen Hilfe diese ihre Gegner leicht ausschalten konnten. »Faschistische Handlungen« waren der übliche Straftatbestand, den »Volksstaatsanwälte« mißliebigen Personen vorwarfen, deren »rechtskräftige« Verurteilung dann »Volksrichter« übernahmen. Auf diese Weise wurde die Wiedereinführung des 1933 von den Nazis beseitigten Rechtsstaates verhindert.

Die zweite große gesellschaftspolitische »Umwälzung« betraf das Bildungswesen. Die SMAD hatte die Deutsche Zentralverwaltung für Volksbildung eingerichtet und zum Präsidenten Paul Wandel ernannt. Wandel hatte während des Krieges die Komintern-Schule in der Sowjetunion besucht. Unter seiner Leitung vollzog sich die »Demokratisierung der deutschen Schule«. Von den rund 40 000 Lehrkräften in der SBZ wurden rund 28 000 als ehemalige NSDAP-Mitglieder entlassen. Wieder ersetzte man sie durch ideologisch zuverlässige Personen, die in Kurzlehrgängen von z. T. nur wenigen Wochen auf ihre pädagogische Aufgabe vorbereitet worden waren. Innerhalb von zwei Jahren stellte die Verwaltung 40 000 neue Lehrerinnen und Lehrer ein. Hier wie im Hochschulbereich bezeichnete man die neuen kommunistischen Bildungsinhalte als »fortschrittlichen Humanismus«, um eine Anknüpfung an deutsche Bildungstraditionen vorzutäuschen. Zugleich unternahm die Verwaltung mit der Einführung der achtklassigen Grundschule mit einer an sie anschließenden vierklassigen Oberschule den Versuch, in Form einer neuen »Einheitsschule« das Bildungssystem allen Bevölkerungsschichten gleichermaßen zu öffnen. Einheitsschule und »Humanismus« fanden durchaus breite Zustimmung, ihre ideologische Ausrichtung hingegen konnte nur mit Repressalien durchgesetzt werden. Aus der Sicht der SED wird dieser Vorgang heute durchaus zutreffend beschrieben:

> »Mit der demokratischen Schulreform wurde eine bildungspolitische Revolution vollzogen, die ein wesentlicher Bestandteil der antifaschistisch-demokratischen Umwälzung war und bereits in die sozialistische Zukunft wies.«
>
> (aus: *Autorenkollektiv:* Geschichte der Demokratischen Republik. (Ost-)Berlin 1981, S. 56)

Schließlich blieb auch der wirtschaftliche Bereich nicht unberührt. Revolutionäre Neuerungen wurden allerdings durch die rigorose Demontagepolitik der Sowjets, die sich zwischen 1945 und 1953 Reparationsleistungen von insgesamt ca. 66 Milliarden Mark sich aneigneten, behindert. Die Maßnahmen konzentrierten sich zunächst auf die Landwirtschaft und auf die Industrie.

»Junkerland in Bauernhand« war die Forderung nach entschädigungsloser Enteignung von landwirtschaftlichem Grundbesitz über 100 ha. Durch entsprechende Maßnahmen erhielten rund 500 000 Personen ca. 2,1 Millionen ha Land. Unter den »Neubauern« waren viele Heimatvertriebene aus dem Osten. Die Begrenzung der »Neubauernhöfe« auf maximal 12 ha wies jedoch auch hier den Weg in eine andere Zukunft. Um überleben zu können, mußten sich die Kleinhöfe früher oder später zu Genossenschaften zusammenschließen. »Volkseigene Güter« wurden zunächst kaum geschaffen, weil es an Maschinen und geschultem Personal mangelte. Doch die »sozialistische Bodenreform« ebnete den Weg zur Schaffung von »Landwirtschaftlichen Produktionsgenossenschaften«.

Im Oktober 1945 hatte die SMAD die Vermögen des Deutschen Reiches, der NSDAP, der Wehrmacht und führender Nazis enteignet. Vor allem Betriebe der Schwerindustrie stellte sie in Form sogenannter »Sowjetischer Aktiengesellschaften« unter ihre direkte Kontrolle. Auf diese Weise gingen 25 % der Industrieproduktion als Wiedergutmachungsleistung in die UdSSR. Dreiviertel der Betriebe übergab die SMAD im März 1946 den Zentralverwaltungen der SBZ. Dadurch mußte die KPD bzw. SED ihren offiziellen wirtschaftspolitischen Kurs ändern, denn sie hatte zunächst die »bürgerliche Demokratie« einschließlich der »privaten Wirtschaft« gefordert. Wieder diente das Schlagwort »Antifaschismus« zur Begründung politischer Maßnahmen. Im Januar 1946 erklärte die Partei:

> »Alle Betriebe und anderen Unternehmungen des Handels, des Verkehrs, des Versicherungswesens usw., deren Besitzer bzw., bei Aktiengesellschaften, deren Diektoren geflüchtet sind, Kriegsverbrecher oder Nazis waren, werden mit allen Rechten und Forderungen in die Hände der Selbstverwaltungsorgane der Gemeinden, Provinzen bzw. Länder übereignet.«
>
> (zitiert nach Hermann *Weber:* Kleine Geschichte der DDR. Köln 1980, S. 29)

Deutschland zwischen Elbe und Oder wird sozialistisch (dpa)

In Sachsen begann eine Kampagne für den Volksentscheid über die entschädigungslose Enteignung von »Naziverbrechern, aktiven Nazis oder Kriegsinteressenten«. Am 30. Juni 1946 zählte man 77,6 % der Stimmen für die Enteignung dieses Personenkreises. Allerdings hatten sich nur 39,7 % der Bürger an dieser Abstimmung beteiligt. Als Folge wurden in der gesamten SBZ über 9000 Unternehmen enteignet. Auf diese Weise verstaatlichte die SED 45 % der gesamten Industrieproduktion. Gleichzeitig nahm die Verwaltung ihre Tätigkeit im Bereich des Großhandels auf, ab 1948 als staatliche »Handelsorganisation« (HO). Die Schaffung »sozialistischer Produktionsverhältnisse« war eingeleitet.

Mit dem Befehl Nr. 138 schuf die SMAD am 4. Juni 1947 eine Deutsche Wirtschaftskommission zum Aufbau einer zentralen Wirtschaftsverwaltung. Diese Kommission entwarf einen Volkswirtschaftsplan für das zweite Halbjahr 1948. Der erste Zweijahreswirtschaftsplan trat 1949 in Kraft.

Die »antifaschistisch-demokratische Umwälzung« in der SBZ war ein sehr komplexer Vorgang, von dem hier nur die wichtigsten Entwicklungen genannt wurden. Doch schon diese machen deutlich, daß nicht gemäß den Beschlüssen der Potsdamer Konferenz »entnazifiziert« und »demokratisiert«, sondern vielmehr umfassend »umgewälzt«, Politik, Gesellschaft und Wirtschaft in kommunistischem Sinne transformiert wurden. Die oberste Leitung aller Vorgänge lag bei den Offizieren der SMAD. Die Sowjets steuerten die Entwicklung und griffen massiv ein, um ihre Vorstellungen durchzusetzen. Die SED vollzog aufgrund sowjetischer Befehle diesen Prozeß. Mischa Wolff, der spätere Leiter des Staatssicherheitsdienstes der DDR, damals SMAD-Mitarbeiter, faßte diesen Sachverhalt gegenüber dem damaligen SED-Funktionär Wolfgang Leonhard (a.a.O. S. 414) ebenso knapp wie präzise zusammen: »Es gibt höhere Instanzen als Euer Zentralsekretariat.« Diese höheren Instanzen waren Stalin und dessen Offiziere in Karlshorst bei Berlin. Sie gestalteten Deutschland zwischen Elbe und Oder um.

Die formelle Gründung der DDR am 7. Oktober 1949 war also von der Sowjetunion sorgfältig vorbereitet worden. Die politischen und wirtschaftlichen Strukturen, in denen sich der »real existierende Sozialismus« der DDR entwickelte, waren zwischen 1945 und 1949 geschaffen worden. Auch nach der Gründung der DDR wurden die wichtigsten politischen Fragen von der Führung der UdSSR entschieden. Sie ließ mit ihren Truppen den Volksaufstand am 17. Juni 1953 niederschlagen. Sie ermöglichte am 13. August 1961 den Mauerbau, um zu verhindern, daß der »Sozialismus auf deutschem Boden« durch die Fortsetzung der »Abstimmung mit den Füßen«, die Massenflucht besonders jüngerer Leute, eine historische Niederlage erlitt. Und die Führer der Sowjetunion sorgten auch dafür, daß am 3. Mai 1971 Ulbricht, der sich einer Politik der Entspannung widersetzte, entmachtet und Erich Honecker neuer 1. Sekretär der SED wurde. Honecker vollzog mit dem Transitabkommen, dem Verkehrsvertrag und schließlich mit dem Grundlagenvertrag vom 21. Dezember 1972 die Anpassung an die neue sowjetische Westpolitik. Ohne die sowjetische Deutschlandpolitik wäre es nicht zur Gründung der DDR gekommen. Entgegen Stalins ursprünglicher Absicht, Deutschland *nicht* zu »zerstückeln«, hat die Sowjetunion, als sie erkennen mußte, daß ihr kommunistisches System nicht in ganz Deutschland eingeführt werden konnte, zielstrebig dieses System in dem Teil eingeführt, der unter ihrer Kontrolle stand. Sie hat damit die Potsdamer Beschlüsse ebenso verletzt, wie sie das Selbstbestimmungsrecht des deutschen Volkes mißachtet hat. Kern dieses Systems ist die »Diktatur des Proletariats«, die nach der marxistisch-leninistischen Ideologie unbedingt zur »sozialistischen Demokratie« gehört. Was diese Diktatur bedeutet, kann nur durch einen Vergleich der Ideologie mit der DDR-Wirklichkeit erkannt werden.

Stalin ließ West-Berlin blockieren. Vom Juli 1948 bis Mai 1949 versorgten die West-Alliierten mit rund 213 000 Flügen die Bevölkerung West-Berlins. (Süddeutscher Bilderdienst)

Das zunehmende Scheitern der imperialistischen »Politik des kalten Krieges«

Durch den Aufbau des imperialistischen Pakt- und Stützpunktsystems der USA war in den fünfziger Jahren eine gewaltige *Aggressionsmacht des Imperialismus* entstanden. Mit ihrer Hilfe versuchten die imperialistischen Mächte in den fünfziger Jahren wiederholt, die Kräfte des Friedens, der Demokratie und des sozialen Fortschritts zu zerschlagen und das Rad der Geschichte in Richtung der »einheitlichen kapitalistischen Welt« zurückzudrehen.
Große Bedeutung maßen die imperialistischen Kreise der westlichen Länder – besonders die der BRD – einem Schlag

gegen den sozialistischen Aufbau in der Deutschen Demokratischen Republik bei: Die planmäßigen Fortschritte Anfang der fünfziger Jahre bei der Schaffung der Grundlagen des Sozialismus in der DDR riefen besonders bei den BRD-Imperialisten wachsendes Unbehagen hervor. So versuchten sie skrupellos, ihr *Konzept der Einverleibung der DDR* in die Tat umzusetzen.

Anfang 1953 kam es – vor allem unter dem Einfluß des politischen, ökonomischen und ideologischen Druckes des Imperialismus – zu *Störungen in der Wirtschaft der DDR.* Das brachte auch größere Schwierigkeiten bei der Versorgung der Bevölkerung mit sich, was zeitweilig zu Unzufriedenheit und Mißstimmung unter den kleinbürgerlichen Schichten der Bevölkerung, aber auch unter Teilen der Arbeiterklasse führte. Das Politbüro des Zentralkomitees der SED (9. Juni 1953) und der Ministerrat der DDR (11. Juni 1953) legten unverzüglich Maßnahmen zur Überwindung der Schwierigkeiten fest. In dieser Situation entschlossen sich die imperialistischen Kräfte zu einem konterrevolutionären Putschversuch gegen die DDR, ehe die Maßnahmen von Partei und Regierung Erfolge aufweisen konnten.

Am *17. Juni 1953* gelang es Agenten verschiedener imperialistischer Geheimdienste, die von Westberlin aus zahlreich in die Hauptstadt und einige Bezirke der DDR eingeschleust worden waren, in der Hauptstadt und in verschiedenen anderen Orten der Republik einen kleinen Teil der Werktätigen zu zeitweiligen Arbeitsniederlegungen und Demonstrationen zu bewegen. In einigen Städten plünderten Gruppen von Provokateuren und Kriminellen. Sie legten Brände, rissen Transparente herunter, mißhandelten und ermordeten Funktionäre der Arbeiterbewegung, holten verurteilte Kriegsverbrecher aus Gefängnissen und forderten den Sturz der Arbeiter-und-Bauern-Macht.

Doch der junge sozialistische Staat bestand unter Führung der Partei auch diese Belastungsprobe. Die Mehrheit der Arbeiterklasse und der Bevölkerung stand zu ihrem Staat. In zahlreichen Großbetrieben, wie im Eisenhüttenkombinat Ost, in den Eisenwerken West (Calbe), im Bergbau sowie im Stahl- und Walzwerk Brandenburg, wiesen die Arbeiter die Provokateure entschieden zurück. Zum Schutze des sozialistischen Aufbaus entstanden in Betrieben *Arbeiterwehren,* aus denen in der Folgezeit die bewaffneten *Kampfgruppen der Arbeiterklasse* hervorgingen. Als sie die Hintergründe des konterrevolutionären Putsches erkannten, distanzierten sich viele Teilnehmer von ihm. Sie kehrten in die Betriebe zurück und halfen vielerorts bei der Festnahme der Provokateure. Durch das entschlossene Handeln der fortgeschrittensten Teile der Arbeiterklasse und ihrer Verbündeten gemeinsam mit sowjetischen Streitkräften und bewaffneten Organen der DDR brach der konterrevolutionäre Putsch innerhalb von 24 Stunden zusammen. Der Versuch, die DDR und den Sozialismus auf deutschem Boden gewaltsam zu beseitigen, war gescheitert.

Die imperialistischen Staaten gaben jedoch trotz dieses Rückschlages ihre aggressive Politik nicht auf. Vielmehr versuchten sie, ihre *aggressiven Handlungen gegen die sozialistischen Länder* nunmehr noch zu vervielfältigen und langfristiger anzulegen. Im Frühjahr 1955 war in den USA dafür ein detaillierter Aktionsplan ausgearbeitet worden, für dessen Durchführung spezielle Organisationen und Institutionen geschaffen wurden. Als führende Propagandazentrale betätigte sich das »Komitee Freies Europa«, das – offiziell als private Einrichtung ausgegeben – von der USA-Regierung bezahlt und gelenkt wurde. Das Komitee errichtete in München den Hetzsender »Freies Europa« und steuerte zahllose verbrecherische Aktionen gegen die sozialistischen Länder.

Am Beispiel der *Ereignisse in Ungarn* 1956 wurde die üble Rolle dieser imperialistischen Organisationen besonders deutlich: In der ungarischen Wirtschaft waren starke Disproportionen aufgetreten, die zu Versorgungsschwierigkeiten und zu Unzufriedenheit in der Bevölkerung geführt hatten. Diese Entwicklungsschwierigkeiten beim Aufbau des Sozialismus in der Ungarischen Volksrepublik ließen der internationalen Reaktion dieses Land besonders geeignet erscheinen, seine gesellschaftlichen Veränderungen rückgängig zu machen. Es sollte in einen Vorposten der NATO gegen die sozialistischen Staaten umgewandelt werden.

Durch Einschleusen faschistischer Banden, von Waffen und Hetzmaterial und durch pausenlose Verbreitung antisozialistischer Losungen über den Sender »Freies Europa« wurden die inneren Feinde des Sozialismus in Ungarn aktiv unterstützt und eine konterrevolutionäre Erhebung vorbereitet.

Eine besondere Rolle spielten dabei solche Forderungen wie »Demokratisierung und Dezentralisierung« oder »ungarischer Nationalkommunismus«, die bald offen durch antikommunistische Parolen ergänzt wurden. Ende Oktober 1956 waren die Vorbereitungen zur *Durchführung eines bewaffneten Aufruhrs* abgeschlossen. In Budapest und anderen Orten gingen konterrevolutionäre Banden zum blutigen Terror gegen Kommunisten und Staatsfunktionäre über.

Unter entschlossener Führung der am 3. November gebildeten neuen Regierung mit János Kádár bereiteten die klassenbewußten Arbeiter Ungarns der *Konterrevolution ein Ende.* Sie wurden dabei auf Bitten der ungarischen Regierung wirksam von jenen Einheiten der Sowjetarmee unterstützt, die im Land stationiert waren.

Der *Hauptangriff des Imperialismus* richtete sich in den Jahren der Politik des »kalten Krieges« also gegen die sozialistischen Länder Mittel- und Südosteuropas, die mit Hilfe und Unterstützung der Sowjetunion zunehmend erstarkten.

(aus: Geschichte, Lehrbuch für Klasse 10. (Ost-)Berlin 1987, S. 129–131)

Am 17. Juni 1953 fanden in 237 Städten und Dörfern der DDR Demonstrationen statt. Sowjetische Panzer schlugen den Aufstand nieder. Nicht nur in Ost-Berlin (Foto) gab es Tote. (dpa)

II. Partei und Staat – Politik in der DDR

1. Die Rolle der Ideologie

Die Partei- und Staatsführung der DDR erblickt in ihrem eigenen Handeln die Verwirklichung einer revolutionären Ideologie, des Marxismus-Leninismus. Sie nennt ihr Vorgehen »wissenschaftlich« und den »historischen Gesetzmäßigkeiten« entsprechend. Marxismus-Leninismus ist für sie eine Ideologie, die »wissenschaftlich begründet« und zugleich »offen parteilich« ist und die »zum praktisch-revolutionären Handeln« anleitet. Nur wenn man die Grundstruktur dieses Denkens erkennt, kann man die Politik der SED-Führung verstehen. Was von außen als hohle Phrase erscheint, ist für den SED-Funktionär ideologisches Bekenntnis, unverzichtbare Klarstellung seiner geistig-politischen Haltung. Durch ständige Wiederholungen werden diese Bekenntnisse zum Ritual. Wer sich ihm entzieht, ist ein Außenseiter, wird nicht selten geächtet. Staat und Gesellschaft der DDR sind ohne die Ideologie nicht erfaßbar. Allerdings muß vor dem Irrtum gewarnt werden, ideologisches Bekenntnis und Lebenswirklichkeit in der DDR seien identisch. Die ideologischen Ansprüche der SED-Funktionäre und die Lebenswirklichkeit der Deutschen zwischen Elbe und Oder klaffen weit auseinander. Betrachten wir zunächst die ideologischen Ansprüche.

Das *Kleine Politische Wörterbuch*, verläßlicher Ratgeber für die offizielle Interpretation der Politik, definiert Ideologie als

> »System der gesellschaftlichen (politischen, ökonomischen, philosophischen, künstlerischen, religiösen usw.) Ideen, die durch die materiellen Verhältnisse der Gesellschaft, insbesondere die Produktionsverhältnisse, bedingte(n) Klasseninteressen zum Ausdruck bringen und darauf gerichtet sind, das Denken, Fühlen und Handeln der Menschen entsprechend zu beeinflussen, und in entsprechenden Verhaltens-

normen, Einstellungen und Wertungen ihren Ausdruck finden. Die Ideologie trägt Klassencharakter.«

(aus: *Autorenkollektiv:* Kleines Politisches Wörterbuch. 4. Auflage (Ost-)Berlin 1983, S. 380-382)

Folglich hat jede Klasse ihre eigenen Interessen und damit auch eine eigene Ideologie. Produktionsverhältnisse, von Friedrich Engels vereinfachend auch als Eigentumsverhältnisse bezeichnet, bestimmen die Interessenlage und den Charakter der Ideologie. Im Zeitalter der Industrialisierung wird die Arbeiterklasse zur zahlenmäßig stärksten Klasse; sie bildet die Mehrheit des Volkes. Marx und Engels sahen u. a. nicht das Wachsen des Dienstleistungsbereiches in der modernen Industriegesellschaft voraus; sie unterstellten irrtümlich auch eine fortschreitende »Verelendung« der Arbeiter. Die »unterdrückte« Mehrheit entwickelte natürlich ihre eigenen »Verhaltensnormen, Einstellungen und Wertungen«, und diese sind auf »Befreiung«, auf Beseitigung von »Ausbeutung« und »Unterdrückung« gerichtet. Es entwickelt sich ein revolutionäres Bewußtsein. Doch nur wenn es gelingt, das »revolutionäre Bewußtsein der Arbeiterklasse« mit den »wissenschaftlich« erkennbaren »objektiven Gesetzen des Sozialismus und Kommunismus« zu durchsetzen, kann eine sozialistische Revolution stattfinden und die »sozialistische Demokratie« als Vorstufe zum Kommunismus aufgebaut werden. Lenin korrigierte an dieser Stelle Marx und Engels, indem er die Rolle der Partei neu definierte. Sie muß danach eine Führungsfunktion wahrnehmen. Lenin legte fest:

»1. Keine einzige revolutionäre Bewegung kann ohne eine stabile und die Kontinuität wahrende Führungsorganisation Bestand haben;
2. je breiter die Masse ist, die spontan in den Kampf hineingezogen wird, ... um so dringender ist die Notwendigkeit einer solchen Organisation und um so fester muß diese Organisation sein; ...
3. eine solche Organisation muß hauptsächlich aus Leuten bestehen, die sich berufsmäßig mit revolutionärer Tätigkeit befassen; ...«

(aus: W. I. *Lenin:* Was tun? Brennende Fragen unserer Bewegung (1902). (Ost-)Berlin, 15. Aufl. 1976, S. 166 ff.)

Die herrschende Ideologie in der DDR, der Marxismus-Leninismus, verlangt also eine Führung der Arbeiter durch die Partei. Im Auftrag der Arbeiterklasse soll die Partei eine »Diktatur des Proletariats« errichten.

Diese Gedanken durchziehen wie ein roter Faden nicht nur das SED-Parteiprogramm, sie stehen auch an zentraler Stelle in der Verfassung der DDR, in den Gesetzen, sie sind Grundlage für den Staatsaufbau und die praktische Politik. Staatsziel ist der »Sozialismus«. Dieser bildet die Vorstufe zum Kommunismus, der klassenlosen Gesellschaft, in welcher der Staat »abstirbt«. Der Weg zum Kommunismus kann nach der herrschenden Ideologie *nur* unter der Führung der Partei zurückgelegt werden.

Zum Thema ...
... Gesetzmäßigkeiten des sozialistischen Aufbaus

Gesetzmäßigkeiten der sozialistischen Revolution und des sozialistischen Aufbaus

Ohne die allgemeingültigen Gesetzmäßigkeiten der sozialistischen Revolution und des sozialistischen Aufbaus zu kennen, läßt sich die neue Gesellschaft nicht aufbauen. Deshalb wollen wir uns zuerst mit diesen allgemeinen Gesetzmäßigkeiten bekannt machen:

- Durchführung der proletarischen Revolution und Errichtung der Diktatur des Proletariats in dieser oder jener Form als das Hauptinstrument der sozialistischen Umgestaltung der Gesellschaft,
- Führung der werktätigen Massen durch die Arbeiterklasse, deren Vortrupp die marxistisch-leninistische Partei ist,
- Bündnis der Arbeiterklasse mit der Hauptmasse der Bauernschaft und den anderen Schichten und Gruppen der Werktätigen,
- Beseitigung des kapitalistischen Eigentums, Schaffung und Entwicklung des gesellschaftlichen Eigentums an den grundlegenden Produktionsmitteln,

- allmähliche sozialistische Umgestaltung der bäuerlichen Wirtschaften und Bildung von Produktionsgenossenschaften,
- planmäßige Entwicklung der Volkswirtschaft, die auf die Erhöhung des materiellen und geistig-kulturellen Lebensniveaus, auf den Aufbau des Sozialismus und den Kommunismus gerichtet ist,
- Verwirklichung der sozialistischen Revolution auf dem Gebiet der Ideologie und Kultur und Herausbildung einer der Arbeiterklasse und der Sache des Sozialismus ergebenen Intelligenz,
- Beseitigung der nationalen Unterdrückung, Herstellung der Gleichberechtigung und brüderlichen Freundschaft zwischen den Völkern,
- Schutz der Errungenschaften der sozialistischen Revolution gegen feindliche Anschläge,
- proletarischer Internationalismus und antiimperialistische Solidarität,
- Schaffung einer engen Gemeinschaft der sozialistischen Staaten entsprechend den Prinzipien des sozialistischen Internationalismus.

Die Durchsetzung dieser Gesetzmäßigkeiten ist ein revolutionärer Prozeß, der große Anstrengungen erfordert und nicht frei von Rückschlägen und Verlusten ist.
Hier bewährten sich die Aktivisten der ersten Stunde, hier fand die Jugend ein großes Betätigungsfeld, um die neue Gesellschaft mit aufzubauen.

In der DDR war Anfang der sechziger Jahre die Übergangsperiode vom Kapitalismus zum Sozialismus im wesentlichen vollzogen, die sozialistische Revolution zum Sieg geführt. Die Kommandohöhen der Volkswirtschaft befanden sich in den festen Händen der Arbeiter und Bauern. Das bedeutet, daß die Grundlagen des Sozialismus geschaffen waren, ein stabiler sozialistischer Staat entstanden war, die Diktatur des Proletariats unter der Führung der Partei der Arbeiterklasse erfolgreich ausgeübt wurde, die sozialistischen Produktionsverhältnisse in Industrie und Landwirtschaft gesiegt hatten.

(aus: Otto *Reinhold*, Karl-Heinz *Stiemerling:* Politische Ökonomie. Herausgegeben vom Zentralrat der FDJ. (Ost-)Berlin 1984, S. 141-142)

Die SED-Ideologen machen eine sehr einfache Gleichung auf: Interessen des Volkes = Interessen der Arbeiterklasse = Interessen der Partei der Arbeiterklasse. Die SED nimmt danach die »objektiven« Interessen des Volkes wahr. Folglich ist jeder, der ein Feind der Partei ist, zugleich ein Feind des Volkes.

Natürlich sind diese ideologischen Positionen nicht wirklich das Ergebnis wissenschaftlichen Forschens. Sie stellen vielmehr politische Willensbekundungen dar, an die man glauben soll. Nur: Wer den Gedankengang einmal als Wahrheit anerkennt und darin ein »historisches Gesetz« erblickt, der unterwirft Staat und Gesellschaft einem totalen Gestaltungsanspruch. Die SED tut genau dies. Nicht nur das Handeln, auch das »Denken«, ja, sogar das »Fühlen« will die Partei »entscheidend« beeinflussen. Rudolf Bahro, früher SED-Mitglied und Rationalisierungsfachmann in einem Ost-Berliner Kombinat, sprach in seiner »Kritik des real existierenden Sozialismus« von der DDR als einem »säkularisierten Gottesstaat«. Damit charakterisiert er die Unantastbarkeit der herrschenden Ideologie, an die jeder zumindest nach außen hin glauben muß, der er sein Leben widmen soll und über deren Anwendung und Auslegung nur eine kleine Gruppe an der Spitze der Partei entscheiden kann. (vgl. R. *Bahro:* Die Alternative. Zur Kritik des real existierenden Sozialismus. Studienausgabe Frankfurt/M. 1979, S. 288 ff.)

Propagandaparolen sind allgegenwärtig (dpa)

2. Die SED, der »bewußte und organisierte Vortrupp der Arbeiterklasse«

Nach Lenins Vorstellung sollte die Partei die »Avantgarde des Proletariats« sein. Die SED hat diesen Gedanken übernommen und den Begriff ins Deutsche übersetzt: sie will der »bewußte und organisierte Vortrupp der Arbeiterklasse« sein. Nach ihrem Parteiprogramm verwirklicht sie »die von Marx, Engels und Lenin begründeten Aufgaben und Ziele der revolutionären Arbeiterbewegung«. Sie hat die »sozialistische Umgestaltung« auf deutschem Boden herbeigeführt und gestaltet die »entwickelte sozialistische Gesellschaft« in politischer, sozialer, wirtschaftlicher und geistig-kultureller Hinsicht. Sie will alle Bereiche des menschlichen Lebens erfassen. »Ihr Ziel ist es, die kommunistische Gesellschaft zu errichten.« Die SED ist davon überzeugt, »daß alle Länder der Erde unausweichlich zum Sozialismus und Kommunismus gelangen werden«. Dabei ist jedoch das enge Bündnis mit der Sowjetunion, dem »Hauptfaktor der sozialistischen Gemeinschaft«, unbedingt erforderlich. (Zitate aus dem SED-Programm)

In jedem Schulbuch, in allen Zeitungen, im Rundfunk und im Fernsehen, in Büchern und bei Vortragsveranstaltungen in der DDR werden diese Parolen des SED-Programms wiederholt. Sie gleichen feststehenden Begriffen, an denen nicht gerüttelt wird. Auch in die Verfassung der DDR haben sie Eingang gefunden. Artikel 1 Absatz 1 der *DDR-Verfassung* von 1974 lautet:

> »Die Deutsche Demokratische Republik ist ein sozialistischer Staat der Arbeiter und Bauern. Sie ist die politische Organisation der Werktätigen in Stadt und Land unter Führung der Arbeiterklasse und ihrer marxistisch-leninistischen Partei.«

Gemäß ihrem ideologischen Anspruch muß die Partei also Staat und Gesellschaft führen. Das soll die Aufgabe aller SED-Mitglieder sein. Die DDR hat 16,7 Millionen Einwohner; 2,3 Millionen von ihnen bilden als SED-Mitglieder den »Vortrupp der Arbeiterklasse«.

Seit dem Volksaufstand vom 17. Juni 1953 hat die Zahl der Parteimitglieder ständig zugenommen. Zuvor gab es Schwankungen.

Bei der Gründung der SED 1946 zählte sie knapp 1,3 Millionen Mitglieder; rund 680 000 stammten aus der SPD, 620 000 kamen aus der KPD. Bis 1948 nahm die Zahl auf rund 2 Millionen zu. Danach ging der Mitgliederstand bis 1953 auf ca. 1,2 Millionen zurück. In dieser Zeit führte Walter Ulbricht zur Stabilisierung seiner sich an Stalins Vorbild orientierten Herrschaft »Säuberungen« durch, der besonders frühere Sozialdemokraten zum Opfer fielen. In den letzten drei Jahrzehnten gab es derartige Säuberungen nicht mehr. Die Parteiführung war statt dessen nach Kräften bemüht, ihre Massenbasis zu vergrößern. Das ging zu Lasten der revolutionären Leistung. Statt geschulter und opferbereiter Klassenkämpfer gewann man immer mehr Mitläufer und Opportunisten. Honekker klagte 1979 über Mitglieder, die sich »beharrlich den Pflichten entziehen ... oder schwankende Haltungen einnehmen«. 1980 kam es deshalb zu einer »Überprüfung der Parteidokumente«, bei der allerdings nur 3 944 Personen ausgeschlossen wurden. Ende 1985 wiederholte sich dieser Vorgang.

Zum Thema ...
... Propaganda (I)

II. Die marxistisch-leninistische Lehre über die Parteipropaganda – Grundlage für die Arbeit im Parteilehrjahr

Der Kampf um die Herzen und Hirne der Menschen durch die systematische Verbreitung politischer, philosophischer, ökonomischer und anderer Theorien, Ideen und Lehren wird geführt, seitdem es Klassen und Klassenkampf gibt. **Mit der Entstehung der Klassengesellschaft wurde die Propaganda zu einer notwendigen Erscheinung im Kampf um die Verwirklichung der Klassenziele.**

Die politische Propaganda aller Ausbeuterklassen hat ein einziges Ziel: die Verschleierung der menschenfeindlichen Klassenziele, der Rechtfertigung der auf die Sicherung der bestehenden Macht- und Eigentumsverhältnisse gerichteten

Politik und die Bekämpfung aller fortschrittlichen und revolutionären Ideen.

Eine qualitativ neue Etappe in der Entwicklung der Propaganda wurde durch die Geburt einer neuen, der wissenschaftlichen Weltanschauung der Arbeiterklasse eingeleitet.

Im »Manifest der Kommunistischen Partei« begründeten **Karl Marx und Friedrich Engels** die Lehre von der weltgeschichtlichen Rolle der Arbeiterklasse als Schöpfer der kommunistischen Gesellschaft. Sie **wiesen** zugleich **nach, daß es einer gesellschaftlichen Kraft bedarf, um die wissenschaftliche Weltanschauung in die Arbeiterklasse hineinzutragen und die Massen für den Kampf um die revolutionären Klassenziele zu mobilisieren und zu organisieren. Diese Kraft kann nur die kommunistische Partei sein,** deren Mitglieder »theoretisch vor der übrigen Masse des Proletariats die Einsicht in die Bedingungen, den Gang und die allgemeinen Resultate der proletarischen Bewegung voraus« haben.

Ideen allein können jedoch überhaupt nichts ausführen. Wie Karl Marx lehrt, wird »die Theorie ... zur materiellen Gewalt, sobald sie die Massen ergreift«.

Die Geschichte lehrt: Indem die kommunistische Partei die revolutionäre Theorie in die Arbeiterklasse hineinträgt, die Massen mobilisiert, organisiert und im Kampf für die Erfüllung ihrer historischen Mission politisch führt, entwickelt sie zugleich das Bewußtsein der Klasse, deren Kampfbereitschaft und revolutionären Elan.

In den Ergebnissen und Erfahrungen der russischen Arbeiterklasse fand **Lenin** diese wissenschaftliche Erkenntnis und historische Erfahrung bestätigt und schlußfolgerte daraus: »Die Entwicklung des Bewußtseins der Massen wird wie stets die Grundlage und der Hauptinhalt unserer ganzen Arbeit sein.«

In der politischen Propaganda sah er jenen Bestandteil der ideologischen Arbeit der Partei, der entscheidend dazu beiträgt, die wissenschaftliche Weltanschauung der Arbeiterklasse zu verbreiten, zum Allgemeingut und Kompaß für das Handeln aller Kommunisten und Werktätigen werden zu lassen.

(aus: Der Propagandist im Parteilehrjahr – Erfahrungen, Aufgaben. (Ost-)Berlin 1983, S. 18-19)

Zum Thema . . .
. . . Propaganda (II)

Propagandaphasen nahm der bis 1983 an der (Ost-)Berliner Humboldt-Universität lehrende Philosophieprofessor Franz Loeser zum Anlaß für eine Satire:

Die Schematitis-Tabelle

0 sozialistische	0 Integrations-	0 -einstellung
1 fortschrittliche	1 Planungs-	1 -bildung
2 schöpferische	2 Bündnis-	2 -konzeption
3 weltanschauliche	3 Erziehungs-	3 -tendenz
4 parteiliche	4 Solidaritäts-	4 -beziehung
5 soziale	5 Entwicklungs-	5 -problematik
6 ideologische	6 Gemeinschafts-	6 -initiative
7 imperialistische	7 Persönlichkeits-	7 -politik
8 gesellschaftliche	8 Klassen-	8 -frage
9 marxistisch-leninistische	9 Friedens-	9 -bewegung

Wählen Sie eine beliebige dreistellige Zahl und suchen Sie die entsprechenden Wörter in den Spalten auf. Zum Beispiel 182 lautet: fortschrittliche Klassenkonzeption. Mit Hilfe dieser einfachen Schematitis können Sie bereits tausend real sozialistische Ausdrücke bilden, die den Phrasenfluß des Schematitikers kaum zum Versiegen bringen kann. Und nun stellen Sie sich vor: Millionen solcher Schematitiker in einem kleinen Land des realen Sozialismus! Das ergibt eine Phrasenflut, die keine Gesellschaft überstehen kann!

(aus: Franz *Loeser:* Die unglaubwürdige Gesellschaft. Quo Vadis, DDR? Köln 1984, S. 36)

Mitglieder und Kandidaten der SED

1948	1 298 415
1949	1 773 689
1953	ca. 1 230 000
1961	1 610 769
1971	1 909 859
1981	2 172 110
1986	2 304 121

Jeder Bürger, der Parteimitglied werden will, muß einen Antrag stellen, einen Fragebogen zur Person ausfüllen, seinen Lebenslauf schreiben und von zwei Parteimitgliedern, die selbst mindestens zwei Jahre in der SED sind und die ihn seit mindestens einem Jahr »aus seiner beruflichen und gesellschaftlichen Tätigkeit kennen«, »Bürgschaften« erbringen. Nach einem Jahr Kandidatenzeit kann er dann in die Partei aufgenommen werden. Als SED-Mitglied ist er verpflichtet, die »Einheit und Reinheit der Partei« zu wahren und zu schützen, »aktiv die Parteibeschlüsse zu verwirklichen«, »die Verbundenheit mit den Massen unaufhörlich zu festigen«, »selbständig an der Hebung seines politischen Bewußtseins ... zu arbeiten und die marxistisch-leninistische Weltanschauung zu verbreiten«, beruflich »Vorbild« zu sein und so weiter und so fort.

Das Statut der SED verlangt tatsächlich von jedem Fähigkeiten und Eigenschaften, die dem »neuen Menschen im Sozialismus« entsprächen. Die Wirklichkeit sieht anders aus. Ein zentrales Problem ergibt sich für jedes Mitglied aus zwei Forderungen, die sich zwar nicht formell, wohl aber in der Praxis widersprechen: Es muß laut Statut »Partei- und Staatsdisziplin« wahren und »jede Erscheinung von Fraktionsmacherei und Gruppenbildung« bekämpfen, hat aber zugleich die Pflicht, »furchtlos Mängel in der Arbeit aufzudecken und sich für ihre Beseitigung einzusetzen« und »gegen jeden Versuch anzukämpfen, die Kritik zu unterdrücken und sie durch Beschönigung und Lobhudelei zu ersetzen«. Die erste Forderung hat einen historischen Hintergrund. Stalins Rivale Trotzki wurde als »Fraktionsmacher« diffamiert, vertrieben und schließlich ermordet. »Fraktionsmacherei« ist schädlich, weil sie der Einheit schadet, in Wirklichkeit: weil sie die Parteiführung herausfordert. Aber wann handelt es sich um »Fraktionsmacherei« oder »Gruppenbildung« und wann liegt lediglich »Kritik« vor, werden bloß »Mängel« aufgedeckt? Das Statut der SED sichert jedem Mitglied das Recht zu, »seine Meinung frei zu äußern«, es schränkt aber zugleich ein: »bis die Organisation ihren Beschluß gefaßt hat«. Hier liegt der Schlüssel zum Verständnis des Problems.

Höchste Parteigremien sind in Wirklichkeit Politbüro und Sekretariat des Zentralkomitees. Wenn diese Organisationen einen Beschluß gefaßt haben, ist Widerspruch »Fraktionsmacherei« oder »Gruppenbildung«, gefährdet er die »Einheit« und erfordert deshalb eine Parteistrafe. Als der Liedermacher Wolf Biermann 1976 aus der DDR ausgebürgert wurde, übten führende Künstler der DDR an der Maßnahme Kritik. Überzeugte Sozialisten forderten den Generalsekretär der SED auf, den Beschluß zu korrigieren. Sie äußerten frei ihre Meinung, weil sie von einer »Fehlentscheidung« überzeugt waren, an der man »Kritik« üben müsse. Doch die Parteiführung hatte Biermanns Ausbürgerung verfügt, und deshalb wurde die Kritik als Verstoß gegen die »Einheit« der Partei geahndet.

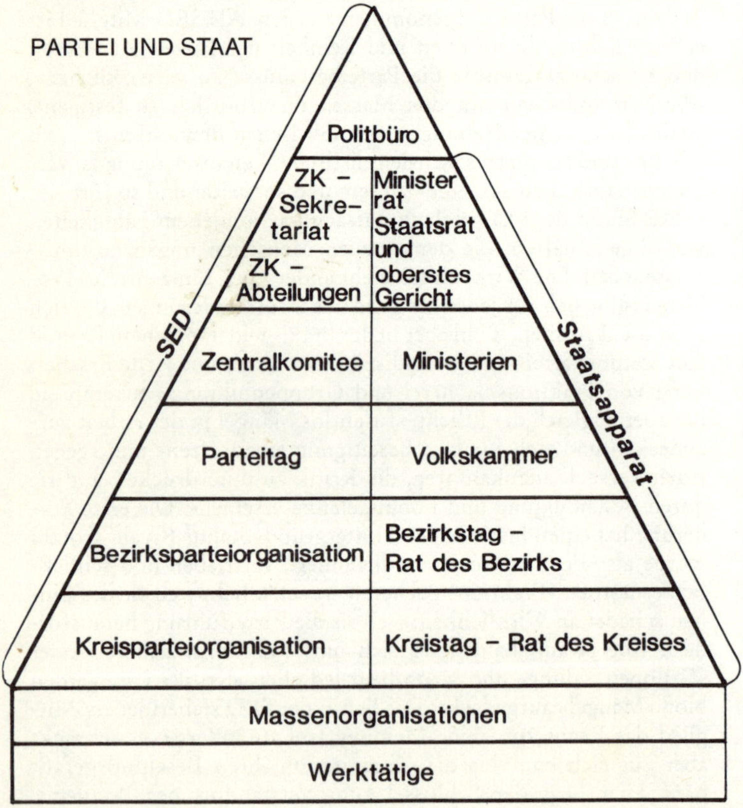

Erinnerung an eine SED-Versammlung

Ich erinnere mich an einen großen, künstlich beleuchteten Raum, dessen Fenster den Fernsehturm und Teile der Rathauspassagen zeigen. Der Raum war mit weichem Spannteppich ausgelegt und mit schallisolierten Platten verkleidet. Der Straßenlärm wurde verschluckt, und wenn in diesem Raum geschwiegen wurde, hörte man nichts als das Brummen einer elektrischen Anlage.

Hielt man sich hier länger als eine halbe Stunde auf, wurde einem die Luft knapp. Daher bat der Parteisekretär, ein junger Mann mit Brille und Bart, während der Versammlung nicht zu rauchen.

Der Genosse Dr. Herbert Szygulla vom Zentralvorstand referierte ausführlich und mit Genuß. Er stand breit vor uns, die kompakten Hände auf die Platte des Rednerpultes gestützt, und redete: »Der Genosse Honecker hat auf der Beratung mit den ersten Sekretären der Kreisleitungen nochmals auf die außerordentlich bedrohliche internationale Lage hingewiesen. Der amerikanische Imperialismus versucht, seine ins Wanken geratene Vormachtstellung um jeden Preis aufrechtzuerhalten. Er bedient sich dazu aller Mittel, auch der unmenschlichsten.« Ein Blick aus kleinen, tiefliegenden Augen schweifte vom Rednerpult über das Auditorium. Szygulla war mit der Wirkung seines Referats zufrieden, er tauschte mit einigen Genossen im Präsidium Blicke des Einverständnisses. »Die angespannte Lage, Genossen, erfordert natürlich auch von jedem von uns eine klare Stellungnahme. Jeder muß sich fragen, auf welcher Seite der Barrikade er eigentlich steht. Die Friedensoffensive der sozialistischen Staaten, unter der bewährten Führung der Sowjetunion, wird leider von einigen dahingehend falsch verstanden, daß sie glauben, es wäre Gelegenheit, pazifistische Parolen aus der Mottenkiste der Geschichte hervorzukramen.« Szygullas Blick war diesmal belustigt. Er hob den massigen Kopf mit dem von der Rasur glänzenden Kinn, schob seinen Bauch näher an das Rednerpult und ließ ein künstliches Lachen hören: »Aber diese Herrschaften haben sich verrechnet. Wir werden uns mit ihnen auseinandersetzen, notfalls mit der entsprechenden Härte. Der

Genosse Honecker hat das hervorgehoben, als er sagte, daß die Einheit und Reinheit der Partei jetzt, in dieser durch den Imperialismus hervorgerufenen angespannten Lage, wichtiger ist denn je.« Das farblose Gesicht des Parteisekretärs, der wenige Schritte von Szygulla entfernt im Präsidium saß, nahm einen gequälten Ausdruck an. Seine Nachbarin, eine Genossin von der Kreis-Revisionskommission, machte sich eifrig Notizen in ein gelbes Heft.

Ich erinnere mich an die Gesichter im Publikum. Über allen lag ein trüber Schleier, manche schienen in Trance versunken, andere zeigten betonte Munterkeit. Eine junge Genossin, westlich gekleidet, lächelte unbestimmt.

(aus: Hans *Noll:* Der Abschied. Journal meiner Ausreise aus der DDR. Hamburg 1985, S. 157 f.)

Wie aber sollen zwei Millionen einfache Parteimitglieder wissen, was »konstruktive Kritik« und was eine Verletzung von »Partei- und Staatsdisziplin« ist? Wenn die Meinung des Politbüros zu der entsprechenden Frage nicht bekannt ist, wissen sie es nicht und verhalten sich entsprechend zurückhaltend, »diszipliniert«.

Die SED ist territorial in Bezirks-, Stadt-, Kreis- und Stadtbezirksorganisationen gegliedert. Daneben gibt es eine Gliederung nach dem Funktions- oder »Produktionsprinzip« in Grundorganisationen »in den Betrieben der Industrie, des Bauwesens, des Transport- und Nachrichtenwesens, der Land-, Forst- und Nahrungsmittelgüterwirtschaft, des Handels, in staatlichen und wissenschaftlichen Einrichtungen und Institutionen, in städtischen und ländlichen Wohngebieten sowie in den bewaffneten Organen«. Mit dieser Bestimmung des Statuts der SED (Ziffer 56) soll eine umfassende Durchdringung aller Bereiche des Staates und der Gesellschaft durch Parteikader gewährleistet sein. »Auf allen Kongressen, Beratungen und in den wählbaren Organen des Staates und der Massenorganisationen mit mindestens drei Parteimitgliedern werden Parteigruppen organisiert.« (Ziffer 69). Die Parteigruppen üben eine Kontroll- und Führungsfunktion aus.

Das höchste Parteiorgan ist formell der Parteitag, der alle fünf Jahre stattfinden soll (letzter, XI. Parteitag der SED im April 1986), der das Programm beschließt, den Bericht des Zentralkomitees entgegennimmt und die »Generallinie und die Taktik der Partei« festlegt. Zwischen den Parteitagen liegt die Leitung bei dem von ihm gewählten Zentralkomitee. Es besteht (1986) aus 165 Mitgliedern und 57 Kandidaten. Das Zentralkomitee (ZK) wiederum wählt »zur Leitung der laufenden Arbeit, hauptsächlich zur Durchführung und Kontrolle der Parteibeschlüsse und zur Auswahl der Kader« das Sekretariat und den Generalsekretär (Statut Ziffer 42). Dem Sekretariat des ZK stehen rund 1 500 Mitarbeiter zur Verfügung. Nicht die Partei, wohl aber der Parteiapparat übt damit direkt die Herrschaft im Staat aus und kontrolliert die Arbeit des Staatsapparates. Auch die Ministerien unterliegen dieser Kontrolle. 1986 sind die ZK-Sekretariate der SED wie folgt besetzt:

Erich Honecker	Generalsekretär
Hermann Axen	Internationale Verbindungen
Horst Dohlus	Parteiorgane
Werner Felfe	Landwirtschaft
Kurt Hager	Kultur, Wissenschaft
Joachim Herrmann	Agitation und Propaganda
Werner Jarominsky	Handel und Versorgung, Kirchen
Egon Krenz	Sicherheitsfragen, Jugend und Sport
Günter Mittag	Wirtschaft
Inge Lange	Frauen
Günter Schabowski	

Der Generalsekretär und alle Sekretäre des ZK gehören zugleich dem Politbüro an. Über das Politbüro heißt es im Statut der SED knapp (Ziffer 42): »Das Zentralkomitee wählt zur politischen Leitung der Arbeit des Zentralkomitees zwischen den Plenartagungen das Politbüro.« In Wirklichkeit ist das Politbüro das eigentliche Machtzentrum in der DDR. Ihm gehören 22 Mitglieder und 5 Kandidaten an (ein Mitglied des ZK-Sekretariats ist Kandidatin, Ilse Lange; die andere Kandidatin des Politbüros, Margarete Müller, gehört nicht dem ZK an. Frauen in Führungspositionen sind [auch] in der DDR eine Seltenheit). Hier, nicht auf dem SED-Parteitag, in der Regierung oder gar in der Volkskammer, werden die Richtlinien der Politik festgelegt. Das Politbüro tagt in der Regel dienstags. Seine Sitzungen sind geheim. Obwohl die Mitglieder je nach besonderer Qualifikation auch spezielle Aufgabenbereiche kontrollieren, ist dies in der Öffentlichkeit nur schwer erkennbar. Zu seinen Mitgliedern gehören neben den genannten ZK-Sekretären u. a. Ministerpräsident Willi Stoph, der Minister für Staatssicherheit Erich Mielke, Verteidigungsminister Armeegeneral Heinz Kessler und der Gewerkschaftsvorsitzende Harry Tisch.

Eigentlich wäre das Politbüro genauso wie das Sekretariat des ZK und das Zentralkomitee ein kontrollierbares Machtorgan, und zwar durch die satzungsmäßig bestehende Rechenschaftspflicht und seine Wählbarkeit. Das Statut der SED bestimmt über den Parteiaufbau und die »innerparteiliche Demokratie«:

> »Der Organisationsaufbau der Partei beruht auf dem Prinzip des demokratischen Zentralismus. Dieser Grundsatz besagt:
> a) daß alle Parteiorgane von unten bis oben demokratisch gewählt werden;
> b) daß die gewählten Parteiorgane zur regelmäßigen Berichterstattung über ihre Tätigkeit vor den Organisationen verpflichtet sind, durch die sie gewählt wurden;
> c) daß alle Beschlüsse der höheren Parteiorgane für die nachgeordneten Organe verbindlich sind, straffe Parteidisziplin zu üben ist und die Minderheit sowie der einzelne sich den Beschlüssen der Mehrheit diszipliniert unterordnet.«
>
> (Statut Ziffer 23)

In Wirklichkeit verhält es sich genau umgekehrt: Ein einzelner, Generalsekretär Honecker, verlangt von allen anderen Disziplin, eine Minderheit, das 22köpfige Politbüro, verfügt über genügend Machtmittel, um sich alle anderen unterzuordnen. Parteitage »wählen« nicht, die Delegierten dürfen statt dessen den Parteiführern zujubeln, Abstimmungen bringen »einstimmige« Ergebnisse. Wer Kandidat wird, was im Programm steht, all das hat die Führung vorher festgelegt. Es handelt sich um reine Akklamationsveranstaltungen. Jeder Parteitag bestätigt aufs neue dieses Ritual.

In seltenen besonders kritischen Situationen haben einzelne Politbüromitglieder die Chance, selbst die Initiative zu ergreifen, dann, wenn es um die Regelung der Nachfolge des Vorsitzenden geht. In der Sowjetunion war das in den letzten Jahren mehrfach der Fall. In der DDR ereignete sich eine ähnliche Situation 1971. Damals wurde Walter Ulbricht, der sich dem außenpolitischen Kurs der UdSSR widersetzte, durch Erich Honecker abgelöst. Entscheidende Bedeutung kam freilich der sowjetischen Haltung zu. Honecker hat in den über 15 Jahren seines Vorsitzes die Macht geschickt genutzt, um treue Gefolgsleute in die Entscheidungsgremien wählen zu lassen. Seine Macht ist so groß, daß er jüngst den jahrelangen (Ost-)Berliner 1. Sekretär, Konrad Naumann, der seit 1976 dem Politbüro angehörte und sich im Laufe der Jahre viele Feinde gemacht hatte, ohne Probleme kurzfristig ablösen ließ. Naumann gab sein Amt »aus Gesundheitsgründen« auf. Auch diese Begründung gehört zum Ritual.

In Wirklichkeit besteht das Organisationsprinzip des »demokratischen Zentralismus« in der DDR aus einem zentralisierten Parteiapparat, dessen Führung die Macht monopolisiert hat und demokratische Wahlen und Kontrollen unterbindet. Die ungeheure Machtfülle des Politbüros beruht zum einen auf der Verfügungsgewalt über die bewaffneten Organe, Staatssicherheitsdienst, Polizei, Armee. Wichtig ist auch die Rückendeckung durch die sowjetische Führung. Zum anderen erwächst sie ihr durch die geschickte Ausübung der »Kaderpolitik«.

Nach dem *Kleinen Politischen Wörterbuch* sind Kader

> »in der sozialistischen Gesellschaft Menschen, die die Verantwortung für die Leitung eines Kollektivs tragen (. . .). Sie tragen durch ihre Arbeit als Leiter bzw. im Leitungskollektiv persönlich die Verantwortung für die Durchführung der Beschlüsse der Partei der Arbeiterklasse, der Gesetze und Verordnungen der staatlichen Organe.« (S. 447)

Umfangreicher als diese Beschreibung der Aufgaben ist die am gleichen Ort vorgenommene Aufzählung der erforderlichen Eigenschaften, die insofern besonders aufschlußreich ist, als man aus ihr ablesen kann, wie Führungskräfte in der DDR sein sollen:

> »Kader zeichnen sich vor allem aus durch:
> unbedingte Treue zur Arbeiterklasse, ihrer Partei und zum Marxismus-Leninismus sowie ihren konsequenten Kampf um die Erfüllung der Beschlüsse; Stolz auf die Errungenschaften des Sozialismus, Liebe zur sozialistischen Heimat, unerschütterliche Freundschaft mit der KPdSU und den Völkern der Sowjetunion und Treue zum proletarischen Internationalismus; fundiertes, anwendungsbereites marxistisch-leninistisches und fachliches Wissen, kompromißloser Kampf gegen alle Erscheinungsformen der bürgerlichen

Ideologie; Parteilichkeit, Sachkenntnis, Disziplin und Schöpfertum, Bescheidenheit und Vorbildwirkung in der Arbeit und im persönlichen Leben, Entfaltung von Kritik und Selbstkritik; die Fähigkeit, Kollektive zu leiten ...« (ebenda)

Ein großes Problem besteht von der Gründung der DDR bis heute darin, derartige Persönlichkeiten zur Übernahme von Führungsfunktionen zu finden. Die Diskrepanz besteht zwischen den ideologischen Bedingungen und der fachlichen Qualifikation. Um das Problem zu lösen, werden auf allen Ebenen des Staates und der Gesellschaft »Kaderentwicklungspläne« sowie »Kader- und Bildungsprogramme« aufgestellt. Dennoch ist auf der mittleren und unteren Ebene die Unterscheidung zwischen Leitungskadern und Spezialisten ohne Leitungsbefugnisse üblich. Der Staat kann nicht ohne Spezialisten »funktionieren«; um aber zu Leitungskadern berufen zu werden, müssen sie ein politisch-gesellschaftliches Engagement vorweisen. Da Spezialisten unentbehrlich sind, können sie es sich mitunter leisten, politisch inaktiv zu sein. Partei- und Staatsapparat versuchen, die »Nomenklatur« als Mittel anzuwenden, um diesen Zustand zu ändern.

Die Nomenklatur verzeichnet in drei Stufen alle Funktionsträger in Partei-, Staats- und Wirtschaftsapparat. Vom ZK-Mitglied bis zum Sekretär einer SED-Grundorganisation, vom Minister bis zum Stadtbaudirektor, vom Generaldirektor einer Vereinigung der Volkseigenen Betriebe bis hin zu Werkdirektoren kleiner Betriebe sind alle verzeichnet. Mit der Nomenklatur wird Personalpolitik betrieben. Die Kaderakte gibt der jeweiligen übergeordneten Stelle Auskunft über die Person, ihren Werdegang, ihre Beurteilungen. Die Einstufung in die Nomenklatur entscheidet über die berufliche Weiterentwicklung und – folglich – über materielle Verbesserungen und Privilegien. Politische Kontrolle, Druckmittel verschiedener Art und wirtschaftliche Anreize sind das Instrumentarium der Partei zur Durchsetzung ihrer Ziele, zur Vollendung des Sozialismus und zum Aufbau des Kommunismus.

Wie effektiv verfolgt die SED diese Ziele, wie wirksam ist ihre Arbeit?

2,3 Millionen SED-Mitglieder sind aufgefordert, als » Vortrupp« die DDR-Gesellschaft zu führen, die Leistungen zu steigern. Erich Honecker stellte auf dem XI. Parteitag fest:

»Mitglied unserer Partei zu sein, in ihren Reihen für die edle Sache des Sozialismus und Kommunismus zu wirken, ist für uns Ehre und Verpflichtung, ist der Sinn unseres Lebens, berechtigt jeden von uns zu Stolz, heißt für jeden von uns, ein Sohn des Volkes zu sein und zu bleiben.«

(Bericht des Zentralkomitees der Sozialistischen Einheitspartei Deutschlands an den XI. Parteitag der SED. Berichterstatter: Genosse Erich Honecker. (Ost-)Berlin 1986, S. 8)

»Kampfdemonstration« zu Ehren von Rosa Luxemburg und Karl Liebknecht – Betriebsgruppen müssen dabeisein (dpa)

Die Parteiführung mag tatsächlich so denken und fühlen. Der Satz gilt sicher für die 22 Mitglieder und 5 Kandidaten des Politbüros. Er gilt wahrscheinlich für die 165 Mitglieder und 57 Kandidaten des ZK der SED. Möglicherweise gilt er auch für einige tausend Mitglieder und Mitarbeiter in ZK-Abteilungen, Arbeitsgruppen und Instituten, für die SED-Bezirksleitungen und Sekretariate. Sie gestalten den Staat und »führen« die Gesellschaft zentralistisch. Doch die Masse der Mitglieder soll die Vorstellungen der Spitzenkader, der leitenden Funktionäre, in tägliche Aufbauarbeit umsetzen. Dieser Anspruch auf permanente revolutionäre Tatkraft, dieser Versuch zur ständigen Mobilisierung aller, ist in der Praxis nicht durchzuhalten, vor allem wegen des Spannungsverhältnisses zwischen Theorie und Praxis. Jeder kennt die Alltagsrealität. Franz Loeser, ehemaliger Philosophieprofessor an der Humboldt-Universität in (Ost-)Berlin und SED-Parteisekretär, beurteilt die Entwicklung aufgrund jahrzehntelanger Erfahrung so:

»Wenn man die Stimmung in den Jahren des Aufbaus mit der Haltung der heutigen Genossen vergleicht, so ist man erschüttert über den Wandel, der sich seitdem vollzogen hat. Die tiefe Überzeugung ist umgeschlagen in grundsätzlichen Zweifel, die feste Disziplin in unwilliges Mitlaufen, die leidenschaftliche Begeisterung in unverhülltes Mißtrauen, die Achtung vor der Parteiführung in Ablehnung – ihrer Unglaubwürdigkeit wegen! Dieser Stimmungswandel der Genossen reicht heute bis in die höchsten Spitzen der Partei.«

(aus: Franz *Loeser:* Die unglaubwürdige Gesellschaft. Quo vadis, DDR? Köln 1984, S. 180 f.)

Fast jeden Montag treffen sich in der DDR rund zwei Millionen Genossen zu ihren Routinesitzungen, auf denen »wichtige Informationen« für die weitere revolutionäre Arbeit gegeben werden und »diskutiert« wird. Ein Referent stellt neue Direktiven vor, berichtet über die Ergebnisse des ZK-Plenums, spricht über Planerfüllung, Perspektiv- oder Produktionspläne, über die Initiativen der Sowjetunion zur Friedenssicherung. Neues erfahren die zwei Millionen Zuhörer nicht. Denn alles steht ohnehin im *Neuen Deutschland*, dem »Organ des Zentralkomitees der SED«. Es werden also lediglich Parolen ausgegeben. Irene Böhme, früher Redakteurin in (Ost-)Berlin, gibt Erfahrungen wieder:

»Es geht auf den Mitgliederversammlungen um ›ideologische Arbeit‹ der Grundorganisation, die fast immer als ›unbefriedigend‹ bezeichnet wird. Stehende Redewendung: ›Genossen, wir müssen die ideologische Arbeit aktivieren.‹ Referate darüber werden vom Parteisekretär oder seinem Stellvertreter gehalten. (. . .) Bei dieser Gelegenheit fällt mit

Sicherheit der bewährte Ausspruch ›Genossen, wo ein Genosse ist, ist auch die Partei.‹ Er enthält im Klartext den Vorwurf, daß die hier versammelten ihren Pflichten nicht nachkommen, die ideologische Auseinandersetzung nicht zu jeder Stunde an jedem Ort betreiben. In solchem Moment versucht jeder Genosse so unauffällig wie möglich auszuschauen. Es ist nicht der versteckte Vorwurf, der ihn erschreckt, ihn erschreckt der mögliche Parteiauftrag, der meist folgt. ...

Jedem Referat folgt die Diskussion. Auf Parteiebene, heißt es, wird ›offen‹ diskutiert, alles ausdiskutiert und freimütig Kritik und Selbstkritik geübt. Hier gibt es, heißt es, keine Tabus. Gebrauch wird von dem großmütigen Angebot selten gemacht. Dem Referat folgt normalerweise das große Schweigen. Nach langer Pause meldet sich dann ein Genosse zu Wort, der immer als erster spricht. Jeder Anwesende kennt ihn und weiß im voraus, was er ungefähr sagen wird. Das ist wie ein Ritus. ...

Turbulente Diskussionen und sachkundige Auseinandersetzungen gehören so wenig zum ›normalen Parteileben‹ wie Kampfabstimmungen und Entscheidungssituationen«.

(aus: Irene *Böhme:* Die da drüben. Sieben Kapitel DDR. (West-) Berlin 1985, S. 49-51)

Der Erlebnisbericht verdeutlicht, daß die meisten Parteimitglieder, anstatt revolutionäre Tatkraft zu entfalten, nur die ihnen zugewiesene Rolle und das dazugehörende Ritual erfüllen. Sie sind ohnehin nur Statisten für die politische Führung.

Effektiv ist die Parteiarbeit nicht im Sinne der revolutionären Veränderung, sondern für die Machterhaltung der Führungskader. Die SED entspricht auch mit ihren über zwei Millionen Mitgliedern (das sind rund 15 % der gesamten DDR-Bevölkerung) nicht den Vorstellungen Lenins von einer straff organisierten Kaderpartei aus Berufsrevolutionären, sie ist vielmehr eine Massenpartei mit entsprechend hohem Organisations-, aber, bezogen auf die Leistungen, geringem Wirkungsgrad. Um beruflich voranzukommen, muß man in die Partei. Offiziere und Betriebsleiter, Diplomaten und Professoren, Richter und Gewerkschafter, Journalisten, Spitzensportler, gefeierte Schriftsteller und berühmte Maler, sie alle sind in der Partei, weil man ohne Mitgliedschaft derartige Positionen in der Regel nicht erreicht. Die offizielle Statistik verfälscht

Politisches Ritual: FDJler tragen Plakate der Politbüro-Mitglieder (Bildarchiv Jürgens)

das Bild. Sie hebt hervor, daß 58,1 % aller Mitglieder »ihrer Herkunft nach« Arbeiter sind. Einer von diesen ist Erich Honecker, mit dem gelernten Beruf »Dachdecker«, den er indessen in seinem Leben nur eine ganz kurze Zeit ausgeübt hat. Honecker und die meisten anderen ehemaligen »Arbeiter« bilden als hauptamtliche Funktionäre den Kern. Arbeiter, sofern sie nicht zu diesen hauptamtlichen Funktionären gehören, haben in der »Partei der Arbeiterklasse« nichts zu entscheiden. Für alle Mitglieder unterhalb des Politbüros gilt ein anderer Satz des Generalsekretärs:

»Diese Disziplin ist für alle gleich. Jeder, der unserem Kampfbund angehört, muß leidenschaftlich und mit dem Einsatz seiner ganzen Person für die Verwirklichung der Beschlüsse, gegen Passivität, Gleichgültigkeit, Egoismus und Undiszipliniertheit eintreten.«

(aus: Erich *Honecker:* Reden und Aufsätze. Bd. 1. (Ost-)Berlin 1975, S. 207)

Der Preis für die Disziplin ist aber nicht Leidenschaft, sondern Gleichgültigkeit gegenüber dem revolutionären »Kampfauftrag« der Partei. Irene Böhme zitiert den Rat eines erfahrenen Genossen für das Verhalten auf Parteiversammlungen: »Schreib alles mit, dann schläfst du nicht ein.« (a. a. O. S. 48)

3. Massenorganisationen als »Transmissionsriemen« der Partei

In der DDR gibt es keine Interessengruppen im westlichen Sinne. Die Vorstellung, Arbeiter in einem Betrieb könnten andere Interessen haben als dessen Leitung, wird abgelehnt. Sie widerspricht dem ideologischen Selbstverständnis der Partei und des Staates. Die Akademie für Staats- und Rechtswissenschaft der DDR nennt ihre Einführung in das politische System beziehungsreich »Bürgerinteressen als Staatspolitik«. Wo der Staat alles für den Menschen tut, kann dieser zwangsläufig keine gegenteiligen Interessen entwickeln. Partei und Staat arbeiten mit den Worten Erich Honeckers »bei der Gestaltung eines Daseins, in dem der Mensch ein Mensch sein kann und ihm die Früchte seiner Arbeit selbst zugute kommen« (Bericht 1986, S. 84). Der Vorsitzende des Freien Deutschen Gewerkschaftsbundes, SED-Politbüromitglied Harry Tisch, antwortete einmal auf die Frage, ob die Gewerkschaften in der DDR Streikrecht hätten, er verstehe nicht, wieso sie überhaupt streiken sollten, gehörten den Arbeitern doch selbst die Betriebe, in denen sie tätig seien. Streik in der DDR hieße, gegen sich selbst zu streiken, was unsinnig sei. Dennoch gibt es den Gewerkschaftsbund in der DDR, genauso wie es eine Reihe anderer »Gesellschaftlicher Organisationen« gibt. Angesichts der Aussagen Honeckers taucht die Frage auf, welche Funktionen sie erfüllen.

Das *SED-Programm* gibt hierauf eine kurze Antwort in einem Abschnitt über »die politische Organisation der entwickelten sozialistischen Gesellschaft«:

> »Eine große Rolle bei der Verwirklichung der sozialistischen Demokratie spielen die gesellschaftlichen Organisationen der Werktätigen. Die Sozialistische Einheitspartei Deutschlands wird die Gewerkschaften, die Freie Deutsche Jugend, den Demokratischen Frauenbund, den Deutschen Turn- und Sportbund der DDR, den Kulturbund und alle anderen Organisationen der Werktätigen bei der Erfüllung ihrer spezifischen Aufgaben unterstützen.«

Das *SED-Programm* gibt an dieser Stelle einen Überblick über das Spektrum vorhandener »Massenorganisationen«, es geht aber nicht näher auf deren spezifische Aufgaben ein und spricht nur allgemein von einer »Unterstützung« durch die Partei.

Das *SED-Statut* verlangt (unter Ziffer 2 g) von den Parteimitgliedern ausdrücklich, »in den Massenorganisationen entsprechend den Beschlüssen der Partei« tätig zu werden. Die Form der »Unterstützung« und die Rolle der Massenorganisationen werden vom *Kleinen Politischen Wörterbuch* genauer beschrieben. Danach sind »gesellschaftliche Organisationen«, wie die Massenorganisationen auch genannt werden:

> »freiwillige Vereinigungen von Bürgern zur Wahrnehmung ihrer politischen, ökonomischen, kulturellen, sportlichen, beruflichen u. a. Interessen und zur Verwirklichung ihrer staatsbürgerlichen Rechte und Pflichten .... Unter Führung der marxistisch-leninistischen Partei ... organisieren sie ihre Mitglieder zur bewußten und aktiven Mitarbeit an der Erfüllung staatlicher und gesellschaftlicher Aufgaben und helfen mit, das sozialistische Bewußtsein der Werktätigen zu formen, ihre staatsbürgerliche Verantwortung und Aktivität zu entwickeln.« (S. 313)

Massenorganisationen sind also Erfüllungsgehilfen der Partei. Sie dienen im Leninschen Sinne als »Transmissionsriemen« bei der Durchsetzung der Parteiziele in der Gesellschaft. Deshalb findet ihre Arbeit unter der »Führung« der SED statt. Aus diesem Grund sind die Massenorganisationen genauso wie die Partei nach dem Prinzip des »demokratischen Zentralismus« organisiert, und deshalb sind Parteikader in ihren leitenden Positionen. Der Vorsitzende des FDGB, Harry Tisch, gehört dem Politbüro der SED an. Seine Stellvertreterin Johanna Töpfer ist Mitglied des ZK der SED. Mitglieder des SED-Zentralkomitees sind auch die folgenden Vorsitzenden:

Eberhard Aurich	Freie Deutsche Jugend
Ilse Thiele	Demokratischer Frauenbund Deutschlands
Erich Mückenberger	Gesellschaft für Deutsch-Sowjetische Freundschaft
Manfred Ewald	Deutscher Turn- und Sportbund der DDR

Auch Vorsitzende von Berufsverbänden wie Wilhelm Sitte (Verband Bildender Künstler), Hermann Kant (Schriftstellerverband),

Hans-Peter Minetti (Verband der Theaterschaffenden), der Präsident der Akademie der Wissenschaften der DDR, Professor Werner Scheler, u. a. gehören dem ZK der SED an. Zur Karriere im Beruf gehört in der Regel die Karriere in der Partei. Die Inhaber der Spitzenpositionen sind zugleich Spitzenfunktionäre.

Welches sind die wichtigsten Massenorganisationen und wieviele Mitglieder sind in ihnen organisiert?

a) Der Freie Deutsche Gewerkschaftsbund (FDGB)

Größte Massenorganisation mit 9,4 Millionen Mitgliedern (1986) ist der FDGB. Er ist die Einheitsorganisation von insgesamt 16 Einzelgewerkschaften.

Das *SED-Programm* beschreibt den Charakter und die Aufgaben des FDGB mit folgenden Sätzen:

> »Die Gewerkschaften sind die umfassendste Klassenorganisation der Arbeiterklasse. Sie sind Schulen des Sozialismus und der sozialistischen Wirtschaftsführung. Sie tragen als Interessenvertreter der Werktätigen eine große Verantwortung für die allseitige Stärkung der sozialistischen Gesellschaftsordnung und die stabile Entwicklung der sozialistischen Wirtschaft. ...
>
> Im sozialistischen Wettbewerb organisieren die Gewerkschaften die Mitglieder der Arbeitskollektive zum Kampf um hohe Leistungen bei der Erfüllung der volkswirtschaftlichen Aufgaben.«

In diesen Sätzen kommt zum Ausdruck, daß es Hauptaufgabe der Gewerkschaften ist, die Leistungsbereitschaft der Arbeiter zu steigern und an der Planerfüllung mitzuwirken. Die Verfassung der DDR widmet den Gewerkschaften zwei Artikel. Artikel 44 Absatz 1 bestätigt die Aussagen des SED-Programms. Absatz 2 stellt aber fest:

> »Die Gewerkschaften sind unabhängig. Niemand darf sie in ihrer Tätigkeit einschränken oder behindern.«

Diese verfassungsrechtlich garantierte Unabhängigkeit existiert in der Verfassungswirklichkeit nicht. Tatsächlich stehen die Gewerkschaften als Massenorganisation unter der Kontrolle der Partei, was vor allem durch die personelle Verflechtung gewährleistet ist.

Zum Thema ...
... Gewerkschaften (I) – aus offizieller Sicht

aus: Was haben die Gewerkschaften zu sagen? Informationen aus der Deutschen Demokratischen Republik

»Obwohl sich die Rolle und die spezifischen Aufgaben der Gewerkschaften und der Partei der Arbeiterklasse, der SED, voneinander unterscheiden, so handeln sie doch auf ein und derselben sozialen Grundlage, auf einer gemeinsamen theoretischen und ideologischen Basis. Von Anfang vertraten sie die gleichen politischen Ziele, die sie im gemeinsamen Handeln beim Aufbau der sozialistischen Ordnung in der DDR verwirklichten. In diesem Prozeß entwickelte sich ein enges Vertrauensverhältnis zwischen der Partei und der Gewerkschaft. Die in der Mehrzahl parteilosen Mitglieder des FDGB (von den insgesamt 9,5 Millionen Mitgliedern sind etwa 2 Millionen auch Mitglied der SED) wissen, daß alles, was auf den Parteitagen der SED beraten und beschlossen wird, den Interessen und dem Wohl des ganzen Volkes dient. Ob es sich um die Erfüllung der anspruchsvollen ökonomischen Planziele handelt, die Erhöhung der wirtschaftlichen Leistungsfähigkeit oder die Verwirklichung des Wohnungsbauprogramms; ob es um die Entwicklung des Gesundheits- und Bildungswesens, die Förderung der berufstätigen Mütter und Frauen geht – das alles sind auch Ziele gewerkschaftlicher Arbeit. So ist es nicht verwunderlich, wenn die Gewerkschaften all ihre Kräfte, ihr Können und ihre Initiative einsetzen, um diese Beschlüsse verwirklichen zu helfen.«

(aus: Panorama DDR. (Ost-)Berlin 1986, S. 12-13)

Zum Thema ...
... Gewerkschaften (II) – Kritik und Reaktion

»Thomas N. brachte im Dezember 1981 die Losung ›Freie Gewerkschaften auch bei uns!‹ an einer Häuserwand an. Er wollte damit gegen die Ausrufung des Kriegsrechtes in Polen und für freie Gewerkschaften auch im Sozialismus demonstrieren. Im Januar 1982 wurde er von vier Mitarbeitern des Staatssicherheitsdienstes verhaftet.

»Ich wurde angeklagt nach § 220 des Strafgesetzbuches der DDR wegen ›öffentlicher Herabwürdigung‹.

Während der Vernehmungen drohte man mir an, man könne mich auch jederzeit nach § 106 anklagen, das ist ›staatsfeindliche Hetze‹. Dann würde das Strafmaß höher ausfallen.

Man warf mir vor, mit dieser Losung den Eindruck erweckt zu haben, daß es in der DDR keine freien Gewerkschaften gäbe. Diese Handlung wurde mir als Herabwürdigung der staatlichen Ordnung und des Freien Deutschen Gewerkschaftsbundes ausgelegt.

Daraufhin wurde ich zu zwei Jahren und acht Monaten Freiheitsentzug verurteilt.«

(aus: Menschenrechte in der DDR und Ost-Berlin. Hrsg. von der Internationalen Gesellschaft für Menschenrechte. Frankfurt/M. 1987, S. 91)

Da nach dem ideologischen Selbstverständnis von SED und FDGB der Werktätige Miteigentümer an den Produktionsmitteln ist und Betriebe sich deshalb im »Volkseigentum« befinden, liegt die Aufgabe des FDGB darin, ihre optimale Ausnutzung zu gewährleisten. Dies soll durch die Überwachung der Planerfüllung, Maßnahmen zu seiner Überbietung und durch die »Verwirklichung der wissenschaftlich-technischen Revolution«, der technologischen Modernisierung und Rationalisierung, geschehen. Die Gewerkschaften arbeiten deshalb mit ihren Betriebsgewerkschaftsorganisationen (in allen Betrieben mit mehr als 10 Mitarbeitern) mit der Werkleitung und der Betriebsparteiorganisation der SED eng bei der Aufstellung von Planzielen und deren Realisierung zusammen. Zu den konkreten Aufgaben des FDGB gehört es, innerhalb der Betriebe Möglichkeiten der Senkung des Materialverbrauchs, der besseren Maschinenauslastung (vor allem durch Schichtarbeit), der Erhöhung der Qualität, der Anwendung technischer Neuerungen usw. zu prüfen und Maßnahmen im Sinne einer Leistungssteigerung zu fördern. Erst danach rangiert der Einsatz z. B. für den Arbeitsschutz. Die Einzelgewerkschaften schließen darüber hinaus mit staatlichen Stellen Rahmenkollektivverträge über die Löhne ab. Diese werden auf betrieblicher Ebene durch die Festlegung verschiedener Lohnformen, insbesondere im Prämienbereich, gegenüber den Werktätigen zu einem wichtigen Einflußmittel. Der FDGB leitet auch kulturelle Aktivitäten und Schulungsprogramme. Finanzielle Zuwendungen von Staat und Betrieb sowie die Beiträge der Mitglieder ermöglichen die Finanzierung von Sozialleistungen wie Kinderkrippen, Gesundheitsfürsorge und Werkküchenessen. Nach Artikel 45 der DDR-Verfassung leiten die Gewerkschaften die Sozialversicherung und nehmen so »an der umfassenden materiellen Versorgung und Betreuung der Bürger bei Krankheit, Arbeitsunfall, Invalidität und im Alter teil«. Da der Staat damit den Gewerkschaften unverzichtbare Gemeinschaftsaufgaben zugewiesen hat, ergibt sich für den einzelnen Werktätigen, der diese Leistung in Anspruch nehmen will, ein Zwang zur Mitgliedschaft. Außerdem haben die Gewerkschaften ein breites Ferienangebot aufgebaut. Sie verfügten 1986 über 1 152 eigene Ferienheime mit 136 076 Betten. Der FDGB sorgt für Kuren und gestaltet zunehmend ein Naherholungsangebot.

Der FDGB ist also fest in das gesellschaftliche und wirtschaftliche System der DDR integriert. Aus diesem Grund ergibt sich der hohe Organisationsgrad der Werktätigen: 1982 gehörten 97,2 % von ihnen dem FDGB an. In absoluten Zahlen hat der FDGB mehr Mitglieder, als es Arbeiter und Angestellte in der DDR gibt (1986: 9,4 Millionen Mitglieder bei 7,6 Millionen Arbeitern und Angestellten). Weil der FDGB auch für Sozialleistungen verantwortlich ist, gehören zu seinen Mitgliedern auch Rentner.

Hoher Organisationsgrad, steigende Mitgliederzahlen und ein breites Aufgabenspektrum des FDGB dürfen nicht darüber hinwegtäuschen, daß er nicht selbständig handeln kann. Franz Loeser drückt diesen Sachverhalt kritisch und prägnant aus:

»In der DDR gibt es eine Abqualifikation der Gewerkschaften zu einem bloßen Anhängsel der Partei.« (a. a. O, S. 186)

b) Die Freie Deutsche Jugend (FDJ)

1945 schuf die KPD keinen kommunistischen Jugendverband, sondern ganz im Zeichen einer auf Integration aller gesellschaftlichen Gruppen abzielenden Politik eine »einheitliche, freie Jugendbewegung«, zunächst in Form »antifaschistischer Jugendausschüsse«. 1946 kam es zur Gründung der Freien Deutschen Jugend, deren erster Vorsitzender Erich Honecker wurde. Die Aufgaben der FDJ sind heute im *Statut der SED* festgelegt (Ziffer 65-67):

»Die Freie Deutsche Jugend, die sozialistische Jugendorganisation der Deutschen Demokratischen Republik, ist der aktive Helfer und die Kampfreserve der Partei.

Sie hilft der Partei bei der kommunistischen Erziehung der Jugend, bei ihrer Erziehung im Geiste des Marxismus-Leninismus, des sozialistischen Patriotentums und des proletarischen Internationalismus.

Sie gewinnt die Jugend für die bewußte und aktive Teilnahme an der Gestaltung der entwickelten sozialistischen Gesellschaft, zur Verteidigung des sozialistischen Vaterlandes, der Deutschen Demokratischen Republik, und zur Schaffung von Voraussetzungen für den allmählichen Übergang zum Kommunismus. . . .

Die Freie Deutsche Jugend erkennt die führende Rolle der Partei der Arbeiterklasse an.«

FDJ-Aktion: Singen (Gesamtdeutsches Institut)

FDJ – aus offizieller Sicht

So hat auch der Schulklub an der 5. POS »Conrad Blenkle« in Berlin-Köpenick mit seinen Aktivitäten sehr dazu beigetragen, daß viele Jugendfreunde nach dem Unterricht noch einmal in die Schule kommen. Nicht nur die gestalteten Disko-Abende, wie z. B. Soli-Disko, Fasching oder Frühlingsfest, sind der Grund dafür. Obwohl noch kein eigener Raum zur Verfügung steht, finden wöchentlich Veranstaltungen zu den unterschiedlichsten Interessengebieten statt. Oft werden die Eltern einbezogen, wenn es darum geht, interessante Berufe vorzustellen oder Vorträge zu speziellen Themen (z. B. »Die Kultur in Ostasien«, »Die Arbeit eines Korrespondenten«) zu halten.

Doch gibt es im Schulklub nicht nur organisierte Veranstaltungen. Die Freunde treffen sich, hören ein bißchen Musik, diskutieren über die verschiedensten Fragen. Aber auch die thematischen Treffs sind sehr beliebt. So waren ein Mokick-Geschicklichkeitsfahren, ein Skatturnier und sportliche Wettstreite, die einmal wöchentlich in der Turnhalle stattfinden, »große Renner« im Schulklub. Beliebt auch die Hobby-Nachmittage, die Gelegenheit bieten, den Nachbarn mal von einer ganz anderen Seite kennenzulernen, zu hören, was er in seiner Freizeit macht und – sich auch so manches abzugucken, denn hier ist es erlaubt. Beispielsweise beim Treff der Mopedfreunde, wo über Pflege und Wartung der beliebten Zweiräder gefachsimpelt wurde. Auch in den Ferien will der Schulklub von sich reden machen: Radtouren, Wanderungen sollen organisiert werden.

Es wird also allerhand »losgemacht« von den FDJlern der Conrad-Blenkle-Oberschule, doch betrachten sie ihre Erfolge keineswegs als sanftes Ruhekissen, denn – wie eine alte Bauernweisheit schon sagt: *Wer Unkraut läßt ein Jahr lang stehn, muß sieben Jahre jäten gehn.* Der Klubrat also gibt sich mit Erreichtem keineswegs zufrieden, will vor allem, daß aus den einzelnen FDJ-Gruppen noch mehr Ideen kommen. So haben die Mitglieder den »Dreh« gefunden, die Verantwortung für einzelne Veranstaltungen einem Gruppenkollektiv zu übergeben. Somit werden viele ins Klubleben direkt einbezogen, und neue Gestaltungsideen können sofort genutzt werden.

Nun soll nicht gesagt sein, daß sich das gesamte FDJ-Leben nur im und über den Schulklub entfaltet, schließlich hat jede Gruppe ihr Kampfprogramm beschlossen, will »für sich« aktiv und wirksam werden. Zudem bestehen ja an den meisten Oberschulen auch Singegruppen (auch in den einzelnen Klassen), künstlerische und andere Arbeitsgemeinschaften, Chor, Sportgruppen. . .

Selbstverständlich kann jeder auch in der individuellen Freizeit Vergnügen an einer interessanten und phantasievollen Gestaltung finden, denn nicht alles muß durch die FDJ »geregelt« werden.

(Petra *Lange* [Zentralrat der FDJ, Abteilung Schuljugend]. In: Junge Generation [FDJ-Zeitschrift] Nr. 5/1985, S. 34)

FDJ – kritisch betrachtet

Die organisierte Freizeit in der FDJ könnte die sinnvolle Freizeitgestaltung, wie sie sich die Verantwortlichen wünschen, bieten. Aber das Angebot des Verbandes reicht vielen Jugendlichen nicht aus. In den Programmen der FDJ-eigenen Jugendklubs in Ost-Berlin finden sich überwiegend Diskothekenveranstaltungen. An anderen Orten ist es ähnlich. FDJ-Ordnungsgruppen sorgen für Ruhe und Ordnung und regeln den Einlaß. In Ost-Berlin gehört es derzeit zum »guten Ton« unter den Jugendlichen, die FDJ-Diskos als »organisierten Kinderkram« abzutun. Trotzdem werden sie besucht. Die Eltern geben dafür beruhigt ihr Einverständnis. Sie wissen, dort kann ihren Kindern nichts passieren. (. . .)

Wer in kleineren Städten oder auf dem Land wohnt, ist auf die FDJ viel stärker angewiesen. Dort gibt es häufig nichts anderes als das, was der staatliche Jugendverband in seinen Klubs oder in den Betrieben für die Jugendlichen organisiert. Ob dort überhaupt etwas stattfindet, hängt meistens von der Initiative einzelner ab.

Heinz, ein junger Mann aus Werder, beschreibt seine Situation: »In unserem Betrieb die FDJ? Am Dienstag haben wir Fasching. Am zehnten soll Kegeln sein, ist das erste Mal in den fünf Jahren, seit ich im Betrieb bin. Einmal hatten wir eine Feier, waren alle in der ›Melodie‹ und haben die Brigadekasse ein bißchen kürzer gemacht, gegessen, getrunken, getanzt, ist aber lange her. Ich find, man braucht doch nicht zusammen in eine Kneipe gehen, warum nicht mal ins Theater oder Kabarett? (. . .) Ich weiß auch nicht, warum wir nichts machen. Vielleicht sind die Interessen zu verschieden, die meisten machen ja in ihrer Freizeit gar nischt. Oder es fehlt an einem, der mal was organisiert!« (Zitat aus: Gabriele Eckart, So sehe ick die Sache, a. a. O., S. 79)

Die hier beschriebene Langeweile ist typisch. In diesem Ton wird überall über die FDJ gesprochen. Nur die Tageszeitung der FDJ, Junge Welt, die etwa eine Million Auflage hat und beliebt ist, weil sie sich flott liest, berichtet unentwegt über vorbildliche FDJ-Klubs. Daß viel im argen liegt, geht aus einzelnen kritischen Reportagen – auch in der Rundfunk-Jugendsendung DT 64 – hervor. Aber offene Mißstände werden meistens nur angedeutet und verniedlicht. Statt dessen wird groß herausgestellt, wenn einem FDJ-Klub oder einer Gaststätte das »Blaue T« verliehen wird – eine Auszeichnung des FDJ-Zentralrates für gelungene Bemühungen um Jugendtanzveranstaltungen.

(Brigitte *Deja-Lölhöffel*, Freizeit in der DDR. (West-)Berlin 1986, S. 63-64).

Die FDJ zählt heute rund 2,3 Millionen Mitglieder. Mit 14 Jahren kann der Jugendliche in sie eintreten, mit 24 sollte er ausscheiden. Viele hauptamtliche FDJ-Funktionäre sind jedoch älter. Gegliedert ist sie nach dem Prinzip des »demokratischen Zentralismus«. Ihre einzelnen Organisationen weisen eine starke Ähnlichkeit zu denen der SED auf. So steht an der Spitze der FDJ ein von der Delegiertenversammlung, dem »Parlament der FDJ«, »gewählter« Zentralrat mit (1981) 123 Mitgliedern und 29 Kandidaten. Für die »laufende Organisations- und Vollzugsarbeit« gibt es ein Sekretariat des Zentralrates. Das Führungsgremium ist (dem Politbüro der SED entsprechend) ein Büro des Zentralrates. Der Zentralrat hat Abteilungen für Arbeiterjugend, Berufsausbildung, bewaffnete Organe, Landjugend, Schuljugend, Studenten, Kader, Kultur, Propaganda, Sport und andere Aufgaben.

Die FDJ leitet die Pionierorganisation »Ernst Thälmann«, die (1986) 671 000 Schüler vom 1. bis 3. Schuljahr als »Jungpioniere« und 714 000 Schüler vom 4. bis 7. Schuljahr als »Thälmann-Pioniere« zusammenfaßt und ideologisch erzieht.

Die organisatorische Hauptarbeit der FDJ leitet ein hauptamtlicher Apparat. Unter den vielen ehrenamtlichen Leitungsmitgliedern der Grundorganisation gibt es eine hohe Fluktuation. Mehr als ein Drittel wird jährlich ausgewechselt. Daran ist erkennbar, daß die ständige Mobilisierung für neue Aufgaben Schwierigkeiten mit sich bringt. FDJ-Mitglieder sollen mitwirken in »Mitgliederversammlungen«, »Zirkeln junger Sozialisten«, bei » Rundtischgesprächen«, »Propagandatagen der Jugend«, verschiedenen »Formen sozialistischer Gemeinschaftsarbeit«, die zum »FDJ-Studienjahr« zusammengefaßt sind, in »Jugendbrigaden«, bei »Jugendobjekten«, in der Bewegung »Messe der Meister von Morgen«, in der FDJ-Aktion »Materialökonomie« usw. Ideologische Schulung und

Gruppenfoto mit Jungpionieren (dpa)

wirtschaftliche Leistungsfähigkeit sollen auf diese Weise verbunden und gefestigt werden. Finanziert werden die Aktivitäten und der Leitungsapparat überwiegend vom Staat. Der »freiwillige«

Einsatz der FDJ-Mitglieder bringt allerdings dem Staat auch eine ökonomische Gegenleistung.

Ökonomische Initiativen der FDJ und ihre Ergebnisse im Zeitraum 1976-1980

Materialökonomie	6,1 Milliarden Mark Nutzen
Einsparung von Arbeitszeit	270 Millionen Stunden
Schrott	1,6 Millionen Tonnen
Altpapier	235 000 Tonnen
Futterökonomie	92 Millionen Mark Nutzen
Um- und Ausbau von Wohnungen	42 000 Wohneinheiten

(aus: *Akademie für Staats- und Rechtswissenschaft der DDR* (Hg.): DDR. Bürgerinteressen als Staatspolitik. (Ost-)Berlin 1984, S. 70)

In der Schule verpflichten sich FDJ-Mitglieder, »jeden Tag schöpferisch, ehrlich und diszipliniert zu lernen«. Sie sollen den Wehrkundeunterricht fördern, die Berufswahl »entsprechend den gesellschaftlichen Erfordernissen« beeinflussen und besonders die »geeignetsten Schüler für einen militärischen Beruf« werben.

Der Organisationsgrad der FDJ erreicht unter den Schülern der Klassenstufen 8 bis 12, bei Lehrlingen, Angehörigen der Volksarmee und bei Studenten 95 % und mehr. Die Mitglieder können teilnehmen am Freizeitangebot der FDJ, an Ferienaufenthalten des Reisebüros »Jugendtourist«, an Musikgruppen, am »Buchklub 65« und an anderen Einrichtungen

Auch hier ist das übliche propagandistische Ritual zu beobachten. Und dort, wo echte Begeisterung aufkommt, geht es nicht um ideologische Inhalte.

Im Sommer 1986 kam als Gast aus der Bundesrepublik Klaus Lage mit seiner Band in die DDR und sang zur Begeisterung der Jugendlichen seinen Hit »Tausendmal berührt«. Veranstalter des Freiluftkonzertes war die FDJ. 1988 erlebte die (West-)Berliner Gruppe Rainbird Gleiches im Ostteil der Stadt. Der Applaus kam spontan und war echt.

Zum Thema . . .
. . . Freie Deutsche Jugend

Junge Welt
Donnerstag, den 9. Juli 1987. Berlin

Organ des Zentralrats der FDJ

Programm der SED: Unsere Hauptaufgabe besteht im Ringen um hohes Wachstum der Produktion und ihrer Effektivität. . .

Das leisten wir!

Zum Beispiel:
In der FDJ-Kreisorganisation Flöha

Im Kreisjugendobjekt »Getreideernte« will die Landjugend des Kreises in diesem Jahr erstmalig 54 Dezitonnen Getreide pro Hektar ernten. Das ist eine Dezitonne je Hektar über dem geplanten Ertrag. Die zum Einsatz kommenden sechs FDJ-Mähdruschkollektive, die zwei Jugendstrohräumkomplexe, die zwei Jugendtechnikbrigaden und die Jugendbrigaden der Stroheinlagerung stehen untereinander im Leistungsvergleich. Sieben Jugendforscherkollektive der FDJ des Kreises werden im Bereich der Landwirtschaft um Spitzenleistungen bei der Einführung von Höchstertrags- und Höchstleistungskonzeptionen ringen. So arbeiten die Jugendforscher des Kreisbetriebes für Landtechnik gemeinsam mit jungen Wissenschaftlern der Technischen Universität Dresden an der Entwicklung und Konstruktion eines neuen Anbaugrabenbaggers für unsere landwirtschaftliche Produktion. Jugendforscher des LPG Tierproduktion »Frieden« Breitenau arbeiten intensiv an der Weiterführung der Aufgabenstellung Embryotransfer.

... mit dem Ziel, die Arbeits- und Lebensbedingungen aller Werktätigen systematisch zu verbessern.

Das leisten wir uns!

Zum Beispiel:
In der FDJ-Kreisorganisation Flöha

Im Patendorf der Kreisorganisation Flöha in Dittmannsdorf wird am kommenden Sonnabend ein neuerrichteter Jugendklub mit 60 Plätzen übergeben. Die Dittmannsdorfer Jugend und die Jugend des Kreises haben an diesem Klub mit viel Initiative und Einsatz gearbeitet. Hinzu kommt: In Dittmannsdorf werden sich für weitere Familien die Wohnverhältnisse verbessern. So erfolgen in diesen Tagen die Grundsteinlegungen für den Bau von sechs Wohnungseinheiten in Reihenhäusern, vor allem für junge Genossenschaftsbauern. Im gleichen Ort werden die Stallanlagen der FDJ-Paten-LPG Tierproduktion durch eine Jugendbrigade des Landtechnischen Anlagenbaus Niederwiesa rekonstruiert, und zwar zusätzlich zur normalen Arbeitszeit.

Ralf Raue

c) Die Gesellschaft für Deutsch-Sowjetische Freundschaft (DSF)

Mit (1986) 6,2 Millionen Mitgliedern ist die DSF nach dem FDGB die zweitstärkste Massenorganisation der DDR. Sie ging aus der 1947 gegründeten Gesellschaft zum Studium der Kultur der Sowjetunion hervor. Für ihr »politisch-ideologisches Wirken« stehen ihr 25 eigene Häuser und 1 600 »Kabinette der Freundschaft« zur Verfügung. In Vorträgen, durch Konzerte und Kunstausstellungen wird für die Zusammenarbeit mit der Sowjetunion geworben. In den 50er Jahren lautete die Losung der DSF: »Von der Sowjetunion lernen, heißt siegen lernen.« Bis heute wird die Sowjetunion als Vorbild hingestellt, dem nachzueifern ist und aus dessen Entwicklung man lernen kann. Tausende von »Zirkeln zur Auswertung sowjetischer Erfahrungen« und »Zirkeln zum Erlernen der russischen Sprache« bemühen sich heute darum, »Pionier- und Spitzenleistungen« zu erbringen. Geleitet werden die Aktivitäten der DSF von ihrem Vorsitzenden, dem SED-Politbüromitglied Erich Mükkenberger.

Von den Massenorganisationen in der DDR ist die DSF trotz ihrer hohen Mitgliederzahl wohl diejenige mit der geringsten Wirkung. Die meisten DDR-Bewohner blicken auf sowjetische »Errungenschaften« eher herab. Kaum jemand erblickt in der Sowjetunion das »Vorbild«. Der Lebensstandard in der DDR ist wesentlich höher als im sogenannten »Vaterland aller Werktätigen«. Begegnungen mit sowjetischen Bürgern sind nicht allzu häufig und in der Regel organisiert und kontrolliert. Die rund 400 000 Soldaten der »Gruppe der sowjetischen Streitkräfte in Deutschland« leben in der DDR isoliert. Kontakte zu ihnen sind nicht erwünscht. Die Ausstrahlung Gorbatschows wirkt auch auf die Bevölkerung in der DDR, aber sie wird von der DSF nicht gefördert. SED und DSF lehnen eine Übernahme von Perestrojka und Glasnost ab.

Wenn die DSF dennoch rund 6 Millionen Mitglieder zählt, so deshalb, weil für den beruflichen Werdegang jedes DDR-Bürgers »gesellschaftliche Tätigkeit« mit ausschlaggebend ist und schon die DSF-Mitgliedschaft als Nachweis hierfür anerkannt wird.

d) Die Gesellschaft für Sport und Technik (GST)

Nach dem Vorbild der sowjetischen »Freiwilligen Unionsgesellschaft zur Förderung der Land-, Luft- und Seestreitkräfte« wurde 1952 in der DDR die GST gegründet. Sie zählt rund 600 000 Mitglieder. Hauptaufgabe der GST ist es, dem sowjetischen Vorbild folgend, die Jugendlichen in der Wehrkunde auszubilden und so einen Beitrag zur Stärkung der »sozialistischen Wehrorganisation« zu leisten. Die GST untersteht deshalb auch dem Ministerium für Nationale Verteidigung der DDR. Neben einer »politisch-moralischen Erziehung« kann der Jugendliche in der GST im Rahmen eines zweijährigen vormilitärischen Ausbildungsprogramms u. a. zum Militärkraftfahrer, Tastfunker, Militärflieger, Fallschirmspringer und Taucher ausgebildet werden. Diese Programme der GST sind in die Lehrpläne der erweiterten Oberschulen, der Hochschulen und der Lehrlinge in den Betrieben integriert. Durchgesetzt hat sich die »monatliche Ausbildung an einem Tag«, die durch spezielle Lehrgänge ergänzt wird. Mädchen können in der GST eine Sanitätsausbildung erhalten.

Attraktiv ist das GST-Programm vor allen Dingen aus einem Grund: Unabhängig von den üblichen langen Wartefristen kann der Jugendliche vor dem Erreichen des 18. Lebensjahres in der GST seinen Führerschein erwerben. Darüber hinaus bietet die

GST-Mitglieder zeigen auf einer Parade ihr Wappen (Gesamtdeutsches Institut)

paramilitärische Ausbildung auch Gelegenheit zur Ausübung besonderer Sportarten (Tauchen, Fallschirmspringen, Sportschießen usw.).

e) Sonstige Massenorganisationen

Organisationsgrundsätze, Kontrolle durch die SED, Mobilisierungsbemühungen, ideologische Schulung und spezifische Leistungsangebote sind auch das gemeinsame Kennzeichen der anderen gesellschaftlichen Organisationen.

1,5 Millionen Frauen in der DDR gehören dem Demokratischen Frauenbund Deutschlands (DFD) an, der sich besonders um die Integration der berufstätigen Frauen in die Gesellschaft bemühen soll. Er unterhält u. a. Einrichtungen zur Eheberatung sowie zum Erlernen der Haushaltsführung und Säuglingspflege.

Der Kulturbund (KB) vereint rund eine viertel Million Mitglieder. Er soll die »Intelligenz auf kulturellem Gebiet« mit der Partei der Arbeiterklasse verbinden. Zu seinen Unterorganisationen gehören Gesellschaften für Heimatgeschichte, Denkmalpflege, Natur und Umwelt, Fotografie, der Philatelisten-Verband und der Esperanto-Verband.

Die Domowina ist eine Organisation zur Pflege der Kultur und Sprache der ca. 100 000 Lausitzer Sorben, von denen ungefähr die Hälfte noch ihre ursprüngliche Muttersprache beherrscht.

Weitere gesellschaftliche Organisationen sind die in jüngster Zeit aufgewertete Vereinigung der gegenseitigen Bauernhilfe, die Volkssolidarität, der Deutsche Turn- und Sportbund der DDR, das Deutsche Rote Kreuz, der Verband der Konsumgenossenschaften der DDR, der Verband der Kleingärtner, Siedler und Kleintierzüchter (1,4 Millionen Mitglieder) u. a.

Nach der Verfassung der DDR wird das Recht der Bürger auf »Mitbestimmung und Mitgestaltung« u. a. durch die gesellschaftlichen Organisationen verwirklicht (Artikel 21). Durch Mitgliedschaft und Mitarbeit in den Massenorganisationen soll der Bürger einen Beitrag zur Weiterentwicklung des Sozialismus leisten und sich so mit dem Staatsziel identifizieren. Da jedoch eine Identität von Bürgerinteressen und Staatspolitik in der Theorie grundsätzlich vorausgesetzt, in der Praxis aber nicht realisiert wird, verfehlt dieser Anspruch seine Wirkung. Einem hohen Organisationsgrad steht ein geringer Wirkungsgrad gegenüber. Man wird Mitglied des FDGB, weil man ohne diese Mitgliedschaft nicht in den Genuß der von den Gewerkschaften im Auftrag des Staates verteilten Sozialleistungen kommt. Man geht in die FDJ, weil einem ohne die Mitgliedschaft in ihr Nachteile bei der Berufsausbildung erwachsen. Den Führerschein erwirbt der Jugendliche am schnellsten in der GST.

Aufgrund faktischer Zwänge und praktischer Vorteile sind die Massenorganisationen in Wirklichkeit keine »Schulen des Sozialismus«, sie ermöglichen allerdings der Partei die umfassende »gesellschaftliche Kontrolle«. Um die Kontrollmöglichkeiten nicht zu verlieren, dürfen keine unabhängigen Vereine wie z. B. Schützenvereine oder Kegelklubs gegründet werden.

Für die Kaderpolitik der SED sind die Massenorganisationen von Bedeutung. Daß sie eine echte Interessenvertretung nicht erbringen, zeigte im benachbarten sozialistischen Polen die Gründung der unabhängigen Gewerkschaft Solidarität. Dort schufen sich die Arbeiter ihre eigene Interessenvertretung. In der DDR hat sich die SED gesellschaftliche Organisationen zur Vertretung ihrer Parteiinteressen geschaffen.

4. Blockparteien und Nationale Front

Formell gibt es in der DDR ein Mehrparteiensystem. Im Juni/Juli 1945 waren dafür die Voraussetzungen durch die Wieder- bzw. Neugründungen von KPD, SPD, CDU und LDP geschaffen worden. Doch schon die Zwangsvereinigung von KPD und SPD zur SED zeigte, daß der Weg dieses Mehrparteiensystems nicht auf die Errichtung einer parlamentarischen Demokratie nach westlichem Vorbild ausgerichtet war. Der Prozeß der Gleichschaltung von CDU und LDP war gekennzeichnet durch die massive Einflußnahme seitens der SMAD, die Absetzung von Politikern, die Einschleusung von Kommunisten in die Parteiorganisationen und andere Maßnahmen. Die Gründung von DBD und NDPD 1948 machten vollends deutlich, daß mehrere Parteien aus propagandistischen und taktischen Gründen zugelassen wurden, aber nicht, um eine Konkurrenz zum Zwecke der Mehrheitsfindung zu ermöglichen.

Das *Kleine Politische Wörterbuch* erwähnt unter dem Stichwort »Blockparteien« die genannten Organisationen, die sich angeblich

> »freiwillig und gleichberechtigt zusammenschlossen ..., um gemeinsam die Wurzeln von Imperialismus, Militarismus und Faschismus auszurotten und eine Gesellschafts- und Staatsordnung der Demokratie, des Friedens und des Sozialismus zu schaffen.« (S. 139 f.)

Geschah die Zusammenarbeit 1945 noch freiwillig und mit dem Ziel, die Überreste des Nationalsozialismus zu beseitigen, so wurde ab 1946 Zwang angewandt, weil SMAD und KPD nur mit diesem Mittel ihre eigenen Vorstellungen von Demokratie und Sozialismus durchsetzen konnten. SPD, CDU und LDP wünschten nicht die Übernahme des sowjetischen Systems, die Errichtung einer »Diktatur des Proletariats«, sondern einer parlamentarischen Demokratie. In der DDR wird dieser historische Sachverhalt gefälscht. Die heutige Realität in der DDR beschreibt das Wörterbuch im gleichen Artikel allerdings zutreffend:

»Alle in der DDR wirkenden Parteien gehören dem Demokratischen Block der Parteien und Massenorganisationen an. Unter Führung der marxistisch-leninistischen Partei der Arbeiterklasse beziehen sie die Bürger in die Gestaltung der sozialistischen Gesellschaft ein, helfen ihnen, ihre staatsbürgerliche Verantwortung zu fördern und die Grundsätze der sozialistischen Moral und Lebensweise, die von der Arbeiterklasse geprägt werden, umfassender zu verwirklichen.« (S. 140)

Alle Blockparteien mußten sich dem Führungsanspruch der SED unterwerfen, und sie haben keine Möglichkeit zu selbständigem politischen Handeln. Die SED führt diese besondere Form von »Bündnispolitik« durch, um die »politisch-moralische Einheit des Volkes« zu festigen. Die historisch und nicht funktional bedingte Existenz mehrerer Parteien gibt indessen einzelnen DDR-Bürgern, die nicht Mitglied der SED werden wollen, aber gleichwohl einen beruflichen Aufstieg wünschen, die Chance, dies in einem eng begrenzten Rahmen zu verwirklichen.

Obwohl es an genauem Zahlenmaterial mangelt, läßt sich eine Erkenntnis verallgemeinern: Die Zahl der Mandats- und Funktionsträger bei den 4 Blockparteien ist außerordentlich hoch. Sie dürfte bis zu 50 % der Mitglieder umfassen. Die Parteien haben ihre eigene (von der SED kontrollierte) Verwaltung und ihre eigenen Parteischulen und Zeitungen. Sie besitzen hingegen keine Parteiorganisationen in den Betrieben und Hochschulen, haben weder Jugend- noch Frauenorganisationen und dürfen auch keine Mitgliederwerbung betreiben. Die Kontrolle durch die SED geht so weit, daß diese unter strenger Geheimhaltung die Neuaufnahme von Mitgliedern genehmigen muß. Folgende Mitgliederzahlen werden offiziell genannt:

Christlich-Demokratische Union Deutschlands	137 000
Demokratische Bauernpartei Deutschlands	112 000
National-Demokratische Partei Deutschlands	91 000
Liberal-Demokratische Partei Deutschlands	92 000

Unter der Führung der SED sind die vier Blockparteien und seit 1986 fünf Massenorganisationen, FDGB, FDJ, DFD, KB und VdgB zum »Demokratischen Block der Parteien und Massenorganisationen« zusammengeschlossen. Außer auf der zentralen Leitungsebene gibt es den Demokratischen Block auch auf Bezirks- und Kreisebene. Dadurch hat die SED eine unmittelbare Kontrollgarantie und besitzt darüber hinaus die Möglichkeit, öffentliche Verlautbarungen, staatliche Maßnahmen usw. vorab mitzuteilen, um ein koordiniertes propagandistisches Vorgehen durchzusetzen.

Die insgesamt 5 Parteien und 5 Massenorganisationen des demokratischen Blocks bilden den Kern der 26 weitere Organisationen umfassenden Nationalen Front der DDR. Sie wurde 1949 unter dem Namen »Nationale Front des demokratischen Deutschland« gegründet.

Das *SED-Programm* bestimmt die Aufgaben der Nationalen Front:

> »Die Nationale Front als sozialistische Volksbewegung leistet einen bedeutenden Beitrag zur Annäherung der Klassen und Schichten auf dem Boden der Ideale der Arbeiterklasse. Sie entwickelt enge Gemeinschaftsbeziehungen in den Wohngebieten der Städte und Gemeinden. Ihre massenpolitische Arbeit ist eine wichtige Bedingung für die ständige Entwicklung der sozialistischen Demokratie, für die planmäßige Verbesserung der Arbeits- und Lebensbedingungen der Bürger und die Verschönerung der Städte und Gemeinden sowie für ein vielseitiges geistig-kulturelles Leben.«

Die nationale Front soll die Bürger zusammenführen. Ihre Tätigkeit wird deshalb von (1986) 388 000 ehrenamtlichen Mitarbeitern in 19 100 Orts-, Wohnbezirks-, Stadtbezirks-, Kreis- und Bezirksausschüssen getragen. Sie verfügt über eine begrenzte Zahl hauptamtlicher Sekretariate.

Die Idee, alle Bürger zu einen, wird traditionell durch die »Wahl« eines Parteilosen zum Präsidenten des Nationalrates der Nationalen Front unterstrichen. Dieses Amt bekleidet z. Z. Professor Lothar Kolditz. Der Vizepräsident und Vorsitzende des Sekretariats ist, um Kontrolle wirksam zu gewährleisten, ein SED-Funktionär (z. Z. Werner Kirchhoff).

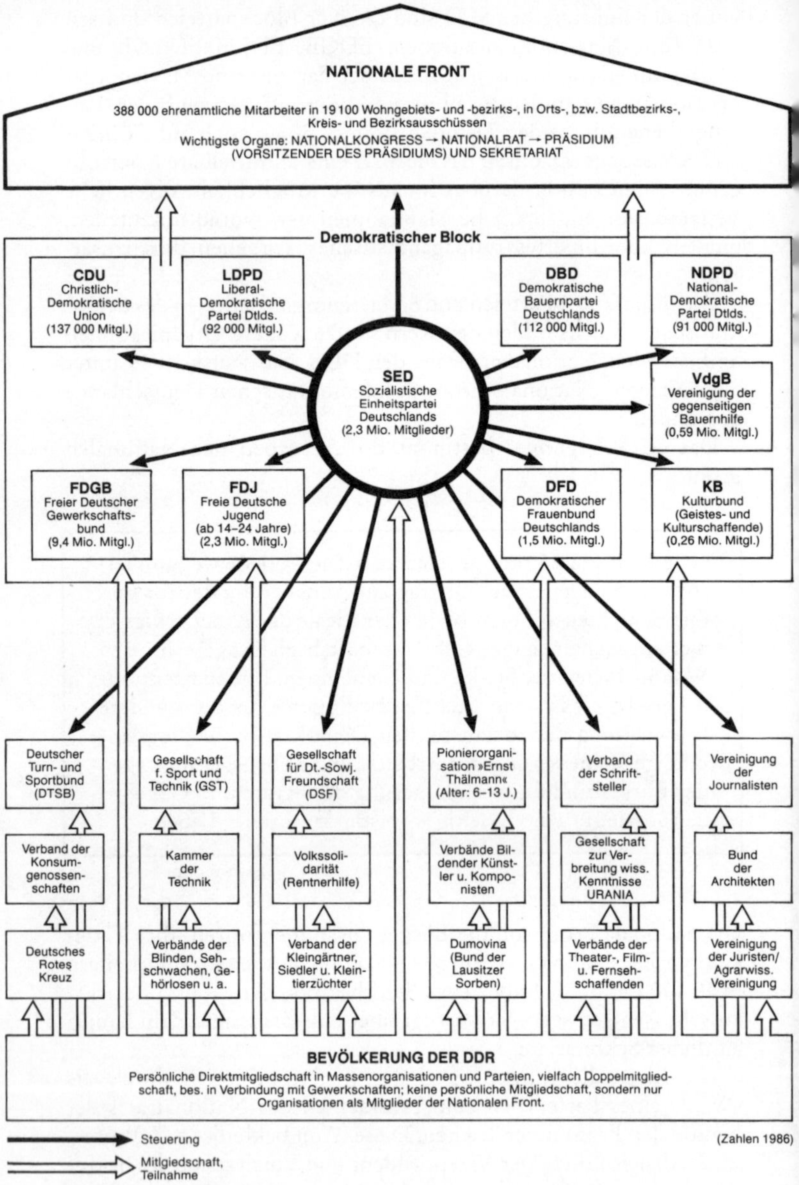
NATIONALE FRONT
388 000 ehrenamtliche Mitarbeiter in 19 100 Wohngebiets- und -bezirks-, in Orts-, bzw. Stadtbezirks-, Kreis- und Bezirksausschüssen
Wichtigste Organe: NATIONALKONGRESS → NATIONALRAT → PRÄSIDIUM (VORSITZENDER DES PRÄSIDIUMS) UND SEKRETARIAT
Demokratischer Block
CDU Christlich-Demokratische Union (137 000 Mitgl.)
LDPD Liberal-Demokratische Partei Dtlds. (92 000 Mitgl.)
DBD Demokratische Bauernpartei Deutschlands (112 000 Mitgl.)
NDPD National-Demokratische Partei Dtlds. (91 000 Mitgl.)
SED Sozialistische Einheitspartei Deutschlands (2,3 Mio. Mitglieder)
VdgB Vereinigung der gegenseitigen Bauernhilfe (0,59 Mio. Mitgl.)
FDGB Freier Deutscher Gewerkschaftsbund (9,4 Mio. Mitgl.)
FDJ Freie Deutsche Jugend (ab 14–24 Jahre) (2,3 Mio. Mitgl.)
DFD Demokratischer Frauenbund Deutschlands (1,5 Mio. Mitgl.)
KB Kulturbund (Geistes- und Kulturschaffende) (0,26 Mio. Mitgl.)
Deutscher Turn- und Sportbund (DTSB)
Gesellschaft f. Sport und Technik (GST)
Gesellschaft für Dt.-Sowj. Freundschaft (DSF)
Pionierorganisation »Ernst Thälmann« (Alter: 6–13 J.)
Verband der Schriftsteller
Vereinigung der Journalisten
Verband der Konsumgenossenschaften
Kammer der Technik
Volkssolidarität (Rentnerhilfe)
Verbände Bildender Künstler u. Komponisten
Gesellschaft zur Verbreitung wiss. Kenntnisse URANIA
Bund der Architekten
Deutsches Rotes Kreuz
Verbände der Blinden, Sehschwachen, Gehörlosen u. a.
Verband der Kleingärtner, Siedler u. Kleintierzüchter
Dumovina (Bund der Lausitzer Sorben)
Verbände der Theater-, Film- u. Fernsehschaffenden
Vereinigung der Juristen/ Agrarwiss. Vereinigung
BEVÖLKERUNG DER DDR
Persönliche Direktmitgliedschaft in Massenorganisationen und Parteien, vielfach Doppelmitgliedschaft, bes. in Verbindung mit Gewerkschaften; keine persönliche Mitgliedschaft, sondern nur Organisationen als Mitglieder der Nationalen Front.
Steuerung
Mitgliedschaft, Teilnahme
(Zahlen 1986)

Von den zahlreichen Aufgaben der Nationalen Front, die das SED-Programm nennt, ist eine hervorzuheben. Unter der Parole »Schöner unsere Städte und Gemeinden – mach mit!« hat die Nationale Front aktiv in die städtebauliche Sanierungspolitik eingegriffen und Bemühungen gefördert, historische Stadtbilder nicht weiter zu zerstören bzw. verfallen zu lassen, sondern ihre Restaurierung voranzubringen.

Als organisatorischer Rahmen dient die Nationale Front auch dazu, Namen von Kandidaten bei Wahlen auf einer »Einheitsliste« zu vereinen. Dadurch soll der Eindruck erweckt werden, als würden bei Wahlen in der DDR »alle Kräfte des Volkes« berücksichtigt.

5. Parlamentarismus in der »sozialistischen Demokratie«?

Artikel 48 der *Verfassung der DDR* legt fest:

> »Die Volkskammer ist das oberste staatliche Machtorgan der Deutschen Demokratischen Republik. Sie entscheidet in ihren Plenarsitzungen über die Grundfragen der Staatspolitik.«

Gemäß den Bestimmungen der Artikel 48 bis 65 ist die DDR eine parlamentarische Demokratie. Das Volk soll nach Artikel 47 Absatz 2 der Souverän sein. Nach Artikel 54 übt es seine Herrschaft durch Wahlen aus:

> »Die Volkskammer besteht aus 500 Abgeordneten, die vom Volke auf die Dauer von fünf Jahren in freier, allgemeiner, gleicher und geheimer Wahl gewählt werden.«

Auch an anderen Stellen in der DDR-Verfassung werden diese Grundsätze hervorgehoben. Artikel 5 bestimmt, daß die Bürger »ihre politische Macht durch demokratisch gewählte Volksvertretungen« ausüben. In Artikel 21 wird garantiert, daß die Bürger »alle Machtorgane demokratisch wählen« können.

Die in der Verfassung verankerte Stellung des Parlaments wird noch erweitert durch die Bestimmungen der Artikel 66 ff. und 76 ff., nach denen der Staatsrat, der die Funktion des Staatsoberhauptes wahrnimmt, und der Ministerrat »Organe der Volkskammer« sind. Auch das Oberste Gericht der DDR, der Generalstaatsanwalt und der Vorsitzende des Nationalen Verteidigungsrates werden von der Volkskammer »gewählt« und können von ihr »jederzeit« abberufen werden (Artikel 50).

Unterhalb der Ebene der Volkskammer als zentraler Volksvertretung für die Republik gibt es Bezirkstage und die Stadtverordnetenversammlung von (Ost-)Berlin, die Kreistage, die Stadtverordnetenversammlungen und die Stadtbezirksversammlungen von (Ost-)Berlin sowie auf unterster Ebene Stadtverordneten-, Stadtbezirksversammlungen und Gemeindevertretungen mit jeweils entsprechenden ausführenden Organen.

Die Bestimmungen der DDR-Verfassung verwirklichen die Marxsche Forderung nach der Einheit von Exekutive, Legislative und Judikative. Die DDR kennt also nach ihrer Verfassung *keine Gewaltenteilung,* sondern streng im marxistisch-leninistischen Sinne die Gewalteneinheit. Marx sah dies nicht als undemokratisch an, da er die ständige Kontrolle einschließlich der Möglichkeit der Abwahl der Volksvertreter durch das Volk verlangte.

Während der Grundsatz der Gewaltenteilung in der Bundesrepublik Deutschland und das Prinzip der Gewalteneinheit in der DDR einen beträchtlichen Unterschied darstellen, der aus den jeweiligen Verfassungen abgeleitet werden kann, gelten für den Bundestag und die Volkskammer in zentralen Aussagen die gleichen Inhalte. Durch beide soll die Volkssouveränität verwirklicht werden. Nach den Wahlgrundsätzen sollen die Wahlen »frei, allgemein, gleich und geheim« sein. Dennoch sind beide Institutionen grundverschieden.

In der Reihe »Recht in unserer Zeit« geben führende DDR–Juristen den Bürgern Auskunft. Darunter ist auch eine Einführung in das Thema: »Warum, was und wie wir wählen«. Darin werden zunächst – wie hier geschehen – die Inhalte der Artikel 48, 54 usw. vorgestellt. Dann kommt es jedoch zu einer wesentlichen Aussage:

»In der sozialistischen DDR ist kein Raum für die Praktiken des spätbürgerlichen Parlamentarismus. Hier gibt es keine Ausbeuterklassen und keine Klassengegensätze mehr und damit auch keine objektiven Grundlagen für ein Gegeneinander von politischen Parteien.«

(aus: T. *Riemann*, V. *Schmidt:* Warum, was und wie wir wählen. (Ost-)Berlin 1981, S. 40 [= Recht in unserer Zeit, Heft 21])

Parlamentarismus wird also nicht als ein Ringen um Mehrheiten verstanden. Folglich gibt es keine Opposition. Deshalb sagt die DDR-Verfassung auch nichts über die Möglichkeit der Parteigründung, sondern legt vielmehr in Artikel 3 die Vereinigung aller »Parteien und Massenorganisationen« in der Nationalen Front fest. So hat der Wähler nicht die »Qual der Wahl«, sondern er entscheidet sich für oder gegen die »Einheitsliste der Nationalen Front«, auf der er eine Reihe von Namen liest, ohne daß die Zugehörigkeit zu einer Partei oder Massenorganisation erkennbar wäre.

Die Wahl selbst vollzieht sich unter besonderen Begleitumständen. Der psychologische Druck an Wahltagen darf nicht unterschätzt werden. Hat man bis gegen Mittag noch nicht gewählt, wird man von Wahlhelfern besucht, die einen an die Erfüllung der »Ehrenpflicht« erinnern. Die im Wahllokal vorhandene Kabine benutzen die meisten nicht, da dies als offener Ausdruck einer »antisozialistischen Einstellung« gewertet würde. Wahlenthaltung bzw. das Aufsuchen der Wahlkabine wird mit Schikanen durch die Machtorgane beantwortet.

Bei den Volkskammerwahlen 1986 brachten dennoch rund 32 000 Bürger durch Wahlenthaltung, 7 500 durch Nein-Stimmen und 2 400 durch die Abgabe ungültiger Stimmen ihre oppositionelle Haltung zum Ausdruck, die meisten in (Ost-)Berlin.

STIMMZETTEL

Wahlvorschlag der Nationalen Front der Deutschen Demokratischen Republik zur Wahl der Volkskammer

– Wahlkreis 5 –

Kandidaten:

Prof. Dr. sc. Dr. h.c. Scheler, Werner

Hanke, Martin

Grandke, Alfred

Thiemes, Klaus-Dieter

Kimmel, Annelis

Bolduan, Reinhard

Dr. Schindler-Saefkow, Bärbel

Mitterer, Tatjana

Schulze, Heinz

Hlinak, Simone

Günther, Karin

aus: »NEUES DEUTSCHLAND«

Endgültiges Gesamtergebnis der Wahl zur Volkskammer der DDR am 8. Juni 1986

Die Wahlkommission der Republik stellte in ihrer Sitzung am Montag folgendes endgültiges Ergebnis der Wahl zur Volkskammer der Deutschen Demokratischen Republik am 8. Juni 1986 fest:

Zahl der Wahlberechtigten	12 434 444
Zahl der abgegebenen Stimmen	12 402 013
Wahlbeteiligung – in Prozent	99,74
Zahl der ungültigen Stimmen – absolut	2407
Zahl der ungültigen Stimmen – in Prozent	0,02
Zahl der gültigen Stimmen – absolut	12 399 606
Zahl der gültigen Stimmen – in Prozent	99,98
Für den Wahlvorschlag der Nationalen Front abgegebene Stimmen – absolut	12 392 094
Für den Wahlvorschlag der Nationalen Front abgegebene Stimmen – in Prozent	99,94
Gegen den Wahlvorschlag der Nationalen Front abgegebene Stimmen – absolut	7512
Gegen den Wahlvorschlag der Nationalen Front abgegebene Stimmen – in Prozent	0,06
Zahl der zu besetzenden Mandate	500
Anzahl der aufgestellten Kandidaten	703
Anzahl der gewählten Abgeordneten	500
Anzahl der gewählten Nachfolgekandidaten	203

In der Glasfassade der Volkskammer spiegelt sich der Berliner Dom (Bildarchiv Jürgens)

Die allgemeinen Begleitumstände führen zu einer Wahlbeteiligung von ca. 99 % und einer ebenso hohen Zustimmung zur Einheitsliste. Die Zustimmung bringt man dadurch zum Ausdruck, daß man, ohne die Wahlkabine aufzusuchen, den Stimmzettel gleich nach Empfang faltet und in die Wahlurne wirft. Wählen wird deshalb im Volksmund auch treffend »falten« genannt.

Ergebnisse der Volkskammerwahlen

	Wahlbeteiligung in %	Ja-Stimmen
1950	98,53	99,72
1954	98,51	99,46
1958	98,90	99,87
1963	99,25	99,95
1967	98,82	99,93
1971	98,48	99,85
1976	98,58	99,86
1981	99,21	99,86
1986	99,75	99,94

Zum Thema ...
... »Parlamentarismus« in der DDR

aus: Junge Welt, 27./28. Juni 1987

4. Tagung der Volkskammer der DDR

Hier ist des Volkes eigen, was des Volkes Hände schaffen ...

● 4. Volkskammertagung fand gestern in Berlin im Palast der Republik statt ● Haushaltsrechnung für 1986 zur Beschlußfassung vorgelegt ● Vom Minister der Finanzen, Ernst Höfer, begründet ● Stellungnahme der Fraktionen und Ausschüsse ● Haushaltsrechnung von der obersten Volksvertretung einmütig bestätigt ● Anfrage von Abgeordneten an Minister ● Konsularverträge und Rechtshilfeverträge vom Abgeordnetenhaus bestätigt ● Veränderungen in der Zusammensetzung des Staatsrates der DDR und des Präsidiums der Volkskammer

Berliner Dom (dpa)

Berlin (JW)

Freitag, 10.00 Uhr, trat in Berlin im Palast der Republik die Volkskammer der DDR zu ihrer 4. Tagung zusammen. Den Abgeordneten lag die Haushaltsrechnung für das Jahr 1986 zur Beratung und Beschlußfassung vor. Ernst Höfer, Minister der Finanzen, begründete die Rechnung. Er führte aus:

»Auf der Grundlage des von der Volkskammer beschlossenen Gesetzes über den Staatshaushaltsplan wurden Einnahmen in Höhe von 247 Milliarden Mark erwirtschaftet. Damit ist der Plan 1986 mit 101,7 Prozent erfüllt worden. Das sind in der Tat eindrucksvolle Zahlen, als Ausdruck angestrengter Arbeit der Werktätigen und der Leistungsfähigkeit der Volkswirtschaft.«

In der anschließenden Diskussion gab es Anfragen von vier Abgeordneten an verschiedene Minister. Die Abgeordnete Dr. Brunhild Jaeger (SED) stellte eine Frage zum komplexen Leistungsvergleich im Bauwesen und welche produktivitätsfördernden Auswirkungen er habe. Heike Dombrowski (DBD), Mitglied des Ausschusses für Handel und Versorgung, befragte den Minister für Elektrotechnik/Elektronik zur Produktion neuer technischer Konsumgüter mit hoher Effektivität und Qualität. Die Abgeordnete Ursula Raurin-Kutzner (CDU) stellte dem Minister für Gesundheitswesen die Frage, wie die wachsenden Mittel des Gesundheitswesens der Bevölkerung zugute kommen. Gisela Unrein (FDGB) fragte, wie die gestiegenen kulturpolitischen Mittel einen wachsenden kulturpolitischen Effekt zeigten.

Im Anschluß an die Anfragen trugen Vertreter der Ausschüsse der Volkskammer ihre Stellungnahme zur Haushaltsrechnung vor. Werner Körner (LDPD) hob die großzügigen Förderungsmaßnahmen des Staates für PGH und privates Handwerk hervor.

Über Erfahrungen bei der Mobilisierung von Reserven zur Erhöhung der Leistungen und zur Senkung des Aufwandes im Interesse hoher Haushaltseinkommen zum Wohle der Bürger sprach die Vorsitzende des Volkskammerausschusses für Haushalt und Finanzen, Rosel Walther.

Für den Jugendausschuß sprach Katrin Hensel. Sie sagte: »Die heute zur Beratung stehende Haushaltsrechnung für das Jahr 1986 widerspiegelt auch die Aktivität der Jugend für die allseitige Stärkung der DDR und ebenso die Leistungen unseres sozialistischen Staates für die Jugend.«

Dann folgten die Antworten der Minister. Es sprachen der Minister für Bauwesen, Wolfgang Junker, der Minister für Elektrotechnik/Elektronik, Felix Meier, der Minister für Gesundheitswesen, Professor Dr. Ludwig Mecklinger, und der Minister für Kultur, Dr. Hans-Joachim Hoffmann.

Rechtshilfeverträge DDR–Frankreich, DDR–Ghana und die Konsularverträge DDR–Nigeria, DDR–Bolivien wurden durch die oberste Volksvertretung bestätigt.

Zu Beginn der Tagung wurde mit einer Gedenkminute der seit der letzten Tagung verstorbenen Paul Verner, Max Seydewitz und Otto-Christoph Götze gedacht.

Der Volkskammer lag ein gemeinsamer Antrag aller Fraktionen vor, den Abgeordneten Dr. Ernst Mecklenburg aus gesundheitlichen Gründen als Stellvertreter des Vorsitzenden des Staatsrates abzuberufen, den Abgeordneten Dr. Günther Maleuda als Stellvertreter des Vorsitzenden des Staatsrates zu wählen und in Verbindung damit von seiner Funktion als Mitglied des Präsidiums der Volkskammer zu entbinden sowie Abgeordneten Erwin Binder zum Mitglied des Präsidiums der Volkskammer zu wählen. Die Abgeordneten entsprachen diesem Antrag einstimmig. Der Präsident der Volkskammer dankte Dr. Ernst Mecklenburg herzlich für sein verdienstvolles Wirken zum Wohle der Republik und wünschte ihm baldige Genesung.

Das Wahlverfahren ermöglicht nicht die Stimmabgabe für eine Partei oder Massenorganisation. Infolgedessen kann der Wähler auch nicht über die Sitzverteilung im Parlament entscheiden. Diese ist deshalb durch die SED im Rahmen des »Demokratischen Blocks« festgelegt worden. Sie wurde von 1963 bis 1986 nicht verändert. Im Juni 1986 erfolgte mit der Aufnahme der Vereinigung der gegenseitigen Bauernhilfe in den »Demokratischen Block« auch dessen Berücksichtigung bei der Sitzverteilung in der Volkskammer. Durch die Aufwertung des VdgB sollen die ideologische Arbeit unter den Genossenschaftsbauern verstärkt und auch die Lebensbedingungen auf dem Lande verbessert werden. Dies ist besonders wichtig, da es zu wenig Nachwuchskräfte im Bereich der Landwirtschaft gibt.

Sitzverteilung in der Volkskammer

SED	127 Sitze	FDGB	61 Sitze
CDU	52 Sitze	FDJ	37 Sitze
DBD	52 Sitze	DFD	32 Sitze
LDP	52 Sitze	KB	21 Sitze
NDPD	52 Sitze	VdgB	14 Sitze

Dadurch, daß die Mehrheit der Abgeordneten der im Parlament vertretenen fünf Massenorganisationen auch SED-Mitglieder sind, sichert sich diese die absolute Mehrheit. Doch die Erwähnung dieser Tatsache ist eher irreführend, denn abgestimmt wird ohnehin einstimmig. Nur 1972 war es anläßlich der Einführug der Fristenregelung beim Schwangerschaftsabbruch möglich, sich anders zu entscheiden. Von den 500 Abgeordneten stimmten 14 dagegen und acht enthielten sich der Stimme.

Kandidatenauswahl und soziale Zusammensetzung werden besonders betont. Die Hälfte der Abgeordneten sind Arbeiter und Angestellte, ein Drittel Frauen. Die Auswahl liegt faktisch nicht beim Wähler, sondern beim Partei- und Staatsapparat. Auch die Ausschußarbeit wird offiziell hervorgehoben, um den Charakter der Volkskammer als einer »arbeitenden« Institution zu beschreiben. In der Praxis besteht »Ausschußarbeit« in »Unterrichtung«.

Das Parlament der DDR trat in seiner 1. Legislaturperiode 1950-1954 zu 49 Tagungen zusammen, in der 7. Legislaturperiode 1976-1981 waren es nur noch 13 Tagungen. Im Schnitt tagte die Volkskammer dreimal jährlich. Dieser Sachverhalt bringt klar die Bedeutung des »obersten Staatsorgans« zum Ausdruck. Im Parlament der DDR wird nicht debattiert; es gibt keine parlamentarischen Auseinandersetzungen; Kampfabstimmungen kommen nicht vor. Die Exekutive schreibt der Legislative vor, worüber einstimmig zu entscheiden ist.

Die propagandistische Absicht, die mit der Schaffung eines Parlaments verbunden war, läuft ins Leere. Wahlen sind nach dem Wahlgesetz der DDR »Höhepunkte im gesellschaftlichen Leben der Deutschen Demokratischen Republik«. Franz Loeser spricht hingegen treffend von der »Farce der gegenwärtigen Volkswahlen« (a.a.O., S. 187).

Das Handbuch *DDR – Bürgerinteressen als Staatspolitik* nennt den Hintergrund der Volkskammerentscheidungen korrekt:

»Auf der Grundlage der Beschlüsse der Partei der Arbeiterklasse verwirklicht die Volkskammer ihr Gesetzgebungsrecht.« (a.a.O., S. 148)

Ergänzend wird im *Handbuch Deutsche Demokratische Republik* festgestellt, daß die Interessen der SED mit den Interessen des ganzen Volkes identisch seien und daraus abgeleitet:

»Das sich aus dieser Interessenübereinstimmung ergebende Prinzip der gemeinsamen Verantwortung aller politischen Parteien und der gesellschaftlichen Massenorganisationen für die Staatspolitik schließt die Existenz einer politischen und damit auch parlamentarischen Opposition aus«.

(aus: Handbuch Deutsche Demokratische Republik. Hrsg. vom VEB Bibliographisches Institut. Jubiläumsausgabe Leipzig 1984, S. 224).

6. Der Staat als »Diktatur des Proletariats«: Regierung, Verwaltung, Justiz und Staatssicherheitsdienst

Die Verfassung der DDR erwähnt kein einziges Mal den Begriff Diktatur. Statt dessen beschreibt sie die »sozialistische Demokratie«. Die sowjetische Verfassung hingegen spricht bereits in ihrer Präambel von der »Diktatur des Proletariats«. Diese Formel ist auch in der DDR allgemein gebräuchlich, wenn es darum geht, den Staat zu beschreiben, und zwar vor allem in Parteidokumenten.

Im *SED-Programm* heißt es bereits in der Einleitung:

»Sie (die Arbeiterklasse unter Führung der Partei, d. Verf.) schuf den sozialistischen Staat der Arbeiter und Bauern als eine Form der Diktatur des Proletariats.«

Nach der herrschenden Ideologie stellen Demokratie und Diktatur keinen Widerspruch dar. Die Arbeiterklasse ist die zahlenmäßig stärkste Klasse, sie bildet die Mehrheit. Die Herrschaft der Arbeiterklasse ist folglich die Herrschaft der Mehrheit. Da die marxistisch-leninistische Partei die Interessen der Arbeiterklasse vertritt, für sie Herrschaft ausübt, entspricht dies einer Herrschaft der Mehrheit. Eine Diktatur ist diese Form der »Mehrheitsherrschaft« insofern, als der Klassenfeind »wirkungsvoll zu unterdrükken« ist. Der Staat ist Instrument zum Aufbau der sozialistischen Gesellschaftsordnung und zur Unterdrückung seiner Gegner. So lautet das Selbstverständnis des Machtapparates in der DDR. In einem Lehrbuch über die *Marxistisch-Leninistische Staats- und Rechtstheorie* heißt es entsprechend:

»Die Unterdrückungsfunktion ist allen sozialistischen Staaten der Diktatur des Proletariats eigen. Sie ist notwendig, weil die gestürzte Ausbeuterklasse dem Aufbau der neuen Ordnung auch nach dem politischen Sieg der sozialistischen Revolution erbitterten Widerstand entgegensetzt. Die Gegner der Arbeiterklasse müssen deshalb von der Restaurierung der alten Ordnung zurückgehalten, abgehalten, niedergehalten werden.«

(aus: *Institut für Theorie des Staates und des Rechts der Akademie der Wissenschaften der DDR* (Hg.): Marxistisch-leninistische Staats- und Rechtstheorie. Lehrbuch. (Ost-)Berlin 1975, S. 232)

Als Beispiele für die erfolgreiche »Ausübung der Unterdrückungsfunktion« nennt das DDR-Lehrbuch die Niederschlagung des Ungarn-Aufstandes 1956 und den Einmarsch in die Tschechoslowakei 1968 sowie die Ausübung der »Unterdrückungsfunktion in ihrer härtesten Form«, »als die Kulaken, die letzte Ausbeuterklasse der UdSSR, liquidiert wurden«. Diese »Liquidierung« der Kulaken, der »Großbauern«, war der von Stalin angeordnete millionenfache grausame Mord an russischen Bauern, die man umbrachte, um die »Kollektivierung der Landwirtschaft« im Sinne der sozialistischen Revolution durchführen zu können. Es ist aufschlußreich zu sehen, wie die DDR ihre staatliche Tätigkeit selbst bewertet und in welchen Zusammenhang sie diese stellt.

Auch die Niederschlagung des Volksaufstandes am 17. Juni 1953 ist die »Niederschlagung einer Konterrevolution« und fällt daher unter die Unterdrückungsfunktion des sozialistischen Staates.

Doch die »Unterdrückungsfunktion« ist natürlich nur ein Aspekt der SED-Herrschaft. Das oben zitierte Lehrbuch stellt fest:

»Die Funktionen des sozialistischen Staates werden durch den gesamten Staatsmechanismus realisiert.« (a.a.O., S. 231)

Danach verwirklicht der Staatsapparat die »wirtschaftlich-organisatorische Funktion, die kulturell-erzieherische Funktion, die Funktion des Schutzes der sozialistischen Rechtsordnung und des sozialistischen Eigentums, die Rechte und Freiheiten der Bürger«. Natürlich gehört auch der »Schutz des Landes« zu den Aufgaben des Staates. Zum »Staatsmechanismus« oder Staatsapparat, der diese Aufgaben wahrnimmt, zählt man in der DDR u. a. die folgenden Institutionen:

a) Staatsrat und Ministerrat

Die Rolle des Staatsoberhauptes der DDR nimmt der Staatsrat wahr. Er ist nach Artikel 66 der DDR-Verfassung »Organ der Volkskammer«, von der er für die Dauer von fünf Jahren gewählt wird. Die stärkste Fraktion der Volkskammer, die SED, schlägt den Vorsitzenden des Staatsrates vor. Dieser nimmt dann in der Praxis die protokollarischen Pflichten eines Staatsoberhauptes wahr.

Walter Ulbricht schuf 1960 diese Institution, um auch nach außen hin den Staat als erster Mann repräsentieren zu können. Heute hat Erich Honecker das Amt inne. Er wurde von der SED-Fraktion als Vorsitzender des Staatsrates »vorgeschlagen« und danach von der Volkskammer »einstimmig gewählt«.

Der Vorsitzende des Staatsrates hat acht Stellvertreter, darunter den Ministerpräsidenten und die Vorsitzenden der Blockparteien. Dem gesamten Gremium gehören 27 Mitglieder und ein Sekretär an.

Auch die Regierung der DDR, der Ministerrat, ist »Organ der Volkskammer«. Der Vorsitzende des Ministerrats wird nach Artikel 79 der Verfassung der DDR von der stärksten Fraktion vorgeschlagen, womit ebenfalls sichergestellt ist, daß er der SED angehört. Ihn und die Minister »wählt« die Volkskammer für die Dauer von fünf Jahren. Artikel 76 der *DDR-Verfassung* beschreibt als Aufgaben des Ministerrates »die einheitliche Durchführung der Staatspolitik« und nennt im einzelnen die »politischen, ökonomischen, kulturellen und sozialen sowie ... Verteidigungsaufgaben«. Auch die Außenpolitik fällt formell in seinen Zuständigkeitsbereich. Artikel 76 nennt aber auch den eigentlichen Aufgabenschwerpunkt des Ministerrates:

»Er sichert die planmäßige proportionale Entwicklung der Volkswirtschaft, die harmonisch abgestimmte Gestaltung der gesellschaftlichen Bereiche und Territorien sowie die Verwirklichung der sozialistischen ökonomischen Integration« (mit letzterem ist die Zusammenarbeit mit den anderen sozialistischen Staaten gemeint).

Zum Ministerrat gehören z. Z. (1986) 45 Personen, darunter 41 SED-Mitglieder (je ein Mitglied des Ministerrates gehört jeweils der CDU, LDP, DBD und NDPD an). Vorsitzender ist das SED-Politbüromitglied Willi Stoph. Dem Ministerrat gehören nicht nur Minister an, sondern auch der Präsident der Staatsbank, der Oberbürgermeister von (Ost-)Berlin, der Ständige Vertreter der DDR im Rat für gegenseitige Wirtschaftshilfe u. a.

Die große Zahl von Ministerien und deren spezielle Aufgabenzuweisungen (z. B. Ministerium für Geologie, Ministerium für Leichtindustrie, Ministerium für Materialwirtschaft, Ministerium für Bezirksgeleitete Industrie und Lebensmittelindustrie usw.) machen deutlich, daß es sich hierbei in erster Linie um einen Verwaltungsapparat für die Durchführung der Politik der SED handelt. Dieser Sachverhalt kann nicht der Verfassung entnommen werden, er entspricht aber der Verfassungswirklichkeit und ist auch ablesbar aus dem 1972 in Kraft getretenen *Gesetz über den Ministerrat*, dessen § 1 lautet:

»Der Ministerrat arbeitet unter Führung der Partei der Arbeiterklasse im Auftrag der Volkskammer die Grundsätze der staatlichen Innen- und Außenpolitik aus und leitet die einheitliche Durchführung der Staatspolitik der Deutschen Demokratischen Republik.«

Die Regierung der DDR bestimmt nicht die Richtlinien der Politik, diese legt vielmehr die SED-Führung fest. Die Regierung ist hingegen für die »Durchführung« verantwortlich.

Besondere Bedeutung kommt dabei der Staatlichen Plankommission zu, deren Vorsitzender Schürer zugleich stellvertretender Vorsitzender des Ministerrates, Mitglied des Zentralkomitees der SED und Kandidat des Politbüros ist. Die Staatliche Plankommission ist für die Erarbeitung der Jahresvolkswirtschaftspläne, der

Fünfjahrespläne, und für die Koordinierung dieser Pläne mit denen der anderen sozialistischen Staaten innerhalb des Rates für gegenseitige Wirtschaftshilfe verantwortlich. Gebilligt werden müssen die Pläne vom Politbüro der SED, dem gegenüber die Staatliche Plankommission auch Rechenschaft zu geben hat.

b) Verwaltung

1952 führte die DDR eine Neuordnung der Verwaltung durch, in der die Länder aufgelöst und durch 14 Bezirke – ohne (Ost-)Berlin – ersetzt wurden. Mit diesem Schritt beseitigte die DDR den für die deutsche Geschichte so typischen Föderalismus. Durch die Maßnahmen wurde die zentrale Lenkung des Staates auf allen Ebenen möglich. Seitdem gibt es weder eine kommunale Selbstverwaltung noch eine besondere Gebietshoheit der Bezirke.

Im Zuge der »antifaschistisch-demokratischen Umwälzung« wurde darüber hinaus das Berufsbeamtentum abgeschafft und damit eine weitere für die deutsche Geschichte typische Institution beseitigt. Die neuen Staatsbediensteten werden statistisch zu den »Arbeitern und Angestellten« gerechnet, sie unterliegen jedoch besonderen Pflichten und besonderen Disziplinarbestimmungen. Staatsbedienstete werden durch die Kaderauslese der Partei gewonnen.

Im Falle der sozialistischen Staaten spricht man von einer »doppelt unterstellten Verwaltung«. Damit soll beschrieben werden, daß jede Verwaltungseinheit einmal dem Weisungsrecht der parlamentarischen Organe unterliegt und zum anderen an das Weisungsrecht des übergeordneten Organs gebunden ist. Diese Form der »doppelten Unterstellung« gestattet der Verwaltung keine gestaltende, sondern nur eine vollziehende Tätigkeit.

Die tatsächliche Willensbildung erfolgt auf der untersten Ebene wegen der personellen Verflechtungen und persönlichen Bekanntschaft der Betroffenen in etwa nach diesem Schema. Auf der obersten Ebene ist hingegen der Einfluß der Volkskammerabgeordneten auf zentrale Verwaltungsorgane, auf Ministerien und Planungsbürokratie, außerordentlich gering. Von entscheidender Bedeutung ist für alle Ebenen der Verwaltung der Einfluß der Partei. Die SED gibt diese Tatsache offen zu. So heißt es im *SED-Statut* (Ziffer 49 c):

> Die »wichtigsten Pflichten« der Parteimitglieder sind ... »die Anleitung der staatlichen Organe, ihre Unterstützung bei der Durchführung der Beschlüsse und Direktiven der Partei« ...

Wir haben es folglich in der DDR in Wirklichkeit mit einer »dreifach unterstellten Verwaltung« zu tun, deren wichtigste übergeordnete Instanz faktisch die jeweilige Gliederung der SED ist.

Für den gesamten Staatsapparat der DDR gilt, daß SED-Mitglieder durch ihren »Rat« die Politik maßgeblich beeinflussen.

Es kommt vor, daß die Wirklichkeit anders aussieht, als es SED-Parolen vermuten lassen. Auch gibt es mitunter Sachzwänge, die andere Maßnahmen verlangen, als die Partei sie wünscht. Die Reaktion der SED verläuft in diesen Fällen nach einem typischen Muster: Das Problem wird entweder offiziell nicht zur Kenntnis genommen, oder die Partei klagt über »Bürokratismus«, womit die Schuld Teilen der Verwaltung zugewiesen wird.

Dezentralisierungstendenzen sind in einzelnen Bereichen immer wieder zu beobachten; gleichfalls läßt sich feststellen, daß die Partei ebenfalls periodisch zentralistische Maßnahmen verstärkt. Die Struktur der Machtausübung in der DDR läßt auch keine umfassende Dezentralisierung zu. Würde man die Kompetenz auf untere Ebenen verlagern, also einzelnen oder Gruppen selbständige Entscheidungskompetenz gewähren, so würde das System des »demokratischen Zentralismus«, wie es in der DDR existiert, zusammenbrechen. Das Politbüro mit seinem Vorsitzenden, dem Generalsekretär des ZK der SED, verlöre die diktatorische Machtfülle.

c) Justiz

Die DDR lehnt die Gewaltenteilung ab und kennt deshalb auch keine unabhängigen Gerichte. Artikel 90 der *DDR-Verfassung* beschreibt diesen Sachverhalt mit den Worten:

> »Die Rechtspflege dient der Durchführung der sozialistischen Gesetzlichkeit, dem Schutz und der Entwicklung der Deutschen Demokratischen Republik und ihrer Staats- und Gesellschaftsordnung. Sie schützt die Freiheit, das friedliche Leben, die Rechte und die Würde des Menschen.«

Es versteht sich von selbst, daß Menschenwürde und Freiheit gemäß der herrschenden Ideologie *nur* im Rahmen der sozialistischen Ordnung verwirklicht werden können. Das Lehrbuch *Marxistisch-leninistische Staats- und Rechtstheorie* läßt keinen Zweifel daran aufkommen, wem das Recht in der DDR zu dienen hat:

> »Alles, was sozialistisches Recht bewirkt, ist das Ergebnis schöpferischen Handelns der Werktätigen, die unter Führung der Arbeiterklasse und ihrer marxistisch-leninistischen Partei sich rechtlicher Instrumente bedienen, um ihre Aktivitäten zu organisieren und zu sichern.« (a. a. O., S. 365 f.)

Als »rechtliche Instrumente« der Partei dienen das Oberste Gericht der DDR, die Bezirks- und Kreisgerichte, die von diesen getrennten Militärgerichte und die Gesellschaftlichen Gerichte. Eine Verwaltungsgerichtsbarkeit gibt es ebensowenig wie ein Verfassungsgericht. Kein Bürger kann gegen den Staat klagen, wie dies in westlichen Demokratien möglich ist.

Betriebliche Konfliktkommissionen und städtische, dörfliche sowie in Landwirtschaftlichen Produktionsgenossenschaften (LPG) gebildete Schiedskommissionen, auf unterster Ebene gewählt, bilden die Gesellschaftlichen Gerichte. In der DDR gibt es (1986) rund 28 000 Konflikt- und 5600 Schiedskommissionen mit insgesamt über 300 000 Mitgliedern. Sie sollen im Betrieb und Wohngebiet »Ordnung, Disziplin und Sicherheit« gewährleisten, können Streit schlichten und Erziehungsmaßnahmen verhängen. Diese reichen von der Entschuldigung über die Schadensersatzleistung, die Erteilung einer Rüge, die Zahlung von 10 bis 500 Mark bis hin zur Ableistung von »bis zu 20 Stunden unbezahlter gemeinnütziger Arbeit« in der Freizeit.

Obwohl die DDR in einem längeren Prozeß von der Aufhebung des alten deutschen Rechts bis zur Verabschiedung neuer sozialistischer Gesetzbücher, wie dem Zivilgesetzbuch von 1975 oder dem Arbeitsgesetzbuch von 1977, darum bemüht war, »sozialistische Gesetzlichkeit« zu schaffen, kann man kaum von einer »Verrechtlichung« des Systems sprechen, denn selbst das neugeschaffene Recht, das immer wieder seinen sozialistischen Charakter betont, gilt nicht uneingeschränkt. Das Rechtswesen der DDR entspricht den Regeln der »Diktatur des Proletariats«. Die DDR ist kein Rechtsstaat.

Zum Thema …
… Strafgesetzbuch/Politische Justiz (I)

§ 106
Staatsfeindliche Hetze

(1) Wer die verfassungsmäßigen Grundlagen der sozialistischen Staats- und Gesellschaftsordnung der Deutschen Demokratischen Republik angreift oder gegen sie aufwiegelt, indem er

1. die gesellschaftlichen Verhältnisse, Repräsentanten oder andere Bürger der Deutschen Demokratischen Republik wegen deren staatlicher oder gesellschaftlicher Tätigkeit diskriminiert;
2. Schriften, Gegenstände oder Symbole zur Diskriminierung der gesellschaftlichen Verhältnisse, von Repräsentanten oder anderen Bürgern herstellt, einführt, verbreitet oder anbringt;
3. die Freundschafts- und Bündnisbeziehungen der Deutschen Demokratischen Republik diskriminiert;
4. Verbrechen gegen den Staat androht oder dazu auffordert, Widerstand gegen die sozialistische Staats- und Gesellschaftsordnung der Deutschen Demokratischen Republik zu leisten;
4. den Faschismus oder Militarismus verherrlicht oder Rassenhetze treibt,

wird mit Freiheitsstrafe von einem bis zu acht Jahren bestraft.

(2) Wer zur Durchführung des Verbrechens mit Organisationen, Einrichtungen oder Personen zusammenwirkt, deren Tätigkeit gegen die Deutsche Demokratische Republik gerichtet ist, oder das Verbrechen planmäßig durchführt, wird mit Freiheitsstrafe von zwei bis zu zehn Jahren bestraft.

(3) Vorbereitung und Versuch sind strafbar.

§ 107
Verfassungsfeindlicher Zusammenschluß

(1) Wer einer Vereinigung, Organisation oder einem sonsti-

gen Zusammenschluß von Personen angehört, die sich eine verfassungsfeindliche Tätigkeit zum Ziele setzen, wird mit Freiheitsstrafe von zwei bis zu acht Jahren bestraft.
(2) Wer einen verfassungsfeindlichen Zusammenschluß herbeiführt oder dessen Tätigkeit organisiert, wird mit Freiheitsstrafe von drei bis zu zwölf Jahren bestraft.
(3) Wer einen verfassungsfeindlichen Zusammenschluß fördert oder in sonstiger Weise unterstützt, wird mit Freiheitsstrafe von einem bis zu fünf Jahren bestraft.
(4) Der Versuch ist strafbar.

§ 213
Ungesetzlicher Grenzübertritt
(1) Wer widerrechtlich die Staatsgrenze der Deutschen Demokratischen Republik passiert oder Bestimmungen des zeitweiligen Aufenthalts in der Deutschen Demokratischen Republik sowie des Transits durch die Deutsche Demokratische Republik verletzt, wird mit Freiheitsstrafe bis zu zwei Jahren oder mit Verurteilung auf Bewährung, Haftstrafe oder mit Geldstrafe bestraft.
(2) Ebenso wird bestraft, wer als Bürger der Deutschen Demokratischen Republik rechtswidrig nicht oder nicht fristgerecht in die Deutsche Demokratische Republik zurückkehrt oder staatliche Festlegungen über seinen Auslandsaufenthalt verletzt.
(3) In schweren Fällen wird der Täter mit Freiheitsstrafe von einem Jahr bis zu acht Jahren bestraft. Ein schwerer Fall liegt insbesondere vor, wenn
1. die Tat Leben oder Gesundheit von Menschen gefährdet;
2. die Tat unter Mitführung von Waffen oder unter Anwendung gefährlicher Mittel oder Methoden erfolgt;
3. die Tat mit besonderer Intensität durchgeführt wird:
4. die Tat durch Urkundenfälschung (§ 240), Falschbeurkundung (§ 242) oder durch Mißbrauch von Urkunden oder unter Ausnutzung eines Verstecks erfolgt;
5. die Tat zusammen mit anderen begangen wird;
6. der Täter wegen ungesetzlichen Grenzübertritts bereits bestraft ist.
(4) Vorbereitung und Versuch sind strafbar.

Anmerkung:
Zuwiderhandlungen gegen die gesetzlichen Bestimmungen oder auferlegte Beschränkungen über Ein- und Ausreise oder Aufenthalt können in leichten Fällen als Ordnungswidrigkeit verfolgt werden.

Zum Thema …
… Strafgesetzbuch/Politische Justiz (II)

§ 215
Rowdytum
(1) Wer sich an einer Zusammenrottung von Personen beteiligt, die aus Mißachtung der öffentlichen Ordnung oder der Regeln des sozialistischen Gemeinschaftslebens Gewalttätigkeiten, Drohungen oder grobe Belästigungen gegenüber Personen oder böswillige Beschädigungen von Sachen oder Einrichtungen begeht, wird mit Freiheitsstrafe bis zu fünf Jahren oder mit Verurteilung auf Bewährung oder mit Haftstrafe bestraft.
(2) Ist die Tatbeteiligung von untergeordneter Bedeutung oder ist die Tat ohne Beteiligung an einer Zusammenrottung begangen, kann der Täter mit Freiheitsstrafe bis zu zwei Jahren oder Verurteilung auf Bewährung, mit Haftstrafe oder mit Geldstrafe bestraft werden.
(3) Der Versuch ist strafbar.
Anmerkung:
Andere, die öffentliche Ordnung störende Handlungen können als Ordnungswidrigkeiten verfolgt werden.

§ 216
Schwere Fälle
(1) In schweren Fällen des Widerstandes gegen staatliche Maßnahmen, der Beeinträchtigung staatlicher oder gesellschaftlicher Tätigkeiten oder des Rowdytums wird der Täter mit Freiheitsstrafe von einem Jahr bis zu zehn Jahren bestraft.
Ein schwerer Fall liegt vor, wenn

1. durch die Tat die öffentliche Ordnung oder das soziale Gemeinschaftsleben durch Verbreitung von Unruhe unter der Bevölkerung in besonderem Maße gefährdet wird;
2. die Tat von mehreren begangen wird, die sich zur wiederholten Begehung von Straftaten nach §§ 212, 214 oder 215 zusammengeschlossen haben;
3. der Täter Rädelsführer ist;
4. der Täter wegen einer Tat nach §§ 212, 214, 215 oder 217 Absatz 2 bereits mit Freiheitsstrafe bestraft ist.

(2) Vorbereitung und Versuch sind strafbar.

(3) Ist die Tatbeteiligung von untergeordneter Bedeutung oder die Tat weniger schwerwiegend, kann der Täter mit Freiheitsstrafe bis zu zwei Jahren oder Verurteilung auf Bewährung mit Haftstrafe oder mit Geldstrafe bestraft werden.

§ 217
Zusammenrottung

(1) Wer sich an einer die öffentliche Ordnung und Sicherheit beeinträchtigenden Ansammlung von Personen beteiligt und sie nicht unverzüglich nach Aufforderung durch die Sicherheitsorgane oder andere zuständige Staatsorgane verläßt, wird mit Freiheitsstrafe bis zu zwei Jahren oder mit Verurteilung auf Bewährung, mit Haftstrafe oder mit Geldstrafe bestraft.

(2) Wer eine Zusammenrottung organisiert oder anführt (Rädelsführer), wird mit Freiheitsstrafe von einem Jahr bis zu acht Jahren bestraft.

(3) Der Versuch ist strafbar.

Zum Thema …
… Strafgesetzbuch/Politische Justiz (III)

§ 219
Ungesetzliche Verbindungsaufnahme

(1) Wer zu Organisationen, Einrichtungen oder Personen, die sich eine gegen die staatliche Ordnung der Deutschen Demokratischen Republik gerichtete Tätigkeit zum Ziele

setzen, in Kenntnis dieser Ziele oder Tätigkeit in Verbindung tritt, wird mit Freiheitsstrafe bis zu fünf Jahren, Verurteilung auf Bewährung oder mit Geldstrafe bestraft.

(2) Ebenso wird bestraft,

1. wer als Bürger der Deutschen Demokratischen Republik Nachrichten, die geeignet sind, den Interessen der Deutschen Demokratischen Republik zu schaden, im Ausland verbreitet oder verbreiten läßt oder zu diesem Zweck Aufzeichnungen herstellt oder herstellen läßt;
2. wer Schriften, Manuskripte oder andere Materialien, die geeignet sind, den Interessen der Deutschen Demokratischen Republik zu schaden, unter Umgehung von Rechtsvorschriften an Organisationen, Einrichtungen oder Personen im Ausland übergibt oder übergeben läßt.

(3) Der Versuch ist im Falle des Absatzes 2 Ziffer 2 strafbar.

§ 220
Öffentliche Herabwürdigung

(1) Wer in der Öffentlichkeit die staatliche Ordnung oder staatliche Organe, Einrichtungen oder gesellschaftliche Organisationen oder deren Tätigkeit oder Maßnahmen herabwürdigt, wird mit Freiheitsstrafe bis zu drei Jahren oder mit Verurteilung auf Bewährung, Haftstrafe, Geldstrafe oder mit öffentlichem Tadel bestraft.

(2) Ebenso wird bestraft, wer Schriften, Gegenstände oder Symbole, die geeignet sind, die staatliche oder öffentliche Ordnung zu beeinträchtigen, das sozialistische Zusammenleben zu stören oder die staatliche oder gesellschaftliche Ordnung verächtlich zu machen, verbreitet oder in sonstiger Weise anderen zugänglich macht.

(3) Ebenso wird bestraft, wer in der Öffentlichkeit Äußerungen faschistischen, rassistischen, militaristischen oder revanchistischen Charakters kundtut oder Symbole dieses Charakters verwendet, verbreitet oder anbringt.

(4) Wer als Bürger der Deutschen Demokratischen Republik die Tat nach Absatz 1 oder 3 im Ausland begeht, wird mit Freiheitsstrafe bis zu fünf Jahren, Verurteilung auf Bewährung oder mit Geldstrafe bestraft.

(Auszug aus dem DDR-Strafgesetzbuch in der Fassung vom 28. Juni 1979, §§ 96 bis 111 und §§ 210–249. Zit. nach: Strafgesetzbuch der Deutschen Demokratischen Republik (StGB), Textausgabe des Ministeriums der Justiz, (Ost-)Berlin 1979)

Zum Thema ...
... politische Häftlinge

Die Zentrale Erfassungsstelle Salzgitter, die seit 1961 in der DDR und (Ost-)Berlin begangene Gewaltakte registriert, hat bis zum 31. 7. 1984 1708 Vorfälle und Mißhandlungen im Strafvollzug vermerkt. Es werden dort für die einzelnen Strafvollzugsanstalten Mißhandlungen des Wachpersonals gegenüber Häftlingen registriert, die hier in der Bundesrepublik Deutschland zur Anzeige kommen. Die Zahl von 1708 kann deshalb die Verhältnisse im DDR-Strafvollzug nur unzureichend wiedergeben, da die Dunkelziffer der Mißhandlungen weitaus höher liegt. Doch gerade dies kann nur als Zuspruch für die weitere wichtige Arbeit der Erfassungsstelle zu verstehen sein, deren Auflösung die DDR nicht müde wird zu fordern.

Häftlingsberichte hierzu:
»Im Dezember 1981 fand im gesamten Zuchthaus Cottbus ein eintägiger Hungerstreik statt, der eine Solidaritätsbekundung für das kämpfende Volk in Polen darstellen sollte. Die Beteiligung daran war sehr groß, und man kann sagen, daß ca. 80-90 Prozent aller Gefangenen teilnahmen. Besondere Aufmerksamkeit richtete die Staatssicherheit an diesem Tag auf Dr. Koch! – Unser Strafkommando war in der Nachtschicht das erste, welches die Nahrung verweigerte. Wir hatten zwar alle große Angst vor dem Terror der Strafvollzugsleute, doch unsere gemeinsame Stärke gab uns den Mut, alles durchzustehen, bis zur letzten Minute.

Morgens um vier Uhr wurden Dr. Koch und einige andere Kameraden von der Arbeit weggeholt und auf Arrestzellen gesperrt. Es war im Dezember, die Temperatur lag bei −15 Grad Celsius. Als unser Kommando nach der Arbeit vor der Halle antreten mußte, hörten wir die Schreie und Hilferufe von Dr. Koch und anderen Kameraden aus den Arrestzellen. Sie wurden geschlagen und mißhandelt und der grausamen Kälte in den Zellen ausgesetzt, denn die Fenster darin waren weit geöffnet und ließen sich nicht schließen. Man muß dazu bemerken, daß man sich splitternackt

ausziehen mußte, wenn man in eine solche Zelle kommt; als Bekleidung erhält man dann nur ein dünnes Nachthemd und eine Decke. Doch gegen diese Temperaturen konnte man damit nicht ankommen. Ich kann selbst aus Erfahrung sprechen, denn ich mußte zu allen Jahreszeiten mit diesen Zellen Bekanntschaft machen und weiß daher sehr genau, was es heißt, dort zu überleben.« (S. 158–159)
Falk Wähner (22) und Michael Sielaff (21), Elektromonteur und Landwirt, seit 18. 5. 1984 in der Bundesrepublik Deutschland, berichten über die Strafvollzugsanstalt Zeithain:
»Die Arbeitsbedingungen waren unter aller Würde. Wir wurden im Stahlwerk Riesa eingesetzt. Im Sommer herrschen dort Temperaturen von 60 bis 70 Grad Celsius. Einzelne Personen mußten am Tag 60 bis 80 Tonnen Stahl anheben, obwohl eine Maschine vorhanden ist, die aber nur ein Drittel bis die Hälfte der menschlichen Arbeitskraft bewältigen kann ... Die körperlichen Belastungen waren sehr hoch, auch kam es häufig zu Arbeitsunfällen (Verbrennungen, Quetschungen, im schlimmsten Fall wurden einem Gefangenen beide Beine abgequetscht), da die Arbeitsschutzbestimmungen auf Grund der sehr hohen Norm so gut wie nicht beachtet wurden ... Obwohl die Norm schon sehr hoch war, wurden wir ständig angetrieben, die Norm überzuerfüllen. Nicht nur auf der Arbeitsstelle, sondern auch ganz allgemein wurden die Politischen von den Kriminellen fertiggemacht, teilweise zusammengeschlagen und auch unter Druck gesetzt, ihren Ausreiseantrag zurückzuziehen, was von den Schließern noch gefördert wurde. Mein (Michael Sielaff) EB-Ältester (verurteilt wegen Körperverletzung) hat z. B. innerhalb kurzer Zeit einem Gefangenen das Nasenbein gebrochen, einem anderen die Augenbraue aufgeschlagen und einem dritten das Gesicht blau geschlagen. Während Kriminelle teilweise bis zu 120,– Mark verdienten, kamen Politische im Durchschnitt nur auf ca. 50,– Mark, auch wurden unsere Prämien nicht direkt ausgezahlt, sondern auf Rücklage gebucht.« (S. 128)
Sybille Krenz (34), Verkäuferin, seit 9. 6. 1983 in der Bundesrepublik Deutschland, berichtete aus der Strafvollzugsanstalt Halle:

»Da ich die Arbeit verweigerte, verbrachte ich acht Monate immer abwechselnd in Arrest (21 Tage) bzw. Einzelhaft (7 Tage). Die Arrestzelle ist ca. 3 × 4 m groß. Das Bett wird tagsüber hochgeklappt ... Während meiner Einzelhaft bzw. Arrestzeit gab es ca. zehn Selbstmordversuche; die Betroffenen kamen danach auf die Krankenstation, mußten aber anschließend den restlichen Arrest absitzen.

Geschlagen wurde ich nicht, aber weil ich mich über kaltes Essen beschwerte, wurde ich deshalb (in Einzelhaft) drei Tage und Nächte an Händen und Füßen mit Handschellen ans Bett gekettet, so daß ich alleine weder meine Notdurft verrichten noch Nahrung zu mir nehmen konnte (durchgeführt wurde diese Aktion von Männern, Führungspersonal der Anstalt, während die unteren Ränge von Frauen bekleidet wurden). Als mir eine Mitgefangene ... Süßigkeiten zuwarf, wurde ich abgeführt, durchsucht (ich mußte mich völlig entkleiden) und von einer Schließerin bis fast zur Bewußtlosigkeit mit Knebelketten gequält.« (S. 125–126)

(aus: Menschenrechte in der DDR und in Ost-Berlin. Herausgegeben von der Internationalen Gesellschaft für Menschenrechte Frankfurt/M. 1987)

Amnesty International nennt einzelne Bestimmungen des Strafgesetzbuches der DDR, die willkürlich ausgelegt und zu politischer Verfolgung mißbraucht werden. »Staatsfeindliche Hetze« (§ 106), »landesverräterische Nachrichtenübermittlung« (§ 99), »öffentliche Herabwürdigung« (§ 218), »Beeinträchtigung der Tätigkeit staatlicher Organe« (§ 214) und andere Paragraphen des StGB der DDR dienen dem Staatssicherheitsdienst häufig als Grundlage für die Konstruktion von »Verbrechen«. Amnesty International berichtet im Jahrbuch 1985 über Rolf Schaelicke, der zu einer mehrjährigen Haftstrafe verurteilt worden ist, weil er »staatsfeindliche Hetze« betrieben hat. Schaelicke hatte einen Ausreiseantrag gestellt und »staatsfeindliche Bücher«, wie z. B. Romane von Heinrich Böll, verliehen.

Im gleichen Jahresbericht stellt *amnesty international* fest:

»Das große Maß an Geheimhaltung im Zusammenhang mit politischen Gefangenen in der DDR macht es amnesty international unmöglich, die Gesamtzahl (...) der Fälle einzuschätzen.«

(aus: *amnesty international:* Jahresbericht 1985. Frankfurt/M. 1985, S. 351)

1981 variierten Schätzungen zwischen 3000 und 7000 politischen Gefangenen in der DDR. Dem Bundesminister für innerdeutsche Beziehungen lagen 1986 genauere Informationen über rund 2000 Fälle vor.

Politische Prozesse werden vom Staatssicherheitsdienst vorbereitet und von der SED kontrolliert. Recht und Gesetz dienen als biegsames »Instrument«. Zum Schutz der Angeklagten stehen in der ganzen DDR knapp 600 Rechtsanwälte zur Verfügung. Die meisten gehören der SED an und sind in »Rechtsanwaltskollegien« organisiert. Ihre Tätigkeit wird ebenfalls kontrolliert.

Dieter Gräf, früher Rechtsanwalt in der DDR und seit 1984 in der Bundesrepublik, faßt seine Erfahrungen zusammen:

> »Schubladenrecht und Geheimurteile, Rechtsbrüche und Repressionen kennzeichnen den Rechtsalltag. Was in den Gesetzbüchern rechtsstaatlich daherkommt, entpuppt sich in der Praxis als Werkzeug zur Entmündigung der Bürger und zur Stärkung der Staatspartei.«
>
> (aus: Dieter *Gräf:* Positiv, loyal, schwankend, negativ? In: *Der Spiegel* Nr. 20/1985; S. 117–124 [Zitat S. 124])

d) Staatssicherheitsdienst

Das Ministerium für Staatssicherheit der DDR (MfS) vereint sowohl den Aufgabenbereich Spionage, zusammengefaßt in der Hauptverwaltung Aufklärung, als auch die geheimdienstliche Kontrolle der DDR-Bürger durch den »Abwehrsektor«. Minister Mielke, der zugleich dem Politbüro der SED angehört, unterstehen ca. 20 000 feste Mitarbeiter.

Daneben leisten 60 000 bis 80 000 DDR-Bürger als »inoffizielle Mitarbeiter« oder »gesellschaftliche Mitarbeiter« in allen Bereichen Spitzeldienste. Sie werden zu dieser Tätigkeit entweder durch Geldprämien und berufliche Vorteile geworben oder leisten ihren Dienst aus ideologischer Überzeugung. Bei einem der ganz seltenen öffentlichen Auftritte des MfS hielt Erich Mielke am 6. Februar 1985 eine Rede, in der er vom MfS als einem »vom Klassenfeind gefürchteten kampfstarken Organ der Diktatur des Proletariats« sprach und fortfuhr:

»Die Beschlüsse der Partei sind Gesetz unseres Handelns! Ohne diese klare Führung kann kein sozialistisches Staatssicherheitsorgan erfolgreich arbeiten.«

(aus: E. *Mielke:* Zuverlässiger Schild der Arbeiter-und-Bauern-Macht. Zit. nach: Hermann *Weber* [Hg.]: DDR-Dokumente zur Geschichte. München 1986, S. 395)

Der »Stasi« (DDR-Volksmund) ist ein Instrument der Unterdrükkung und Kontrolle. Er dient der allgemeinen Verunsicherung. Keiner weiß, was von seinen Äußerungen berichtet wird und Eingang in die Kaderakte findet. Dieses Bewußtsein führt bei der überwiegenden Mehrheit der Bürger der DDR zu großer Zurückhaltung in politischen Diskussionen. Die meisten beschränken sich auf die Wiederholung vorgegebener Parolen. Wenige äußern selbstbewußt ihre Meinung. Dies ist nicht ungefährlich, es kann für den einzelnen Konsequenzen haben, die bis hin zur »rechtskräftigen« Verurteilung reichen. Es kann aber auch ohne Wirkung bleiben, weil der Betreffende den Eintrag in seine Kaderakte nicht zu Gesicht bekommt und weil das Wort nicht weitergemeldet wird. Unsicherheit besteht in jedem Fall.

Der Staatssicherheitsdienst der DDR ist das typische Instrument der Diktatur.

Das Zuchthaus Bautzen ist eine der berüchtigtsten Strafanstalten in der DDR (dpa)

Zum Thema ...
... Amnestie (I)

aus: Neues Deutschland, 18./19. Juni 1987

Beschluß
des Staatsrates der Deutschen Demokratischen Republik über eine allgemeine Amnestie aus Anlaß des 38. Jahrestages der Gründung der Deutschen Demokratischen Republik
vom 17. Juli 1987

1. *Aus Anlaß des 38. Jahrestages der Gründung der Deutschen Demokratischen Republik wird eine allgemeine Amnestie für Straftäter erlassen.*
   Die Amnestie erstreckt sich auf Personen, die vor dem 7. Oktober 1987 rechtskräftig zu Strafen mit oder ohne Freiheitsentzug verurteilt worden sind.
   Personen, die zu lebenslänglicher Freiheitsstrafe verurteilt worden sind, wird die Strafe auf 15 Jahre herabgesetzt, soweit der Schutz von Leben und Gesundheit der Bürger das zuläßt.
2. *Von der allgemeinen Amnestie werden Personen ausgenommen, die wegen Nazi- und Kriegsverbrechen, Verbrechen gegen die Menschlichkeit, Spionage oder Mord verurteilt worden sind.*
3. *Die Entlassung der Amnestierten aus dem Strafvollzug und der Untersuchungshaft beginnt am 12. Oktober 1987 und ist, einschließlich der Arbeitsplatzvermittlung und der Einleitung weiterer Maßnahmen zur Wiedereingliederung in das gesellschaftliche Leben, bis zum 12. Dezember 1987 abzuschließen.*
4. *Der Vorsitzende des Staatsrates der Deutschen Demokratischen Republik verkündet die Amnestie und trifft die erforderlichen Festlegungen.*

Berlin, den 17. Juli 1987

Der Vorsitzende des Staatsrates der Deutschen Demokratischen Republik
E. Honecker

Der Sekretär des Staatsrates der Deutschen Demokratischen Republik
H. Eichler

Festlegungen
des Vorsitzenden des Staatsrates der Deutschen Demokratischen Republik zur Durchführung des Beschlusses des Staatsrates über eine allgemeine Amnestie aus Anlaß des 38. Jahrestages der Gründung der Deutschen Demokratischen Republik

1. Die allgemeine Amnestie aus Anlaß des 38. Jahrestages der Gründung der Deutschen Demokratischen Republik gilt für Personen, die vor dem 7. Oktober 1987 zu Strafen mit Freiheitsentzug oder zu Strafen ohne Freiheitsentzug rechtskräftig verurteilt worden sind.
2. Personen, die zu Strafen mit Freiheitsentzug verurteilt worden sind, werden aus dem Strafvollzug entlassen. Strafen sind nicht zu vollstrecken, wenn der Vollzug noch nicht begonnen wurde.
   Strafen ohne Freiheitsentzug (Verurteilung auf Bewährung, öffentlicher Tadel und Geldstrafe als Haupt- oder Zusatzstrafe) werden erlassen, soweit sie noch nicht verwirklicht sind.
   Andere Zusatzstrafen sowie gerichtlich angeordnete Maßnahmen der Wiedereingliederung bleiben bestehen. Schadensersatzforderungen werden von der Amnestie nicht berührt.
3. Ermittlungsverfahren gegen Personen und nicht rechtskräftig abgeschlossene Strafverfahren, die vor dem 7. Oktober 1987 eingeleitet wurden, sind einzustellen, sofern keine dem Anliegen der Amnestie entgegenstehenden Ausschließungsgründe vorliegen und im Zeitraum bis zum Abschluß der Amnestie die allseitige Aufklärung der Straftat gewährleistet ist.
4. Die Entlassungen aus dem Strafvollzug und der Untersuchungshaft werden in der Zeit vom 12. Oktober bis zum 12. Dezember 1987 durchgeführt. Die Entlassungen sind gründlich vorzubereiten. Die Wiedereingliederung erfolgt auf der Grundlage des Gesetzes über die Wiedereingliederung vom 7. 4. 1977. Die örtlichen Räte haben die Wiedereingliederung der amnestierten Bürger in das gesellschaftliche Leben durch die gleichberechtigte Eingliederung in den Arbeitsprozeß unter Beachtung der vorhandenen Qualifikation, die Unterstützung bei der Aufnahme und Durchführung von Qualifizierungsmaß-

nahmen, die wohnungsmäßige Unterbringung und die Organisierung der gesellschaftlichen Betreuung und Unterstützung zu sichern.

5. Werden amnestierte Personen innerhalb von 3 Jahren wegen einer vorsätzlichen Straftat zu einer Freiheitsstrafe verurteilt, ist die bisher nicht vollstreckte Strafe zusätzlich zu verwirklichen bzw. dem eingestellten Strafverfahren Fortgang zu geben.
6. Der Generalstaatsanwalt der DDR gewährleistet in Zusammenarbeit mit den Leitern der zentralen Justiz- und Sicherheitsorgane die Durchführung der allgemeinen Amnestie und berichtet darüber dem Staatsrat.

Berlin, den 17. Juli 1987

E. Honecker

Begründung

Die Deutsche Demokratische Republik sichert das friedliche Leben des Volkes und gewährleistet die freie Entwicklung des Menschen, wahrt die Würde und garantiert die in der Verfassung verbürgten Rechte. Frei von Ausbeutung, in sozialer Sicherheit lebend, hat jeder Bürger vielfältige Möglichkeiten, seine Fähigkeiten zu entwickeln und seine Kräfte zum Wohle der Gesellschaft und zu seinem eigenen Nutzen ungehindert zu entfalten.

Es entspricht dem Wesen des sozialistischen Humanismus, auch jenen Bürgern, die sich gegen die Gesetze der DDR vergangen haben, eine Chance zu geben, sich wieder verantwortungsbewußt in das gesellschaftliche Leben einzuordnen. Dem dient die allgemeine Amnestie anläßlich des 38. Jahrestages der Gründung der DDR.

Auf dem bewährten Kurs des XI. Parteitages der SED hat sich die DDR durch hervorragende Leistungen der Werktätigen auf allen Gebieten politisch stabil und dynamisch entwickelt. Die sozialistische Rechtspflege und Gesetzlichkeit dienen dem Schutz und der Entwicklung unserer Republik, ihrer Staats- und Gesellschaftsordnung. Sie schützt die Freiheit, das friedliche Leben, die Rechte und Würde der Bürger im Geiste der Gerechtigkeit, Gleichheit, Brüderlichkeit und

Menschlichkeit. Die allgemein anerkannten Normen des Völkerrechts sind unmittelbar geltendes Recht.

Die erfolgreiche Tätigkeit der Justiz- und Sicherheitsorgane der DDR, ihre gewachsene Zusammenarbeit mit den Bürgern, den Volksvertretungen und Staatsorganen, Kombinaten, Betrieben, Genossenschaften und Einrichtungen sowie den Massenorganisationen hat dazu geführt, daß die Kriminalität in der DDR zurückgegangen ist. Die DDR gehört zu den Ländern mit der niedrigsten Kriminalitätsrate der Welt. Bemerkenswert ist auch die Tatsache, daß die Straftaten Jugendlicher in den letzten Jahren abgenommen haben. Der Anteil von Strafen ohne Freiheitsentzug an der Gesamtzahl aller Straftäter beträgt über 70 Prozent.

Das sozialistische Staats- und Rechtsbewußtsein der Bürger hat sich gefestigt. Gewachsen ist ihre Aktivität zur freiwilligen Einhaltung der Rechtsnormen, zur Wachsamkeit und Unduldsamkeit gegen Rechtsverletzungen. Die demokratische Einbeziehung der Bürger in alle Formen der Rechtspflege hat einen hohen Stand erreicht. Es gilt der Grundsatz, daß ein zu einer Freiheitsstrafe verurteilter Bürger nach Verbüßung der Strafe wieder gleichberechtigt in das gesellschaftliche Leben eingegliedert wird.

Zum Thema …
… Amnestie (II)

Amnestien: Bereits kurz nach der Gründung der DDR, im Jahre 1949, und im Jahre 1951 wurden die ersten Amnestien (bzw. Begnadigungen) erlassen, wovon politische Häftlinge kaum betroffen waren. Es folgten weitere Amnestien: 1960 kamen etwa 12000 bis 16000 Häftlinge frei, unter ihnen 4000 bis 5000 politische Häftlinge, 1964 etwa 10000 (1500 bis 2000 Politische), 1972 25351 Gefangene (etwa 2000 bis 3000 Politische), 1979 waren es 21928 Personen, die durch die Amnestie aus dem Gefängnis entlassen wurden.

Wegen der überhöhten Strafen und der Überfüllung der Strafanstalten ist die DDR gezwungen, in gewissen Abständen die »Lager« wieder zu räumen. Ein Vergleich zur Bundesrepublik macht das deutlich: »Legt man die Zahl von

25 351 Strafgefangenen, die 1972 in die DDR entlassen wurden, auf die Bevölkerungszahl der Bundesrepublik um, so hätte die Bundesrepublik 91 160 Strafgefangene entlassen müssen. Im Jahre 1972 waren jedoch in der Bundesrepublik überhaupt nur 33 318 Strafgefangene vorhanden, also kaum mehr als ein Drittel derer, die sie nach DDR-Maßstäben hätten entlassen müssen!« Dabei ist noch zu berücksichtigen, daß die Gefängnisse nach der Amnestie 1972 nicht total leer waren. »Vor diesem Hintergrund erhalten die Amnestien der DDR einen makabren Beigeschmack.«

Erschreckend ist, daß es bereits nach sieben Jahren, 1979, wieder so viele Gefangene gab, daß das Mittel der Amnestie angewandt werden mußte. Ohne diese Amnestien wäre die DDR bei vorhandener Kapazität nach gewisser Zeit nicht mehr in der Lage, Freiheitsstrafen zu vollziehen.

»Die Amnestien sind daher nicht nur keine Ergebnisse reiner Humanität und auch nicht nur Aktionen zur Entlassung von Überschuß, sondern geradezu die für die Fortexistenz des Strafrechtssystems der DDR lebensnotwendige Voraussetzung.«

Wie viele politische Häftlinge unter den amnestierten Gefangenen waren, ist nur ungenau zu schätzen. Wichtig ist vor allem, wie viele nach der Amnestierung in die Bundesrepublik Deutschland ausreisen durften. Dies war nur nach der Amnestie 1972 in größerem Stil der Fall. 1979 wurden alle politischen Häftlinge in die DDR entlassen und den Eingliederungsbestimmungen, wie oben geschildert, unterworfen. Die Folge davon war, daß der größte Teil der amnestierten politischen Strafgefangenen bereits nach wenigen Wochen, mit erheblich höheren Strafen als vorher, erneut im Gefängnis war. Viele politische Häftlinge wurden von der Amnestie ganz ausgespart, obwohl sie dem Gesetz nach ebenfalls hätten entlassen werden sollen.

»Freikauf«:

Der Freikauf politischer Häftlinge hat sich in den letzten Jahren von einem Tabu-Thema zu einem oft diskutierten Gesprächsstoff entwickelt. Die Existenz dieser Praxis ist in der Bevölkerung Deutschlands (in Ost wie West) bekannter geworden und kann schon deshalb auch an dieser Stelle nicht verschwiegen werden. Doch nicht nur in den westlichen Medien hat dieses Thema Interesse erregt, seine vorwiegende Bedeutung hat der Häftlingsabkauf für die in DDR-Gefängnissen einsitzenden politischen Häftlinge selbst.

Außerdem wirft der »Verkauf von Menschen« ein düsteres Licht auf den Staat, der diesen Handel schon seit Jahren betreibt.

Offizielle Stellen beider Seiten hüllen sich weitgehend in Schweigen, wenn dieses Thema berührt wird. Aus westdeutscher Sicht ist der Freikauf ein humanes Anliegen und zugleich eine Verpflichtung gegenüber in Bedrängnis geratenen Deutschen. Obwohl der »Handel« mit Menschen immer auf beiden Seiten einen makabren Nachgeschmack enthalten wird, trägt eindeutig die DDR Schuld und Verantwortung für eine solche Praxis.

Seit dem Jahre 1963 werden aus der DDR politische Häftlinge freigekauft und meistens in geschlossenen Transporten in die Bundesrepublik Deutschland überführt:

1963: 8; 1964: 880; 1965: 1160; 1966: 400; 1967: 550; 1968: 700; 1969: 850; 1970: 900; 1971: 1400; 1972: 730; 1973: 630; 1974: 1100; 1975: 1150; 1976: 1490; 1977: 1470; 1978: 1480; 1979: 900; 1980: 825; 1981: 1314; 1982: 1389; 1983: 999; 1984: 2113; 1985: 2676.

(aus: Menschenrechte in der DDR und Ost-Berlin. Herausgegeben von der internationalen Gesellschaft für Menschenrechte. Frankfurt/M. 2. Aufl. 1987, S. 163–165)

7. Die Zentrale Planwirtschaft

In der DDR soll nach dem Willen der SED der Sozialismus vollendet und damit der schrittweise Übergang zum Kommunismus erreicht werden. Voraussetzung für diesen Prozeß ist eine erfolgreiche Wirtschafts- und Sozialpolitik. In dieser Frage stimmen DDR-Verfassung und SED-Programm überein. Artikel 9 der *Verfassung* legt fest:

»Die Volkswirtschaft der Deutschen Demokratischen Republik beruht auf dem sozialistischen Eigentum an den Produktionsmitteln ..

Die Volkswirtschaft ... dient der Stärkung der sozialisti-

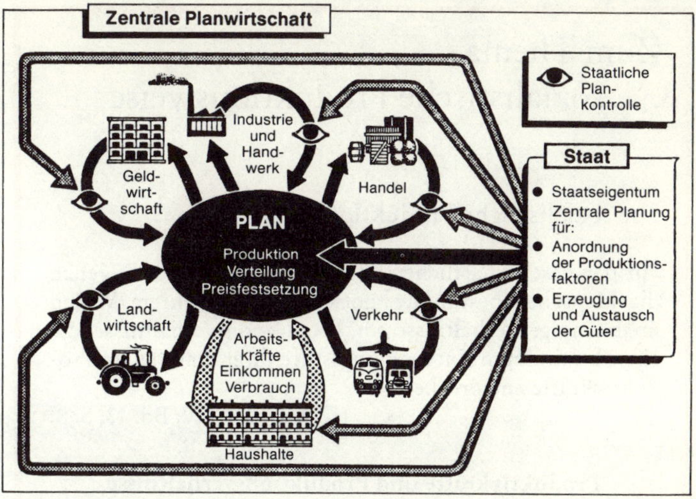

(© Erich Schmidt Verlag)

schen Ordnung, der ständig besseren Befriedigung der materiellen und kulturellen Bedürfnisse der Bürger, der Entfaltung ihrer Persönlichkeit und ihrer sozialistischen gesellschaftlichen Beziehungen.

In der Deutschen Demokratischen Republik gilt der Grundsatz der Planung der Volkswirtschaft sowie aller anderen gesellschaftlichen Bereiche.«

»Sozialistisches Eigentum« und »sozialistische Planwirtschaft« sind die beiden zentralen Elemente der Wirtschaftsordnung der DDR. Beides soll genutzt werden, um vor allem auch die materiellen Bedürfnisse der Bewohner der DDR zu befriedigen. Wie geschieht dies? Und welche Ergebnisse sind zu verzeichnen?

Durch die entschädigungslose Enteignung von Schlüsselindustrien, Banken, Versicherungen, landwirtschaftlichem Besitz über 100 ha usw. wurde bereits 1945 der Grundstein für die sozialistische Wirtschaftsordnung gelegt.

Heute gibt es nur noch in ganz geringem Maße privates Eigentum an Produktionsmitteln. Dazu gehören vor allem Handwerksbetriebe, die aufgrund ihrer Effektivität im Dienstleistungsbereich

Zum Thema . . .
. . . sozialistische Produktionsweise

Die sozialistische Produktionsweise

»In der gesellschaftlichen Produktion ihres Lebens gehen die Menschen bestimmte, notwendige, von ihrem Willen unabhängige Verhältnisse ein, Produktionsverhältnisse, die einer bestimmten Entwicklungsstufe ihrer materiellen Produktivkräfte entsprechen.«

(K. Marx, MEW, Bd. 13, S. 8)

Produktivkräfte und Produktionsverhältnisse

Produktionsmittel	**Eigentumsverhältnisse**
Arbeitsmittel	Sozialistisches Eigentum an Produktionsmitteln
– Produktionsinstrumente – Transport- und Kommunikationsmittel – Gebäude, Kanäle, Straßen – Boden in der Landwirtschaft – genutzte Naturkräfte	– gesamtgesellschaftliches Volkseigentum – genossenschaftliches Gemeineigentum werktätiger Kollektive
Arbeitsgegenstände	– Eigentum gesellschaftlicher Organisationen der Bürger
– Naturstoffe (Erze, Erdöl u. a.) – Rohmaterial – Energie – Hilfsstoffe (z. B. Schmierstoffe)	**Verhältnisse der Verteilung der Produktionsmittel und der gesellschaftlichen Arbeit auf die verschiedenen Zweige der sozialistischen Produktion und der planmäßigen Organisation der Produktion**
Arbeitskräfte	
Wissenschaft	

Gesellschaftliche Produktivkräfte	**Verhältnisse der Leitung der gesellschaftlichen Produktion**
– Kombination der Arbeit im großen Maßstab – Arbeitsteilung und Kooperation – Konzentration, Spezialisierung u. a.	**Verhältnisse des Austausches der Arbeit oder der Produkte zwischen den Produzenten**
Leitung der sozialistischen Produktion	**Verhältnisse der Verteilung und der Konsumtion der erzeugten Produkte**

(aus: Otto *Reinhold*, Karl-Heinz *Stiemerling:* Politische Ökonomie. (Ost-)Berlin 1984, S. 145)

in letzter Zeit sogar wieder gefördert werden. Diese Entwicklung widerspricht den ideologischen Zielen. Es gibt auch noch einige kleinere Gewerbebetriebe in der DDR. Schließlich gehört zum privaten Eigentum auch der Besitz von Mietshäusern, der allerdings von staatlicher Seite erschwert wird. Offiziell werden diese Formen privaten Eigentums als persönliches Eigentum bezeichnet.

Persönliches Eigentum wird vor allem durch Arbeit erworben. Es kann auch ererbt werden; schließlich gibt es in der DDR auch Schenkungen und sogar Lotteriegewinne. Es darf nur zur Befriedigung der persönlichen materiellen und kulturellen Bedürfnisse genutzt werden, soweit diese nicht gesellschaftlichen Interessen zuwiderlaufen.

Das sozialistische Eigentum ist die eigentliche Basis der Wirtschaftsordnung. Hierzu rechnet man in erster Linie das gesamtgesellschaftliche Volkseigentum. Neben Bodenschätzen, Gewässern, Bergwerken, Kraftwerken, öffentlichen Verkehrsmitteln und Verkehrswegen, den Banken u. a. gehören dazu vor allem die Industriebetriebe (»Volkseigene Betriebe« = VEB). Die VEB gehören den »Werktätigen in Stadt und Land«. Allerdings übt der Partei- und Staatsapparat die Nutzungs- und Verfügungsbefugnis aus. Staatliche Stellen setzen die Leiter der VEB, der Volkseigenen Güter usw. ein. Obwohl nirgends schriftlich festgelegt, handelt es sich beim Leitungspersonal um SED-Kader. Sie wirtschaften in Abstimmung mit der Betriebsparteiorganisation und der Gewerkschaft und im Rahmen der staatlichen Wirtschaftspläne selbständig.

Zum sozialistischen Eigentum gehört als »mindere« Form auch das genossenschaftliche Eigentum. Eigentümer ist hier das jeweilige Kollektiv. Es gibt Landwirtschaftliche Produktionsgenossenschaften (LPG), Gärtnerische Produktionsgenossenschaften, Produktionsgenossenschaften des Handels, Produktionsgenossenschaften werktätiger Fischer und Arbeiterwohnungsbaugenossenschaften.

Schließlich gibt es noch das Eigentum gesellschaftlicher Organisationen, worunter in erster Linie Verlage, Bildungseinrichtungen und Ferienheime der Massenorganisationen und Parteien zu verstehen sind.

Das gesamtgesellschaftliche Eigentum gestattet die Organisierung der Wirtschaft nach Plänen. Bei der Festlegung dieser Pläne ist die DDR nicht selbständig. Insbesondere für langfristige Perspektivpläne und die Fünfjahrespläne sind Beschlüsse der im Rat für gegenseitige Wirtschaftshilfe vertretenen sozialistischen Staaten maßgebend. Besondere Bedeutung kommt der Sowjetunion zu, die zur Lösung ihrer Wirtschaftsprobleme gerade von der DDR Leistungen verlangt.

Die Konsumbedürfnisse der Bürger haben gegenüber diesen Rahmenbedingungen nur eine untergeordnete Bedeutung. Rudolf *Bahro* beschreibt das Problem:

> »Haben die werktätigen Massen der ›sozialistischen Länder‹ auch nur den geringsten positiven Einfluß auf die Entscheidungen, die ihr materielles und also letztlich ihr gesamtes Geschick betreffen? ...
> Natürlich nicht.« (a.a.O., S. 178)

Die Entscheidung darüber, was, wieviel, wann, wo und von wem produziert wird, liegt beim Partei- und Staatsapparat. Er legt die Planziele fest. Das zentrale System der Planung und Lenkung der Volkswirtschaft ist kompliziert und erfaßt im Rahmen eines Jahresvolkswirtschaftsplans in drei zeitlichen Etappen alle Ebenen des Staates vom Politbüro bis hinunter zu den einzelnen Volkseigenen Betrieben. Rund 100 000 Erzeugnisse und Leistungen werden berücksichtigt und in Form von Kennziffern planerisch erfaßt.

Die Generalziele legt das Politbüro fest. Die Staatliche Plankommission hat die Aufgabe, diese Generalziele in einen Plan umzusetzen, der die Höhe der industriellen und landwirtschaftlichen Produktion, des Nationaleinkommens, der Investitionen, der Ein- und Ausfuhr und schließlich auch die Zahl der Beschäftigten, die Aufwendungen für Löhne und die Arbeitsproduktivität bestimmt. Die einzelnen Ministerien wirken an diesem Prozeß mit. Dabei wird zugleich das bisher Erreichte bilanziert. Plankommmission und Ministerrat geben danach das Planprojekt über die einzelnen Ministerien an die Vereinigung der Volkseigenen Betriebe (VVB) und die Bezirksverwaltungsorgane. Zusammen mit den Ministerien leistet diese Ebene die Arbeit der Planaufschlüsselung: Den einzelnen Betrieben müssen konkrete Aufgaben zugewiesen werden. Als Planentwurf erreichen diese dann die entsprechenden Betriebe. Dort beginnt die »Plandiskussion«, d. h.: Betriebsparteiorganisation und Gewerkschaft versuchen, die Werktätigen zur Annahme des Plans zu motivieren. Die Vorgaben werden nicht in Frage gestellt, lediglich die Art und Weise der Verwirklichung wird beraten. Im Spannungsfeld zwischen »Druck von oben« und »Druck von unten« versuchen die Betriebsleitungen, »weiche Pläne« durchzusetzen, die ihnen den nötigen Spielraum für eine Planerfüllung und sogar Übererfüllung geben, ohne daß dies zur Erschöpfung der Arbeiter führt. Als Anreiz für die unterste Ebene proklamieren Partei und Staat den »sozialistischen Wettbewerb«. Jeder soll um Höchstleistungen mit wetteifern. Diese Propagandaformel wird genutzt, um Konkurrenzdruck zu schaffen. Dafür werden finanzielle Mittel (staatliche Zuweisungen an den Betriebs-Prämienfonds) und Ehrungen (Titel »Held der Arbeit«, »Verdienter Aktivist«, »Aktivist der sozialistischen Arbeit«) vergeben, aber auch Druckmittel angewandt. Dazu gehören die »Tafeln der Besten«, die am Werkstor nicht nur über die Arbeitsergebnisse, sondern auch über das Fernbleiben vom Arbeitsplatz (u. a. wegen Krankheit) Auskunft geben.

Zum Thema …
… Wie entsteht der Volkswirtschaftsplan?

aus: Junge Welt, 4. Juni 1987

Antwortseite

1. Frage
»Jetzt, in der ›Woche der Jugend und Sportler‹, haben wir in FDJ-Foren und ›Treffpunkten Leiter‹ oft über unsere Planerfüllung gesprochen. Nun beginnt auch schon die Plandiskussion zum Volkswirtschaftsplan 1988. Wie entsteht so ein Plan?« fragt Matthias Härtel aus Rostock.

Antwort

Ausgangspunkt jeglicher Planung bei uns sind die gesellschaftlichen Bedürfnisse. Da es unsere Hauptaufgabe ist, das materielle und kulturelle Lebensniveau des Volkes auf der Grundlage einer immer leistungsstärkeren Volkswirtschaft weiter zu erhöhen, ergeben sich aus ihr auch die Ziele unseres Volkswirtschaftsplanes. Dabei können wir jedes Jahr auf einem breiteren und besseren Fundament aufbauen.

Die Aufgaben des Volkswirtschaftsplanes eines Jahres werden aus dem Fünfjahresplan abgeleitet. Die Ausarbeitung erfolgt nach dem Prinzip des demokratischen Zentralismus. Das sieht so aus:

Die Hauptkennziffern für den Plan 1988 werden schon in der ersten Jahreshälfte 1987 von der Staatlichen Plankommission – dem zentralen Planungsorgan der Regierung – ausgearbeitet. Über die zuständigen Fachministerien und Kombinate werden sie den Betrieben übermittelt. Jeder Leiter ist gesetzlich dazu verpflichtet, die Werktätigen seines Betriebes umfassend über die Planaufgaben zu informieren und alle Ideen und Vorschläge entgegenzunehmen und zu prüfen. Es wird besonders darauf geachtet, daß die Planaufgaben konkret auf die einzelnen Produktionsabschnitte,

Abteilungen und Meisterbereiche, möglichst bis auf den Arbeitsplatz aufgeschlüsselt werden. Denn nur so können die Arbeiter die neuen Aufgaben überschauen und selbst Anregungen für den Plan geben, ihn aktiv mit verwirklichen und im sozialistischen Wettbewerb Bestleistungen erreichen.

Nach gründlicher Aussprache entsteht der Planvorschlag des Betriebes. Er ist von der Vertrauensleute-Vollversammlung zu bestätigen und mit einer gewerkschaftlichen Stellungnahme zu ergänzen. In ihr sind die Vorschläge der Werktätigen zur Planerfüllung ebenso enthalten wie der Standpunkt der Gewerkschafter zum Planteil Verbesserung der Arbeits- und Lebensbedingungen. Hier gehen unter anderem Vorschläge ein zum Arbeitsschutz, zur gesundheitlichen Betreuung, zur Schichtarbeiterversorgung, zum Werkküchenessen, zum kulturellen und sportlichen Leben. An der Plandiskussion zum Volkswirtschaftsplan 1987 beteiligten sich 6,1 Millionen Werktätige aus allen Bereichen der Wirtschaft und des gesellschaftlichen Lebens. 777 241 Vorschläge, Hinweise und Kritiken wurden unterbreitet.

Beim Planrücklauf muß jeder Leiter, ob Betriebsdirektor, Generaldirektor oder Minister, den Planvorschlag seines Bereiches vor dem übergeordneten Organ verteidigen. Daraus entsteht dann der Entwurf des Volkswirtschaftsplanes, der zusammen mit dem Staatshaushaltsplan vom Ministerrat der Volkskammer zugeleitet wird, in deren Ausschüssen diskutiert und danach auf einer Volkskammersitzung als Gesetz beschlossen wird. Auf seiner Grundlage erhalten die Betriebe zu Beginn des neuen Jahres ihre nunmehr verbindliche Planaufgabe.

Dagmar Beyer

Im Sommer wird auf unterster Ebene der Plan diskutiert, also die Verwirklichung der Planauflagen modellhaft ausgeführt. Dann geht der gebilligte Entwurf wieder den Instanzenweg in umgekehrter Richtung. Von der Festlegung der Generalziele durch das Politbüro bis zur Übergabe des fertigen Volkswirtschaftsplanes an die Betriebe vergeht ein dreiviertel Jahr.

Das Hauptproblem jeder Planwirtschaft besteht in der mangelnden Flexibilität. Die Planbürokratie versucht, das Geschehen

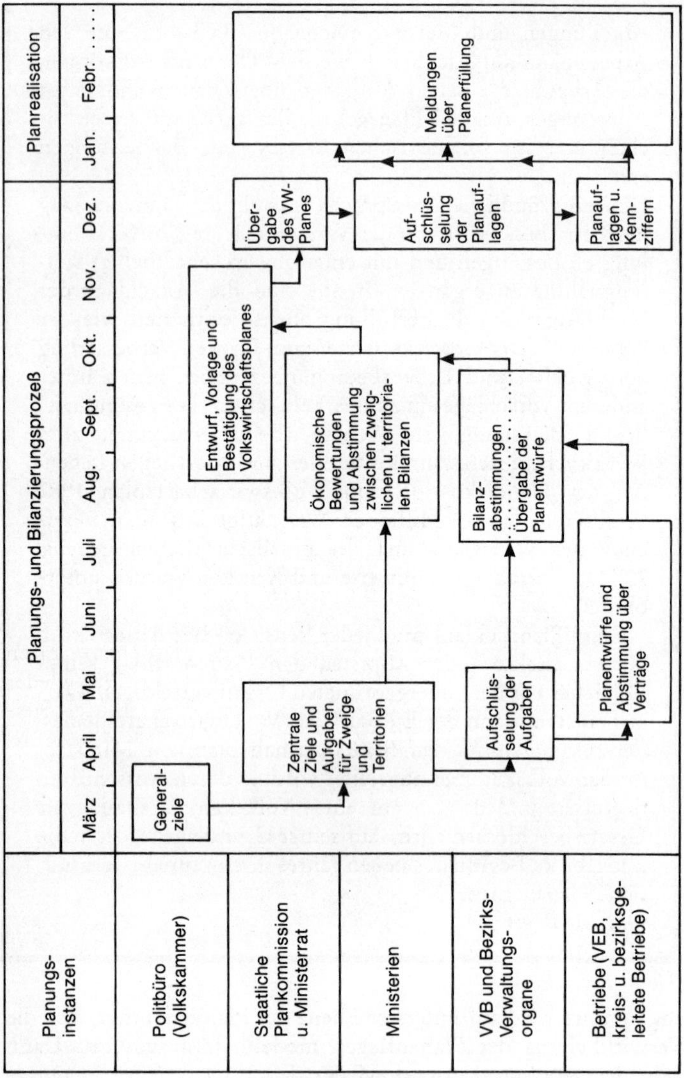
Planungs- instanzen
Politbüro (Volkskammer)
Staatliche Plankommission u. Ministerrat
Ministerien
VVB und Bezirks- Verwaltungs- organe
Betriebe (VEB, kreis- u. bezirksge- leitete Betriebe)
Planungs- und Bilanzierungsprozeß
Planrealisation
März
April
Mai
Juni
Juli
Aug.
Sept.
Okt.
Nov.
Dez.
Jan.
Febr. . . . . .
General- ziele
Zentrale Ziele und Aufgaben für Zweige und Territorien
Aufschlüs- selung der Aufgaben
Planentwürfe und Abstimmung über Verträge
Ökonomische Bewertungen und Abstimmung zwischen zweig- lichen u. territoria- len Bilanzen
Bilanz- abstimmungen
Übergabe der Planentwürfe
Entwurf, Vorlage und Bestätigung des Volkswirtschaftsplanes
Über- gabe des VW- Planes
Auf- schlüs- selung der Planauf- lagen
Planauf- lagen u. Kenn- ziffern
Meldungen über Planerfüllung

zu beherrschen, ist aber durch wirtschaftliche Entwicklungen häufig überfordert. Anstatt Versagen einzugestehen, wird dann mit allerlei Prozentzahlen eine Erfolgsbilanz vorgelegt, die in dieser Form eigentlich nichtssagend ist. Rudolf *Bahro* beschreibt den Kern des Problems:

»Die Menschen haben vom Prinzip her nicht selbst Aufgaben zu suchen, Probleme zu erkennen und aufzugreifen, sondern sie werden ihnen verpflichtend zugewiesen ...

So besteht das wesentliche Hemmnis der Wirtschaftsdynamik darin, daß bis hinunter zum Betriebsdirektor und Abteilungsleiter die Gesetze des bürokratischen Verhaltens immer wieder vor ökonomische Zweckmäßigkeit gehen, die in dieser Relation jedenfalls das höhere Kriterium wäre. Der Wirtschaftsfunktionär wird einfach zu oft gezwungen, seinen Selbstbehauptungswillen an außerökonomischen Kriterien zu orientieren.« (a. a. O., S. 252/262)

Die zentrale Planung und Leitung erweist sich als Hemmnis für die wirtschaftliche Entwicklung. Darüber können auch großartig anmutende Leistungsbilanzen nicht hinwegtäuschen. Erich Honecker gab auf dem XI. Parteitag der SED im April 1986 wieder etliche Beispiele für propagandistische Schönfärberei mittels Steigerungsraten. Schwerpunkt der im SED-Programm als Einheit aufgefaßten Wirtschafts- und Sozialpolitik ist die Beseitigung der Wohnungsnot in der DDR. Bis 1990 soll dies geschehen. Honecker wies auf Erfolge hin, nur kommt im Ergebnis immer noch der relativ niedrige Entwicklungsstand zum Ausdruck. 74 % der Wohnungen in der DDR verfügen über eine Dusche oder ein Bad, nur 68 % über eine eigene (Innen-)Toilette. Kritik an den Neubausiedlungen oder an der Qualität der Bauten wird kaum geübt. Selten wird die Größe der Wohnungen bemängelt. Die durchschnittliche Neubauwohnung der DDR umfaßt 58 qm (zum Vergleich: In der Bundesrepublik sind es 98 qm).

Neubauten in Karl-Marx-Stadt (Chemnitz) (Gesamtdeutsches Institut)

Altbauten in Ost-Berlin (Gesamtdeutsches Institut)

Zum Thema ...
... Wachstumsmagie und Zahlenmystik

aus: Junge Welt, 4./5. Juli 1987

Positive Halbjahresbilanz der Volkswirtschaft

Juni: Weitere Erhöhung des Wachstumstempos

Auf dem Kurs des XI. Parteitages der SED wurde in der Volkswirtschaft der DDR im 1. Halbjahr ein Zuwachs des Nationaleinkommens um 3 Prozent gegenüber dem 1. Halbjahr 1986 erreicht.

Im Juni wurde durch hervorragende Leistungen der Werktätigen im sozialistischen Wettbewerb das produzierte Nationaleinkommen nach vorläufigen statistischen Angaben um 4 Prozent erhöht.

In der Industrie wuchs die Produktion industrieller Erzeugnisse im 1. Halbjahr um 4 Prozent; das Wachstum im Juni betrug 4,2 Prozent. Die Nettoproduktion stieg im Juni um 6,8 Prozent, die Arbeitsproduktivität um 7,2 Prozent. Die Kosten wurden um 1,3 Prozent gesenkt. Hier gilt es, weitere Reserven zu erschließen.

In der Initiative »Rückgabe von Fonds an den Staat – Beitrag zum Nationaleinkommen« wurden im Juni von den Betrieben und Kombinaten mittels Scheck der Staatsbank weitere materielle und finanzielle Mittel in Höhe von 521 Millionen Mark zurückgegeben.

In Verwirklichung der ökonomischen Strategie des XI. Parteitages wurde das hohe Tempo der Anwendung von Schlüsseltechnologien fortgesetzt. Seit Jahresbeginn wurden 19 858 Büro-, Personal- und Arbeitsplatzcomputer hergestellt, das sind 7627 mehr als im gleichen Zeitraum des Vorjahres. Die Werktätigen des VEB Robotron-Elektronik Dresden produzierten bisher 843 Arbeitsplatzcomputer mit 16-Bit-Verarbeitungsbreite über den Plan hinaus. Bei Drukkern für Computer beträgt der Produktionszuwachs 93 Prozent und die Planübererfüllung 3384 Stück. Bei Speichern für die Computertechnik wurde eine Produktionssteigerung von 79 Prozent erreicht. Das sind 5827 Speicher mehr als geplant.

Die Produktion von monolithisch-integrierten Schaltkreisen wuchs um 44 Prozent, von Spezialausrüstungen für die Herstellung aktiver Halbleiterbauelemente um 82 Prozent und von mikrolithographischen Geräten um 32 Prozent.

Der Bestand an CAD/CAM-Arbeitsstationen und -systemen in der Volkswirtschaft erhöhte sich auf 31 000 und an Industrierobotern auf 73 000.

Im Bauwesen wurde der Plan der Bauproduktion und der Nettoproduktion im Juni übererfüllt. Die Bauproduktion wuchs um 4 Prozent und die Nettoproduktion um 7 Prozent. Im 1. Halbjahr wurden 101 643 Wohnungen neugebaut beziehungsweise modernisiert. Für weitere 305 000 Bürger verbesserten sich damit die Wohnverhältnisse.

In der Landwirtschaft ist im Juni der Plan des staatlichen Aufkommens bei Schlachtvieh, Milch und Eiern überboten worden. Der Zuwachs beträgt bei Schlachtvieh 2,5 Prozent. In der Nahrungsgüterwirtschaft und Landtechnik wurde der Plan der industriellen Warenproduktion und der Nettoproduktion übererfüllt. Durch die Forstwirtschaft sind im Juni 30 600 Kubikmeter Rohholz mehr bereitgestellt worden als geplant.

Die Eisenbahn hat den Gütertransport im Juni um 4,4 Prozent erhöht. Das Post- und Fernmeldewesen hat die geplanten Aufgaben erfüllt.

Die Versorgung der Bevölkerung mit Nahrungs- und Genußmitteln sowie Industriewaren war gewährleistet. Der Einzelhandelsumsatz wuchs im 1. Halbjahr um 3 Prozent gegenüber dem gleichen Zeitraum des Vorjahres. Die Nettogeldeinnahmen der Bevölkerung sind um 4 Prozent gestiegen. Im Juni erhöhten sich der Einzelhandelsumsatz und die Nettogeldeinnahmen jeweils um 5 Prozent.

Im Außenhandel wurde im 1. Halbjahr ein Exportüberschuß erwirtschaftet.

In den einzelnen Bereichen der Industrie wurde bis Ende Juni folgendes Wachstum der Nettoproduktion (NP) und der Arbeitsproduktivität (AP) sowie folgende Senkung der Selbstkosten je 100 Mark Warenproduktion (SK) erreicht:

	NP	AP	SK
	– um Prozent –		
Kohle und Energie	3,1	2,4	1,4
Erzbergbau, Metallurgie und Kali	9,5	9,8	2,2
Chemische Industrie	2,2	3,0	0,5 Erhöhung
Elektrotechnik/Elektronik	14,3	15,1	3,6
Schwermaschinen- und Anlagenbau	6,1	6,6	2,4
Werkzeug- und Verarbeitungsmaschinenbau	8,7	9,5	2,7
Allgemeiner Maschinen-, Landmaschinen- und Fahrzeugbau	4,3	4,8	0,1 Erhöhung
Leichtindustrie	3,9	4,6	0,7
Glas- und Keramikindustrie	6,0	6,4	0,7
Bezirksgeleitete Industrie und Lebensmittelindustrie	6,3	6,8	0,9
Geologie	8,2	7,3	3,0

In der bezirksgeleiteten Industrie wurde folgendes Wachstum der Nettoproduktion (NP) und der Produktion von Fertigerzeugnissen für die Bevölkerung (FE) sowie folgende Senkung der Selbstkosten je 100 Mark Warenproduktion (SK) erreicht:

	NP	FE	SK
	– um Prozent –		
Hauptstadt Berlin	11,4	4,6	2,0
Cottbus	10,3	4,0	2,0
Dresden	6,5	5,7	1,4
Erfurt	10,0	6,6	1,8
Frankfurt	3,7	4,1	1,9
Gera	9,1	4,5	1,3
Halle	10,0	1,6	1,7
K.-Marx-Stadt	7,7	2,0	0,8
Leipzig	5,4	1,6	1,2
Magdeburg	11,0	5,1	1,9
Neubrandenburg	7,2	1,3	0,5
Potsdam	10,5	3,1	2,0
Rostock	1,5	2,3	0,2
Schwerin	10,7	7,0	1,8
Suhl	7,9	6,0	2,6

Die DDR stellt als Erfolge ihrer Politik vor allem die Arbeitsplatzsicherheit, die Sozialleistungen und die niedrigen Preise für Grundnahrungsmittel und Mieten heraus. Sie weist nicht auf die Methoden hin, die angewandt werden, um diese Leistungen zu erbringen.

Um Akademikerarbeitslosigkeit zu vermeiden, reduzierte die DDR kurzerhand die Studentenzahlen von 160 967 im Jahre 1972 auf 130 442 1982. Bei ungefähr gleich starken Geburtsjahrgängen 1953/54 und 1963/64 führten Zulassungsbeschränkungen für Studienanfänger an Hochschulen und Universitäten zu einer Verringerung von 39 449 (1972) auf 32 100 (1982). Der »Numerus clausus« in der DDR orientiert sich an »gesellschaftlichen Notwendigkeiten«. Damit das »Wohnungsproblem bis 1990 gelöst« wird, stehen jedem Einwohner im Durchschnitt nur 25 qm Wohnfläche zu (in der Bundesrepublik liegt der Durchschnitt bei 34 qm). Sozialleistungen und Subventionen für Grundnahrungsmittel werden durch ein niedrig gehaltenes Lohnniveau finanziert. Im Vergleich zum Westdeutschen hat der Bewohner der DDR ein Einkommen, das fast um die Hälfte niedriger ist. Rechnet man die zum Kauf einer Ware oder für die Bezahlung einer Dienstleistung erforderliche eigene Arbeitszeit als Gegenwert, so ergibt sich ein differenziertes Bild: Selbst die meisten Grundnahrungsmittel sind in der DDR teurer als in der Bundesrepublik. Für Butter muß fast viermal so lange, für Margarine doppelt so lange, selbst für Milch noch anderthalb mal so lange gearbeitet werden wie in der Bundesrepublik. Kaffee gilt als Luxusartikel. Mieten sind dafür um die Hälfte billiger, Straßen- und Eisenbahnkarten sind ebenfalls billiger.

Zum Thema …
… Wohnen in der DDR

»Wir werden bis 1990 die Wohnungsfrage als soziales Problem lösen!« Diesen Satz hören wir immer wieder.

Fünf Jahre hat Erich Honecker noch Zeit, das ehrgeizige Vorhaben durchzuführen. Wer sieht, mit wieviel Eifer gebaut wird, hält es für möglich. Überall wachsen riesige Trabantenstädte. Massenquartiere auf grünen Wiesen, an den Rändern großer Städte. Vorgefertigte Elemente werden zusammengesetzt, aufeinandergestapelt. WBS 70, IW 8. Kürzel werden uns um die Ohren geschlagen. WBS heißt Wohnungsbauserie, IW heißt Industrieller Wohnungsbau. »Man weiß schon, wo welches Möbelstück hingestellt werden muß!« sagte uns ein ehemaliger Bürgermeister.

Öde Trostlosigkeit entsteht. Billig, billig. Die niedrigen Mieten versöhnen die Menschen – wie lange? – mit einfallsloser Architektur. Im Durchschnitt benötigt ein DDR-Haushalt nur fünf Prozent des Familieneinkommens für Wohnen. 1984 stützte der Staat die Mietpreise mit rund 11 Milliarden Mark. Und er wird es in den nächsten Jahren auch weiter tun. Dafür hat sich Erich Honecker verbürgt. Kaum ein Funktionär unterläßt es in Gesprächen, Mietvergleiche anzustellen. Jeder weist auf die Niedrigmieten hin, erwähnt – nebenbei –, daß es Mietwucher oder Profit aus Hausbesitz nicht gebe. Nachteile bleiben unerwähnt. Durch staatliche Subventionspolitik verfällt Altbausubstanz. Niedrigmieten decken nicht die Kosten.

Sechstausend Wohnungen fehlen allein in Rostock. Dringlichkeitsstufe eins. Die Bewerber wohnen bei Verwandten oder in Notunterkünften, warten oft jahrelang. Die Normwohnung kommt auf dem Tieflader. Zwei mal drei Meter große Betonplatten, industriell gefertigt: glatt, gekiest oder mit Fenster. Pro Zimmer etwa zwanzig Quadratmeter, aber nicht mehr als drei Zimmer pro Wohnung. Den Staat kostet sie runde sechzigtausend Mark, den Mieter 1,24 Mark pro Quadratmeter. Selbst die Heizkosten einer Dreizimmerneubauwohnung werden von tausend Mark im Jahr auf zweihundertfünfzig Mark herabsubventioniert. Gesenkt!

(aus: Werner *Filmer:* Der Genosse Lunow. Reisen zwischen Wismar und Rostock. In: Werner *Filmer,* Heribert *Schwan:* Das andere Deutschland. Alltag in der DDR. Econ Verlag Düsseldorf, Wien 1987, S. 44–56 [Zitat S. 56])

Wie in den schnell hochgezogenen Schlafstädten in aller Welt leiden sie unter den sich ewig hinziehenden Bauarbeiten, mangelnden kulturellen und sozialen Einrichtungen, dem Verlust der gewohnten Umgebung, der Anonymität im unwirtlichen Wohnviertel.

Bei einem kurzen Rundgang weist er sie auf die Balkone der Wohnungen hin, die mitunter recht skurril auf den Drang, den zugewiesenen wabengroßen Flecken Heimat individuell zu prägen, hinweisen: Da hat der eine einen Südseestrand mit Sonne und Palmen gemalt, ein anderer die Front eines Schwarzwaldhauses, und wieder woanders prangt gar eine Fachwerkfassade verloren aus dem siebten Balkon von rechts im elften Stock des Hochhausblocks. Ursprünglich war selbst der eigene Farbanstrich der Balkonparzellen den Mietern untersagt, damit alles schön einheitlich aussähe.

(aus: Peter *Wensierski:* Neunmal nein, einmal ja. In: W. *Filmer,* H. *Schwan,* a.a.O., S. 165–172 [Zitat S. 167])

In einem Ort mit 10 000 Einwohnern in der Nähe von Dresden haben sich zwei Frauen, drei Kinder sowie drei Männer zu einer Wohngemeinschaft zusammengetan. Die Kinder sind im Alter von ein, zwei und vier Jahren. (...) Sie wohnen in einem alten Landhaus, das sie selbst ausgebaut und instandgesetzt haben.

Frage: Was hat Euch bewogen, aus der Stadt aufs Land zu gehen?

Michael: Wir haben darüber lange diskutiert, und daß wir hier landen würden, stand dabei von Anfang an noch nicht fest. Zuerst war bei jedem von uns nur so ein Unbehagen über das Leben, das man führte. Ich zum Beispiel arbeitete in einem Chemiebetrieb und wohnte noch bei meinen Eltern, selbst mit 19 Jahren noch. Das war damals mein Hauptproblem. Ich wollte gern mit anderen Leuten zusammen wohnen, aber das ging nicht so einfach. Die Wohnungsraumvergabe wird zentral gelenkt. Da gibt es festgelegte Kriterien. Eine Person bekommt ein Zimmer, zwei Personen anderthalb, drei Personen bekommen zwei Räume, aber das geht nur, wenn man verheiratet ist. (...) Ich hatte aber keine Lust zu heiraten, bloß um an eine Wohnung heranzukommen. Das machen ja viele; entsprechend schnell lassen sie sich wieder scheiden. Mit einigen Freunden zusammen träumte ich damals davon, so etwas wie eine Wohngemeinschaft zu bilden. (...) Aber wie? Wohngemeinschaften gelten zudem als etwas Obskures, dem zudem mit vielen Vorurteilen begegnet wird. In den Augen des Staates sind sie so etwas wie verbotene Gruppenbildungen, was er fürchtet, obwohl das ja eigentlich Quatsch ist.

(aus: P. *Wensierski*/W. *Büscher:* Beton ist Beton. Zivilisationskritik aus der DDR. Hattingen 1981, S. 93–94)

Während die meisten Bewohner der DDR die Sozialleistungen des Staates für eine echte Errungenschaft halten, auf den gesicherten Arbeitsplatz keinesfalls verzichten wollen, sind viele andererseits mit den wirtschaftlichen Ergebnissen unzufrieden. Hier treten Widersprüche auf. Verschärft werden diese durch eine Besonderheit: In den sozialistischen Staaten, so auch in der DDR, gibt es Läden, in denen nicht jeder mit seinem verdienten Geld einkaufen kann. Einige Bürger genießen das Privileg, im Intershop gegen

Neubauten nach Plan (Gesamtdeutsches Institut)

Ein großes Problem: Altbauten verfallen (Gesamtdeutsches Institut)

Westmark (DM) begehrte Waren einkaufen zu können. Das verursacht in der Gesellschaft Neid und Spannungen. Bürgern mit Verwandten oder Freunden im Westen sind Käufe möglich, die andere nicht tätigen können.

Vorteile im Urteil zweier Jugendlicher:
- billige Mieten
- sicherer Arbeitsplatz
- kostenloser Arztbesuch

Worauf sie stolz seien hier in der DDR, will ich wissen. Auf die erfolgreichen Sportler? »Sicher nicht, da ist zuviel Zwang dahinter, die haben gar nichts von ihrem Leben.« Anja überlegt. »Die Wohnungsmieten sind billiger als bei euch, bei uns bekommt jeder einen Arbeitsplatz, der Arztbesuch ist kostenlos, und für die Familie tut der Staat eine ganze Menge.« Und wie stehen Sabine und Anja zu den Ausreisewilligen? »Die machen einen großen Fehler, wo die Arbeitslosigkeit so hoch ist bei euch« (Sabine), irgendwie finde ich das feige, einfach davonzulaufen« (Anja). Beide glauben, daß das Fernsehen schuld ist. »Die Werbung im Westfernsehen macht die Leute verrückt, sie erwarten bei

Kinder malen ihre »Traumwohnung« (dpa)

euch das Paradies.« Ob sie nicht auch schon daran gedacht haben, eines Tages in den Westen zu gehen. »Ausreisen? Nein, hier bin ich geboren, ich möchte nicht weg, hier ist meine Heimat. Besuchen ja, aber vielleicht zuerst Frankreich, Paris.« Sabine nickt. »Sicher würden wir wieder zurückkommen.«

(aus: P. S., Total neu, echt toll – deutsche Schüler aus Ost und West im Gespräch. In: Die Zeit Nr. 23 v. 1. 6. 1984, S. 61)

Da der materielle Anreiz für verstärkten Einsatz fehlt, ist die Leistungsbereitschaft bei der Mehrheit der Werktätigen in der DDR geringer als im Westen. Ein Restaurantbesuch dokumentiert dies eindringlich. Partei- und Staatsführung versuchen vergeblich, mit immer neuen Parolen diesen Zustand zu ändern. Da sollen Stahlarbeiter eine zusätzliche »Schmelze für den Frieden« leisten, müssen LPG-Bauern »zu Ehren des XI. Parteitages der SED« die »Futterökonomie« verbessern, können Textilarbeiterinnen »anläßlich der Volkskammerwahlen« eine x-prozentige »Steigerung der Garnproduktion« melden. Keiner glaubt an diese »Rekorde«.

Rudolf *Bahro*, der selbst in einem VEB tätig war, faßt zusammen:

> »In Wirklichkeit ist natürlich nicht nur die Arbeitsintensität, sondern auch die Arbeitsdisziplin geringer als im Kapitalismus. ...
>
> Alles in allem genommen aber sind in der gesamten Industrie das Leistungsprinzip als Stimulus für besondere Anstrengungen zum allgemeinen Nutzen, die Wettbewerbs- und Aktivistenbewegung gescheitert. Man konkurriert nicht gegeneinander ... Man verdirbt einander nicht die Norm. Man verteilt Prämien.« (a.a.O., S. 243/248)

III. Der einzelne und das Kollektiv – die Gesellschaft der DDR

Die Gesellschaft der DDR ist nach Auffassung der SED »entwickelt sozialistisch«. Was dies im einzelnen bedeutet, beschreibt das Parteiprogramm. Danach ist die »entwickelte sozialistische Gesellschaft« in einem Prozeß tiefgreifender politischer, ökonomischer, sozialer und geistig-kultureller Wandlungen« entstanden. Durch die Vollendung dieses Prozesses sollen »grundlegende Voraussetzungen für den allmählichen Übergang zum Kommunismus« geschaffen werden.

Die Arbeit der Partei ist also auf ein Ziel, ein Ideal hin gerichtet. Alles, was getan wird, soll dem Kommunismus dienen. Es gehört zu den Eigenschaften kommunistischer Herrschaft, daß selbst extrem harte Maßnahmen, wie etwa der Bau der Berliner Mauer und die Sperranlagen und Wachen an der deutsch-deutschen Grenze, mit einem Hinweis auf dieses Ziel gerechtfertigt werden. Um den Kommunismus zu schaffen, sind »Opfer« erforderlich und gerechtfertigt. Erich Honecker »ehrte« konsequenterweise Ende 1986 die Grenztruppen der DDR mit dem Karl-Marx-Orden und mit folgenden Worten aus der »Festveranstaltung« zum vierzigjährigen Bestehen der Grenztruppen:

»Blickt man heute auf die vier Jahrzehnte des Bestehens der Grenztruppen der DDR, so bestätigt sich überzeugend, daß zum ersten Mal in der deutschen Geschichte Grenzsicherungskräfte geschaffen wurden, die im Auftrag des Volkes auf Posten ziehen und alles tun, um Provokationen an den Grenzen zu vereiteln und damit das friedliche Zusammenleben der Völker zu fördern ... an der Trennungslinie zwischen Sozialismus und Imperialismus ...

Die Grenztruppen der DDR stehen stets auf Wacht für den Frieden und für den Schutz ihrer sozialistischen Heimat.«

(Junge Welt, 1. Dezember 1986)

Berlin, Brandenburger Tor – die Mauer versperrt den Durchgang (Bundesbildstelle)

Der sozialistische Staat, der sich als Vorstufe zum Kommunismus begreift, scheut sich nicht, auch die menschenunwürdigen Grenzanlagen als ehrenvolle Notwendigkeit zu bezeichnen. Zwischen

1961 und 1986 wurden an der Berliner Mauer 73 Flüchtlinge getötet.

Gerade an der »Mauer« offenbart sich der größte Gegensatz zwischen Partei und Staat auf der einen und der Gesellschaft der DDR auf der anderen Seite. Der evangelische Probst Heino Falcke sagte dazu 1984:

> »Die geschlossene und schwerbewachte Grenze ist in der Tat einer der wundesten Punkte unseres Staates. Vielen seiner Bürger gibt sie das Gefühl des Eingesperrtseins, das für manche zum Motiv für den Ausreiseantrag wird.«
>
> (Probst Heino *Falcke* [Erfurt], Februar 1984. Zit. nach: Wolfgang *Büscher*, »Warum bleibe ich eigentlich?« Reaktionen der evangelischen Kirchen in der DDR auf die Ausreisewelle [Frühjahr 1984]. In: Deutschland-Archiv Nr. 7/1984, S. 684)

Und im Februar 1988 klagte der (Ost-)Berliner Physiker Hans-Jürgen Fischbeck in der Dresdner Christuskirche:

> »Die Mauer, dieses Symbol der Abgrenzung, ist der sichtbare Beweis für den inneren Unfrieden in unserer Gesellschaft. Er steht dem äußeren Frieden im Wege.«
>
> (zit. nach: *Der Spiegel* Nr. 8, 22. Februar 1988, S. 91)

> *Auszug aus dem Strafgesetzbuch der DDR*
> v. 12. 1. 1968 (in der Fassung v. 19. 12. 1974)
>
> § 213
> Ungesetzlicher Grenzübertritt
> (1) Wer widerrechtlich die Staatsgrenze der Deutschen Demokratischen Republik passiert oder Bestimmungen des zeitweiligen Aufenthalts in der Deutschen Demokratischen Republik sowie des Transits durch die Deutsche Demokratische Republik verletzt, wird mit Freiheitsstrafe bis zu zwei Jahren oder mit Verurteilung auf Bewährung, Haftstrafe oder mit Geldstrafe bestraft.

Berlin, Brandenburger Tor – Michael-Jackson-Fans auf der Ostseite (dpa)

(2) Ebenso wird bestraft, wer als Bürger der Deutschen Demokratischen Republik rechtswidrig nicht oder nicht fristgerecht in die Deutsche Demokratische Republik zurückkehrt oder staatliche Festlegungen über seinen Auslandsaufenthalt verletzt.
(3) In schweren Fällen wird der Täter mit Freiheitsstrafe von einem Jahr bis zu acht Jahren bestraft.

Zum Thema . . .
. . . der 13. August 1961 im DDR-Schulbuch – Geschichte als Propaganda

In den ersten Augusttagen 1961 leiteten die Militaristen der BRD die *letzten militärischen Aggressionsvorbereitungen* gegen die DDR ein. Anfang August weilte der BRD-Verteidigungsminister Strauß in den USA. Strauß erklärte dem USA-Präsidenten Kennedy und Vertretern des amerikanischen Kriegsministeriums, daß in der DDR ein »Volksaufstand« bevorstünde. Diese Gelegenheit wolle die Regierung der BRD wahrnehmen, um die DDR im Zuge einer »Polizeiaktion« zur Lösung eines »innerdeutschen Konflikts« zu erobern. Zur Unterstützung dieses Planes wurden die in Europa stationierten NATO-Truppen in Alarmbereitschaft versetzt. Der Befehlshaber der NATO-Landstreitkräfte Mitteleuropas, der ehemalige Hitlergeneral Speidel, führte zur gleichen Zeit eine Besichtigung entlang der Staatsgrenze der DDR durch.

Die militärische Kriegsvorbereitung wurde von einer *Hetzwelle gegen die DDR* begleitet. Die Bürger der BRD sollten glauben, die Mehrheit des Volkes in der DDR sei gegen den Sozialismus und es wäre ein Gebot der Humanität, die Arbeiter-und-Bauern-Macht zu beseitigen. Dementsprechend versuchte man durch Meldungen über angeblich bevorstehende Unruhen in der DDR von den wahren Absichten des BRD-Imperialismus abzulenken und die Kriegsvorbereitungen zu tarnen.

Vom 3. bis 5. August 1961 tagte in Moskau eine *Beratung der Ersten Sekretäre der kommunistischen und Arbeiterparteien der Länder des Warschauer Vertrages.* Auf ihr wurden die notwendigen Maßnahmen beraten und festgelegt, um den vom BRD-Imperialismus und seinen Bundesgenossen in der NATO bedrohten Frieden zu sichern. Die sozialistischen Bruderländer beschlossen, daß die DDR an der Staatsgrenze zu Westberlin die notwendigen Sicherungsmaßnahmen trifft, um die weitere Wühltätigkeit gegen die

Länder der sozialistischen Staatengemeinschaft wirksam zu unterbinden.

In Übereinstimmung mit den Ergebnissen der Moskauer Beratung beauftragte die Volkskammer am 11. August 1961 den Ministerrat der DDR, alle erforderlichen Maßnahmen zur Sicherung der Staatsgrenze vorzubereiten und durchzuführen. Auf Beschluß des Ministerrates wurden in der Nacht vom 12. zum 13. August die Einheiten der Nationalen Volksarmee, der Volkspolizei und die Kampfgruppen der Arbeiterklasse in Alarmbereitschaft versetzt. In den ersten Stunden des *13. August* riegelten sie die bis dahin offene Staatsgrenze der DDR nach Westberlin ab. Als am Morgen des 13. August die Sonne über Berlin aufging, waren die Sicherungsmaßnahmen im wesentlichen abgeschlossen. Der Kriegsbrandherd Westberlin war unter zuverlässige Kontrolle gebracht worden.

Die Errichtung des antifaschistischen Schutzwalls, die in schnellem Tempo erfolgte, hatte die Westmächte, die BRD-Regierung und den Westberliner Senat völlig überrascht. Während die bestürzten Politiker in Bonn und Westberlin von einer Beratung zur anderen hetzten, ging das Leben in der Hauptstadt der DDR normal weiter. Besondere Bedeutung kam dem disziplinierten Einsatz der Kampfgruppen der Arbeiterklasse zu. Ihr Auftreten wirkte auf die aggressiven imperialistischen Kreise sehr ernüchternd.

Die Mehrheit der Werktätigen der DDR *begrüßte und unterstützte die Sicherungsmaßnahmen.* Zahlreiche Berliner besuchten in den darauffolgenden Tagen die im Einsatz befindlichen Angehörigen der bewaffneten Organe. Delegationen aus Betrieben und viele einzelne Bürger brachten Geschenke und Blumen, um auf diese Weise ihren Dank auszudrücken. Zu Höhepunkten der Verbundenheit mit den bewaffneten Organen und den von ihnen mit hervorragender Disziplin durchgeführten Maßnahmen gestalteten sich ein großer Appell der Berliner Kampfgruppen am 23. August 1961 und die anschließende Rückkehr der Kampfgruppen in ihre Betriebe.

Durch die Sicherung der Staatsgrenze war es nun nicht mehr möglich, die Werktätigen um die Früchte ihrer eigenen Arbeit zu bringen und die DDR ungestraft auszuplündern.

(aus: Geschichte, Lehrbuch für Klasse 10. (Ost-)Berlin 1987, S. 162-163)

Am 17. Juni 1953 marschierten (Ost-)Berliner Arbeiter mit schwarz-rot-goldenen Fahnen durch das Brandenburger Tor (Bundesbildstelle)

Am 13. August 1961 wurde die Mauer gebaut (Joachim Jung)

Was Kommunismus im einzelnen bedeutet, haben weder Marx und Engels noch die SED je beschrieben. So bleibt es im wesentlichen bei der allgemeinen Formel: »Jeder nach seinen Fähigkeiten, jedem nach seinen Bedürfnissen.«

Bedingung für den Kommunismus soll allerdings »die klassenlose Gesellschaftsordnung sein, in der die Produktionsmittel einheitliches Volkseigentum« bilden werden. Schwärmerisch lautet der letzte Absatz des *SED-Programms:*

> »Der Kommunismus ist die lichte Zukunft der Menschheit. In ihm ist jegliche Ausbeutung und Unterdrückung beseitigt, sind die Menschen von der Geißel des Krieges befreit. Der Kommunismus ist die Welt des Friedens, der Arbeit, der Freiheit, der Gleichheit und Brüderlichkeit. Im Kommunismus werden alle Völker dieser Erde, alle Menschen ihre Fähigkeiten und Talente voll entfalten können.
>
> Für dieses edle Ziel kämpft die Sozialistische Einheitspartei Deutschlands.«

Im Gegensatz hierzu werden die Bedingungen der weiteren Gestaltung der »entwickelten sozialistischen Gesellschaft« genauer beschrieben. Das Programm der SED macht deutlich, daß alle Bereiche staatlichen und gesellschaftlichen Lebens erfaßt werden müssen, um dieses Ziel tatsächlich zu erreichen:

> »Die Gestaltung der entwickelten sozialistischen Gesellschaft macht es notwendig, alle Vorzüge und Triebkraft, alle Seiten und Bereiche des gesellschaftlichen Lebens, die Produktivkräfte und Produktionsverhältnisse, die sozialen und politischen Beziehungen, die Wissenschaft und das Bildungswesen, sozialistische Ideologie und Kultur, die Gesamtheit der Arbeits- und Lebensbedingungen sowie die Landesverteidigung planmäßig auf hohem Niveau zu entwickeln.«

Im einzelnen werden 10 Forderungen zur Verwirklichung und Vollendung des Sozialismus erhoben:

1. Die »Erhöhung des materiellen und kulturellen Lebensniveaus« durch eine schnellere Produktion, durch mehr Effektivität und Wachstum bei der Arbeitsproduktivität.
2. Die Verbesserung der »materiell-technischen Basis« zwecks Intensivierung der Produktion.
3. Die Einheit von Wirtschafts- und Sozialpolitik gemäß dem Grundsatz des Sozialismus: »Jeder nach seinen Fähigkeiten, jedem nach seiner Leistung« (nicht nach den Bedürfnissen, was erst im Kommunismus möglich sein soll).
4. Mehr »kameradschaftliche Zusammenarbeit« und die Stärkung der »Kollektivität in den gesellschaftlichen Beziehungen«.
5. Die Stärkung der Rolle der »Arbeiterklasse und ihrer Partei als führende Kraft der Gesellschaft«, die Beseitigung der Gegensätze zwischen Stadt und Land, zwischen geistiger und körperlicher Arbeit.
6. Die Festigung der »sozialistischen Staats- und Rechtsordnung«, Beteiligung möglichst vieler am Prozeß der Leitung und Planung.
7. Die Erhöhung der »sozialistischen Bewußtheit der breiten Massen«, wozu »ihre marxistisch-leninistische Weltanschauung und kommunistische Moral aktiv herauszubilden« ist, »Egoismus, Individualismus und andere Erscheinungen der bürgerlichen Ideologie konsequent zu überwinden« sind.
8. Der »Schutz des Friedens« und die »Bereitschaft zur Verteidigung des Sozialismus (...) unter Führung der Sozialistischen Einheitspartei Deutschlands, in enger Klassen- und Waffenbrüderschaft mit der Sowjetarmee«. Dazu gehört der Dienst der »Grenztruppen« und anderer »Schutz- und Sicherheitsorgane«, also natürlich auch die Tätigkeit des Staatssicherheitsdienstes.
9. »Die ständige Festigung und Vertiefung des Bruderbundes mit der Sowjetunion und den anderen Ländern der sozialistischen Gemeinschaft.«
10. Die volle Entfaltung der Fähigkeiten der Menschen und die Gestaltung des Lebens in der Weise, »daß das Denken und Handeln der Werktätigen von der sozialistischen Ideologie, der marxistisch-leninistischen Weltanschauung der Arbeiterklassen geprägt wird.«.

Betrachtet man diesen Anspruch der SED an den einzelnen Menschen, so ergibt sich zweifelsfrei, daß die Partei die Persönlichkeit des Bürgers *total* erfassen will.

Auf der anderen Seite wird jeder, der die DDR aus persönlicher Erfahrung kennt, beeindruckt sein von dem ausgeprägten Willen der meisten Bürger, sich durch die Schaffung einer Privatsphäre diesem totalen Anspruch zu entziehen. Die private »Nische« bleibt ganz der Familie und dem Freundeskreis vorbehalten.

Eine Betrachtung der DDR und ihrer Gesellschaft von außen unterliegt folglich dem Problem, entweder unter dem Eindruck parteiamtlicher Dokumente Staat *und* Gesellschaft als kommunistisch totalitär zu deuten oder aber unter dem Eindruck der zahlreichen »Nischen« diese Gesellschaft für äußerst vielfältig, also im Grunde pluralistisch zu halten.

Zum Thema ...
... sozialistische Lebensweise

Warum sind Lebensweise und Moral nicht nur Privatsache?

Das Leben des einzelnen ist vielfältig verbunden mit Beziehungen zu anderen, zu der Familie, dem Arbeitskollektiv, dem Freundeskreis und der ganzen Gesellschaft. Glück oder auch Freude und Sorgen für sich allein, außerhalb dieser Beziehungen, sind schwer denkbar und würden einem »Robinson-Dasein« nahekommen. Auf die Frage seiner Töchter nach der Auffassung von Glück sagte Karl Marx: zu kämpfen. Unser ganzes Leben und damit auch die persönliche Vorstellung und das persönliche Empfinden von Glück stehen in untrennbarem Zusammenhang mit der Tätigkeit beziehungsweise der Arbeit.
Ein solcher Standpunkt setzt die Kenntnis der objektiven gesellschaftlichen Möglichkeiten und Anforderungen sowie den Willen voraus, nach den Wertvorstellungen und Lebensprinzipien, die der sozialistischen Gesellschaft gemäß sind, zu handeln. Der einzelne muß die Fähigkeit entwickeln, sein Leben sinnvoll zu gestalten. Das gelingt nicht, wenn man sich seine eigene Moral und seine eigene Lebensweise zurechtzimmert und die Vorstellung hat, man könnte außerhalb der Gesellschaft sinnvoll und glücklich leben. Ein sinnvolles und glückliches Leben – hat man es einmal erreicht – ist kein ein für allemal erworbenes Gut; es bedeutet letztendlich ständigen Kampf.

Die Frage ist also: Was mache ich aus meinem Leben in dieser Gesellschaft, in der der Mensch das Maß aller Dinge ist, in der unser Tun dem Wohle des Volkes und dem Wohle der Menschen dient?

Überall in unserem Alltag ist den Normen der sozialistischen Ethik und Moral Geltung zu verschaffen. Das schließt die Ausbildung der Gefühle für das Wahre, Gute und Schöne und kulturvolle Verhaltensweisen ein. Dafür ist das selbständige bewußte Mitwirken der Freien Deutschen Jugend und der Pionierorganisation »Ernst Thälmann« eine unerläßliche Voraussetzung.
X. Parteitag der SED

Seit im Rahmen der »FDJ-Initiative Berlin« Jugendliche aus allen Teilen der Republik nach Berlin kommen, ist ein solcher Entschluß auch oftmals mit persönlichen Opfern verbunden. Wenn diese Jugendbrigaden mit der Initiative »Jeder jeden Tag mit guter Bilanz« in der ganzen DDR für Gesprächsstoff sorgten und sorgen, bedeutet das für die FDJler eigenes Zutun, Entwicklung eines echten Leistungsstrebens und Leistungsverhaltens, ständige ehrliche Einschätzung der eigenen Leistungen und Auseinandersetzung mit Mittelmaß, werden Ansprüche an das eigene Verhalten gestellt. Das war kein glatter Weg, es gab Höhen und Tiefen, und nichts wurde den Jugendlichen geschenkt.

Das Hinauswachsen über die sogenannte Privatsphäre hat jedoch verhindert und verhindert noch das Aufkommen einer kleinlichen und pessimistischen Betrachtungsweise des Lebens. Das Wissen über Freuden und Sorgen, Wünsche und Leidenschaften des Nebenmannes verstärken das Gefühl der Geborgenheit im Kollektiv. Sicher lebt jeder auch sein eigenes, individuelles Leben, entwickeln sich Persönlichkeiten mit vielfältigen Eigenschaften, Interessen, Bedürfnissen und Neigungen. Gerade das macht den Reichtum unserer Gesellschaft aus.

Aber nur der wird aus sich etwas machen, der dem Leben im Sozialismus nicht gleichgültig, neutral und indifferent gegenübersteht, sondern der parteilich und bewußt den gesellschaftlichen Fortschritt und damit sein eigenes Leben gestalten hilft. Was heißt das anderes als gewissenhaft arbeiten, gut eingerichtet wohnen, sich schick kleiden, verständnisvoll miteinander umgehen, sich lieben, sich bilden, sich sportlich betätigen, sich erholen und vergnügen? Keine dieser und anderer

Lebensäußerungen kann aus unserem sozialistischen Leben ausgeklammert werden, sie alle machen unser ganzes Leben schön und menschlich.

Allerdings muß auch gefragt werden, ob der eine oder der andere sich nicht nur die »Rosinen aus dem Kuchen picken« will, seine Freizeit »verleben«, irgendwie »ausfüllen« oder gar »totschlagen« will. Man kann sich auch selbst mit »Genuß« betrügen und vom »Faulbett« aus unbillige Forderungen an die Gesellschaft stellen. Aber vertane Zeit ist vertanes Leben. *Das Leben zu genießen schließt ein, für ein frohes, kultiviertes, reiches und sinnvolles Leben aller einzutreten und das Persönliche mit der gesellschaftlichen Tätigkeit zu verbinden.*

Das trifft auch auf die Frage zu, ob materieller Wohlstand etwas mit spießerhaftem Verhalten zu tun habe. Die sozialistische Lebensweise schließt den Konsum materieller Güter ein. Berechtigte Konsumwünsche werden weder geringgeschätzt, noch haben sie etwas mit spießerhaftem Verhalten zu tun. Materieller Wohlstand wirkt sich auf alle Seiten unseres Lebens bereichernd aus. Entscheidend ist aber auch hier das persönliche Verhältnis zu den Dingen: Bestimmt das Auto mein ganzes Leben? Wird materieller Wohlstand zu einer Prestigefrage für mich, der ich alles andere unterordne, die mein Leben bestimmt und letztlich auch meinen Charakter negativ beeinflußt?

Das XI. Parlament der FDJ stellt in diesem Zusammenhang fest: »Für uns gibt es bei der Herausbildung der sozialistischen Lebensweise keine Frage von untergeordnetem Rang. So erscheint es uns wichtig, auch der Vorbereitung aller Mädchen und Jungen auf die Ehe und Familie mehr Beachtung zu schenken. Fragen, die Freundschaft, Liebe, Ehe und Familie berühren, sollten deshalb Bestandteil des kameradschaftlichen Gesprächs mit einem guten FDJ-Kollektiv sein. Ebenso sollte nicht außer acht gelassen werden, daß die erwachsenen Söhne und Töchter für ihre Eltern auch an deren Lebensabend Verantwortung tragen.«

Hier werden Fragen aufgeworfen, die nicht nur »Privatsache« sein können, sondern im Sinne der moralischen Wertvorstellungen unserer Gesellschaft diskutiert und beantwortet werden müssen.

(aus: Fragen und Antworten zum Programm der SED. Herausgegeben vom Zentralrat der FDJ. (Ost-)Berlin 1982, S. 287–289)

Um nicht einseitig die DDR-Realität zu verkennen, sollte man nach kritischer Prüfung der Partei- und Staatspolitik den totalen Anspruch des Systems von den nach ganz persönlicher Freiheit strebenden einzelnen Bürgern in der DDR unterscheiden. Die SED ruft dazu auf, den »Individualismus« zu überwinden und konsequent »die Kollektivität in den gesellschaftlichen Beziehungen zu verstärken«. Der einzelne soll ganz im Kollektiv, in der sozialistischen Gemeinschaft aufgehen. In der öffentlichen Sphäre, bei Versammlungen, Diskussionen, bei Begegnungen mit Fremden nehmen viele Bewohner der DDR auf diese Forderungen Rücksicht. Jeder weiß, wozu die Staatsmacht fähig ist. »Aufmüpfigkeit« wird rigoros bestraft. In der Privatsphäre hingegen triumphiert der »Individualismus«, will fast jeder seine ganz persönlichen Fähigkeiten und Neigungen, die ihn von anderen unterscheiden, entfalten und entwickeln. Das ist der Grundwiderspruch der Gesellschaft der DDR, den die SED mit Hilfe des Staatssicherheitsdienstes, der bewachten Mauer, aber auch mit wirtschaftlichen Belohnungen für Wohlverhalten lösen will. Es führt kein Weg an der Feststellung vorbei: Die Methoden der SED gleichen denen aller Diktaturen, sie bestehen aus »Bestrafung« und »Belohnung«. Betrachtet man das Schicksal politischer Häftlinge, der Bürger, die Ausreiseanträge gestellt haben, der DDR-Friedensbewegung, verschiedener Öko-Gruppen, kritischer Künstler u. a., so erkennt man, daß dieses Bild keine Verzeichnung der Realitäten aus der Zeit des Kalten Krieges ist, sondern die DDR-Wirklichkeit unter Erich Honecker trifft. Die Zeiten haben sich inzwischen nur insofern geändert, als die meisten Bewohner der DDR gelernt haben, die »Spielregeln« der SED zu beachten, sich anpassen können und auf die »Belohnung« in Form einer Verbesserung der wirtschaftlichen Lage hoffen. So haben es Partei- und Staatsapparat nur selten nötig, regelrechte Strafen anzuwenden, zu verhaften, zu maßregeln, zu bedrohen. Ein grober Fehlschluß wäre es, angepaßtes Verhalten mit Zustimmung zum Sozialismus, zur Diktatur der SED zu verwechseln.

Kennzeichen der von der Partei propagierten »sozialistischen Lebensweise« ist in Wirklichkeit nicht ein »Denken und Handeln« nach der sozialistischen Weltanschauung oder, wie die SED in der Beschreibung der »sozialistischen Nation DDR« behauptet, geänderte »Denk- und Verhaltensweisen, Sitten und Lebensgewohnheiten«, tatsächliches Kennzeichen der »sozialistischen Lebensweise« ist vielmehr die ursprünglich offen erzwungene, heute sowohl gewohnheitsmäßig ausgeübte als auch immer noch durch die vorhandenen Unterdrückungsinstrumente erzwungene Anpassung des einzelnen an die Regeln der Partei, untrennbar verbunden mit dem starken Drang, sich parteifreie Räume, private »Nischen« zu schaffen und zu erhalten. Persönliche Freundschaften und Nachbarschaftshilfe gewinnen so notwendigerweise in der DDR eine stärkere Bedeutung, als sie es in den freien offenen Gesellschaften des Westens haben, in denen der einzelne gegen Machtansprüche des Staates durch Grundrechte geschützt ist. In der »Diktaktur des Proletariats«, der Diktatur der SED, ist die private »Nische« der einzige Raum, der von der Partei nicht beeinflußbar ist und in dem das Verhalten des einzelnen damit nicht erzwungen werden kann. Deshalb hat die »Nische« im Leben der Menschen in der DDR einen so herausragenden Stellenwert. Ihr Vorhandensein zeigt nicht einen humanen Zug des Staates, sondern sie zeugt von der Stärke der einzelnen Personen gegenüber dem Staat.

Diese Besonderheiten sind zu beachten, wenn von der Gesellschaft der DDR, die eine moderne Industriegesellschaft in Deutschland unter den Bedingungen kommunistischer Parteiherrschaft ist, gesprochen wird. Wie weit der Einfluß der Partei reicht, wo Kollektivität durchgesetzt wurde und wo die Privatsphäre beginnt, wo der einzelne sich einen Freiraum behaupten konnte, das soll jetzt im Überblick und anhand einiger Beispiele verdeutlicht werden.

1. Die Bevölkerung

Die DDR hatte Ende 1986 16 639 877 Einwohner. Bei der Staatsgründung 1949 waren es 18 793 282 Personen gewesen. Der kontinuierliche Rückgang der Bevölkerung hat mehrere Ursachen. Zum einen kommt hier eine Tendenz zum Ausdruck, wie wir sie auch in der Bundesrepublik und in anderen Industriegesellschaften zu verzeichnen haben: Es überwiegen die Ehen mit nur einem Kind oder mit zwei Kindern. Die dadurch sich ungünstig entwickelnde Alterspyramide, die in beiden Staaten in Deutschland ohnehin durch die Kriegsfolgen ein ähnliches Bild aufweist, soll in der DDR durch Maßnahmen des Staates ins Gegenteil verkehrt werden. Erweiterter Mutterschutz, Beihilfen und Kredite, Bevorzugung bei der Wohnungsvergabe und das Babyjahr trugen dazu bei, daß die kontinuierlich sinkende Geburtenrate Mitte der siebziger Jahre wieder anstieg. Mit 245 132 Lebendgeburten wurde 1980 ein Höhepunkt erreicht. 1981 erreichte die Zahl der Kredite für junge Eheleute mit rund 94 000 ihren Höhepunkt. Doch die Bevölkerung folgt dem von der SED proklamierten »sozialistischen Drei-Kind-Familien-Ideal« nicht. Seit 1982 sinkt die Geburtenrate wieder. Die Zahl der Lebendgeborenen fiel bis auf 222 269 im Jahr 1986. Die Anzahl der Kredite für junge Eheleute sank bis 1985 auf rund 73 000 und wurde 1986 drastisch auf 111 600 erhöht.

Die entscheidende Ursache für den Rückgang der Bevölkerung lag jedoch in der Fluchtbewegung von Ost nach West. Genaue Zahlen liegen uns nicht vor. Viele Menschen waren im Nachkriegsdeutschland unterwegs auf der Suche nach einer neuen Heimat. Nicht alle ließen sich registrieren. Ab 1949 wurden Flüchtlinge aus dem sowjetischen Sektor Berlins und aus der DDR, die sich im Westen bei Behörden meldeten, statistisch erfaßt. 1950 trat in der Bundesrepublik das Notaufnahmegesetz in Kraft, und jene Personen, die zunächst in Notaufnahmelagern Unterbringung fanden, wurden registriert. Von der Staatsgründung der DDR 1949 bis zum Mauerbau 1961 zählte man so 2 686 942 Personen als »Antragsteller im Notaufnahmeverfahren«.

Registrierte Flüchtlinge aus der DDR und (Ost-)Berlin
Antragsteller im Notaufnahmeverfahren

1949*	129 245
1950	197 788
1951	165 648
1952	182 393
1953	331 390
1954	184 198
1955	252 870
1956	279 189
1957	261 622
1958	204 092
1959	143 917
1960	199 188
1961**	155 402

* Berlin ab Januar, Westdeutschland ab September
** bis 13. 8. 1961

Trotz hoher Geburtenraten ging in den Jahren von 1949 bis 1961 die Bevölkerungszahl der DDR von 18,8 Millionen auf 17,1 Millionen zurück. Im *Handbuch DDR* wird dieser Sachverhalt wie folgt beschrieben:

> »Die Phase der Bevölkerungsentwicklung von 1949 bis 1961 zeigt eine positive natürliche Bevölkerungsbewegung, einen Geburtenüberschuß sowie ein Nachlassen der unmittelbar kriegs- und nachkriegsbedingten Migrationen. Sie wurde aber vornehmlich bestimmt von der imperialistischen Spaltungspolitik, deren staatlicher Ausdruck die Gründung der BRD war. In außerordentlichem Umfang wurden Bürger der DDR von der BRD und von Westberlin aus zielgerichtet abgeworben. Da die Abwerbung insbesondere auf jüngere Personengruppen mit Facharbeiterausbildung sowie auf Fach- und Hochschulkader zielte, resultierten daraus erhebliche negative Folgen für die weitere Bevölkerungsentwicklung ... Mit der Sicherung der Staatsgrenze nach Westberlin war eine grundlegende Voraussetzung für eine kontinuierliche Bevölkerungsentwicklung gegeben.« (S. 56 ff.)

Mit Migration (Wanderung) wird hier die strafbare »Republikflucht« umschrieben, und angeblich sollen Gründung der und Abwerbung durch die Bundesrepublik verantwortlich für den Bevölkerungsverlust sein. Tatsache ist, daß sich viele beruflich gut qualifizierte junge Leute bessere persönliche und berufliche Entwicklungschancen im Westen Deutschlands erhofften und deshalb die DDR verließen. Die Hälfte der Flüchtlinge war jünger als 25 Jahre. Richtig ist freilich auch, daß dieser Verlust an qualifiziertem Nachwuchs durch den »Bau des antifaschistischen Schutzwalls«, wie die Mauer offiziell bezeichnet wird, unterbunden wurde. Der Mauerbau »sicherte« die DDR vor einem weiteren wachsenden Bevölkerungsverlust dadurch, daß die Flucht ein lebensgefährliches Bemühen wurde. Die Zahl der Flüchtlinge ging rapide zurück. Von 1949 bis zum Mauerbau 1961 waren 2,7 Millionen Bewohner der DDR nach Westen geflohen. Zwischen dem 14. August 1961 und dem 31. Dezember 1983 wurden nur noch 196 924 Flüchtlinge registriert. 1983 waren von 3614 Flüchtlingen nur 228 sogenannte »Sperrbrecher«, Personen, die unter Gefahr für Leib und Leben die bewachten Grenzanlagen überwanden.

Zahlenmäßig bedeutender sind seit dem Mauerbau die Übersiedler, womit Personen bezeichnet werden, die einen Ausreiseantrag von den DDR-Behörden genehmigt bekommen. Zwischen dem 1. 7. 1962 und dem 31. 12. 1983 wurden 263 273 Übersiedler registriert. 1984 war die Zahl der Ausreisegenehmigungen sprunghaft auf rund 35 000 gestiegen. 1985 kamen rund 18 000 Übersied-

Die Mauer in Berlin wird offiziell auch »moderne Grenze« genannt (Gesamtdeutsches Institut)

ler aus der DDR. Die Zahl der Ausreisewilligen ist unbekannt. Schätzungen der Zahl jener, die bereits bei den Behörden einen Antrag gestellt haben, schwanken zwischen einer viertel und einer halben Million.

Weder großzügige Genehmigungen wie 1984 noch staatliche Schikanen (Verlust des Arbeitsplatzes z. B.) haben bislang dazu geführt, daß die Bevölkerung der DDR sich »normal« entwickelt. Anders als die westeuropäischen Industriegesellschaften, anders auch als Ungarn oder Polen leidet die DDR seit ihrer Gründung an einem bedeutenden Bevölkerungsverlust durch Flucht oder Übersiedlung. Über drei Millionen ehemalige Bewohner der DDR leben heute in der Bundesrepublik und in West-Berlin. Sie stellen eine bedeutende Klammer zwischen beiden deutschen Staaten dar, weil die meisten von ihnen noch Verwandte »drüben« haben, weil die Neuankömmlinge im Westen das Problem »geteilter« Familien verstärken und weil von ihnen Vorgänge in der DDR mit besonderer Aufmerksamkeit beobachtet und die Entwicklung der innerdeutschen Beziehungen mit besonderem Interesse verfolgt werden. Innerhalb der mehr als 55 Millionen übrigen Bundesbürger ist ihre Zahl eher gering, für die in der DDR verbleibenden knapp 17 Millionen stellen sie ein bedeutsames Bindeglied zum Westen

Die Grenze bei Buttlar/DDR (Freigabe-Nr.: 274/82 vom Regierungspräsidenten in Kassel. Gesamtdeutsches Institut)

dar. Dieser Verlust von drei Millionen Einwohnern ist also nicht nur bevölkerungsmäßig bedeutsam, er hat darüber hinaus eine besondere gesellschaftliche und politische Bedeutung, nicht zuletzt auch für den Wunsch nach Wiedervereinigung.

2. Klassen und Schichten

Im *Kommunistischen Manifest* von 1848 unterschieden Karl Marx und Friedrich Engels im wesentlichen zwei Klassen nach der Art ihres Eigentums und ihrer Einkünfte: Bourgeoisie oder Kapitalistenklasse und Proletariat oder Arbeiterklasse. Die beiden Begründer des »wissenschaftlichen Kommunismus« sahen ein Fortschreiten des »Klassenkampfes« voraus, in dem schließlich das revolutionäre Proletariat den Sieg davontragen, Ausbeutung und Verelendung überwinden und den Sozialismus aufbauen würde. Lenin entwickelte diesen Gedanken weiter, indem er der Partei, dem »Vortrupp der Arbeiterklasse«, bei der sozialistischen Revolution eine Schlüsselrolle zuwies. Die Partei war es dann auch, die, angeleitet von sowjetischen Stellen, in der sowjetischen Besatzungszone Deutschlands einen grundlegenden Wandel der Gesellschaftsordnung durchführte. Das besitzende Bürgertum, die Grundbesitzer, die Anteilseigner von Kapitalgesellschaften, schließlich selbst kleine Handwerker und Bauern verloren ihren Besitz. Damit fand eine tiefgreifende Veränderung der gesellschaftlichen Struktur statt. Die Macht allerdings ging keinesfalls auf das »Proletariat« über, wie es Marx und Engels prophezeit hatten, vielmehr wurde sie bei der Parteiführung und ihrem Apparat zentralisiert.

Die Ideologie verlangt gleichwohl, daß das Proletariat als zahlenmäßig stärkste Klasse nunmehr auch zur »herrschenden« wird. So bedient sich die SED der schon erwähnten Formel, nach der die Interessen der Arbeiterklasse identisch mit den Interessen der Partei seien. Da zudem alle »Klassen und Schichten« in der DDR ein gemeinsames Staatsziel verwirklichen sollen, den Sozialismus, in dem das private Eigentum an den Produktionsmitteln (den Betrieben, Banken, Bauernhöfen usw.) »vergesellschaftet« wurde, gibt es nach der Theorie folglich keine »antagonistischen«, d. h. unüberbrückbaren Klassengegensätze mehr. Die DDR versteht sich deshalb als »Arbeiter- und Bauernstaat«, in dem die beiden »Grundklassen«, Arbeiter und Bauern, ein historisches Bündnis eingegangen sind. Daneben gibt es die »soziale Schicht der berufsmäßig Geistesschaffenden», also der Wissenschaftler, Ärzte, Lehrer, Künstler, Ingenieure usw. Schließlich existiert als »Nebenklasse«, einem »Überrest« aus der Zeit des Kapitalismus, noch begrenzt das private Handwerk. Sie alle sollen im Sozialismus gemeinsam ein historisches Bündnis eingehen und endlich in der klassenlosen kommunistischen Gesellschaft verschmelzen.

Das *Kleine Politische Wörterbuch* bescheibt die in der DDR existierenden Klassenverhältnisse wie folgt:

> »Die Klassen und Schichten der sozialistischen Gesellschaft stimmen in ihren gesellschaftlichen Grundinteressen mit den Grundinteressen der führenden Klasse der Gesellschaft, der Arbeiter-Klasse, überein, so daß sich auf dieser Grundlage unter Führung der marxistisch-leninistischen Partei der Arbeiter-Klasse eine enge Zusammenarbeit und politisch-moralische Einheit des Volkes herausbilden.« (S. 460)

Schon ein erster Vergleich dieser These mit der Realität zeigt, daß es in der DDR eine »politisch-moralische Einheit« in dieser Form nicht gibt. So liegt denn auch die Betonung auf angeblich übereinstimmenden *Grund*interessen. Unterschiede werden also eingeräumt, ihre Bedeutung wird allerdings heruntergespielt. Auch unterschiedliche Einkommen stehen nicht im Gegensatz zur Theorie, denn der Sozialismus verspricht nicht gleiche Einkommen, auch nicht jedem Bürger ein Leben nach seinen Bedürfnissen, sondern – wie es in Artikel 2 der DDR-Verfassung heißt – die Verwirklichung des Prinzips »jeder nach seinen Fähigkeiten, jedem nach seiner Leistung«. Die Gesellschaft der DDR soll also eine Leistungsgesellschaft ohne grundlegende Klassenunterschiede sein. Allerdings wird in den letzten Jahren verstärkt eingeräumt, daß sich die Menschen durch bestimmte Merkmale, wie Stellung im Arbeitsleben, Art der Arbeit, Bildungsgrad, kulturelle und allgemeine Lebensbedingungen, durchaus unterscheiden. Es sind also weder in der Theorie noch in der Praxis alle Bürger der DDR »gleich«, vielmehr gibt es Unterschiede, die jedoch nur in einigen Bereichen offen dargelegt werden. Zu diesen zugegebenen Differenzierungen gehören die Einkommensunterschiede.

Die Staatliche Zentralverwaltung für Statistik gibt im *Jahrbuch 1987* einige Daten an (S. 105–118). Danach stieg das durchschnittliche Monatsnettoeinkommen in »Arbeiter- und Angestelltenhaushalten« von 1031 Mark (1970) auf 1490 Mark (1980) und erreichte schließlich 1746 Mark (1985). Für das Jahr 1985 gilt folgende Aufstellung:

Haushaltsnettoeinkommen (Arbeiter- und Angestelltenhaushalte) in Mark der DDR

unter 800	800–1000	1000–1200	1200–1400	1400–1600	1600–1800	1800–2000	2000–2200	2200– und darüber
6,5 %	6,8 %	6,9 %	8,5 %	13,0 %	15,6 %	13,3 %	9,4 %	20,0 %

Eine weitere Differenzierung zeigt, daß 38 % aller 1-Person-Haushalte weniger als 800 Mark, 28,8 % aller 4-Personen-Haushalte 2200 Mark und mehr Monatseinkommen haben.

Diese Zahlen sagen nichts über den Lebensstandard aus, sie weisen lediglich auf eine nicht unerhebliche Differenzierung dieser Einkommen hin. Besonders auffällig ist in der DDR die in dieser Übersicht nicht mit berücksichtigte Höhe der Renten. Sie belaufen sich im Durchschnitt auf nur 30 % der vorigen Arbeitseinkommen. Rentner sind wirtschaftlich stark benachteiligt; viele müssen sich durch Nebentätigkeiten etwas dazuverdienen.

Der Lebensstandard wird erst erkennbar, wenn man betrachtet, was sich der einzelne für sein Geld leisten kann. Das Deutsche Institut für Wirtschaftsforschung in (West-)Berlin kam bei einem Vergleich der Realeinkommen, bei dem die Kaufkraftunterschiede berücksichtigt wurden, zu dem Ergebnis, daß in der DDR gegenüber der Bundesrepublik ein tatsächlicher Einkommensrückstand von 53 % vorhanden ist. So kann es nicht erstaunen, daß die Haushalte in der Bundesrepublik reicher mit Autos, Farbfernsehgeräten, Vollwaschmaschinen, Telefonen usw. ausgestattet sind. Bei den Konsumartikeln ist vor allem die Qualität im Westen erheblich besser. Aber auch die verbreitete Annahme, Grundnahrungsmittel seien in der DDR »billig« oder zumindest »billiger«, ist fragwürdig: zum einen, weil bestimmte Dinge, die die DDR einführen (und deshalb mit Devisen bezahlen) muß, wie Kaffee, Kakao, Südfrüchte u. a., kurzerhand als Luxusartikel eingestuft werden. Ihr Genuß ist nicht selbstverständlich, sondern tatsächlich ein hoch zu bezahlender und – im Falle von Apfelsinen oder Bananen etwa – häufig gar nicht erreichbarer Luxus; zum anderen ergibt ein Vergleich der zum Kauf einer Ware aufzuwendenden Arbeitszeit, daß selbst solche Grundnahrungsmittel wie Milch, Butter, Margarine, Zucker und Fleisch in der DDR verhältnismäßig teurer sind als in der Bundesrepublik. Billiger sind im Bereich der Grundnahrungsmittel tatsächlich lediglich Graubrot und Kartoffeln.

Mangelware Frischobst (dpa)

Der Traum vom Auto

Wer in der DDR ein Auto haben will, gibt bei einem Autohaus eine Bestellung auf. Er bekommt ein Zertifikat mit seinem Namen und seiner Adresse und obendrauf einen Stempel, der auch das Datum der Bestellung beglaubigen soll. Nach etwa zehn Jahren, um eine Durchschnittszahl zu nennen, wird er benachrichtigt, daß sein Fahrzeug eingetroffen ist. Benachrichtigt und beliefert wird, wenn alles seinen ordentlichen Gang geht, in der Reihenfolge der Bestellungen. Dann bezahlt der Kunde.

Der Traum vom Auto bleibt in der DDR einer der meistgeträumten. Und er erfaßt auch Parteigenossen wie jenen Mann, den ich auf einer Reportagefahrt in Thüringen traf. Wir diskutierten wie häufig mit Funktionären außerhalb Ost-Berlins über Frieden und Abrüstung und wie häufig aneinander vorbei. Bis er nach dem dritten Bier unvermittelt fragte: »Sagen Sie mal, ist das tatsächlich so, daß Sie bei sich im Westen einfach in ein Autogeschäft gehen, dort einen Wagen kaufen und gleich mitnehmen können?«

(aus: Eckart *Bethke:* Trabbis, Ladas und Genossen. In: W. *Filmer,* H. *Schwan,* a.a.O., S. 57–64. [Zitate S. 62–64])

Billig sind durchweg die Mieten, wobei allerdings sowohl die Qualität der Wohnungen als auch ihre Größe nicht zufriedenstellend ist. Die SED hat deshalb die »Lösung des Wohnungsproblems« zur zentralen wirtschafts- und sozialpolitischen Aufgabe erhoben, ohne indessen aus den Bausünden, die in den 60er und 70er Jahren in der Bundesrepublik begangen wurden, zu lernen und ohne den einzelnen Familien angemessenen Wohnraum zuzubilligen. Die Neubaugebiete in der DDR sind durchweg eintönig, die Wohnungen verhältnismäßig beengt. Im Vergleich zu den sehr schlecht erhaltenen Altbauwohnungen stellen sie jedoch eine deutliche Verbesserung dar, weshalb die meisten Bürger eine Neubauwohnung vorziehen. Mittlerweile hat ein Trend zu renovierten Altbauwohnungen eingesetzt.

Billig sind ebenfalls Dienstleistungen, wie z. B. öffentliche Verkehrsmittel, Strom, Postgebühren. Kostenlos ist die medizinische Versorgung, deren Stand jedoch erheblich hinter dem westlicher Länder hinterherhinkt. Das gilt auch für die Qualität von Medikamenten. Von der Bevölkerung wird jedoch der Wegfall von Kosten als wichtige soziale Errungenschaft gewürdigt. Dabei spielen häufig auch ganz abwegige Vorstellungen über das Gesundheitswesen in der Bundesrepublik eine Rolle, von dem mancher Bewohner der DDR meint, es mache einen Krankenhausbesuch für den »normalen Bürger« schlicht unerschwinglich.

Außerordentlich kostspielig sind Industriewaren aller Art.

Ein Vergleich der Verbraucherpreise und der zum Kauf aufzuwendenden Arbeitszeit, der Verbrauchsausgaben privater Haushalte, ihrer Ausstattung mit langlebigen Konsumgütern und des Pro-Kopf-Verbrauchs von Nahrungs- und Genußmitteln ergibt für die beiden deutschen Staaten folgendes Bild:

Verbraucherpreise und Kaufkraft 1985

Waren bzw. Leistungsart	Mengeneinheit	Einzelhandelspreise, Gebühren und Tarife (Jahresmitte 1985)	Zum Kauf erforderliche Arbeitszeit [1]	
Industriewaren		in DM bzw. M	Stunden : Minuten	
Herrenoberhemd, Kunstfaser, einf. Qualität	Stück	20,— / 41,—	1:22	7:19
Herrenstraßenschuhe, Anilinleder	Paar	79,90 / 134,50	5:26	24:01
Herrenanzug, einf. Qualität Mischgewebe	Stück	159,— / 390,—	10:49	69:38
Damenfeinstrumpfhose [2] mittl. Qualität	Stück	2,99 / 15,80	0:12	2:49
Damenkleid Mischgewebe	Stück	69,50 / 174,50	4:44	31:10
Kinderhalbschuhe, Rindleder, Gummisohle	Paar	37,95 / 41,20	2:35	7:21
Bettwäsche, Baumwolle	Garnitur	39,95 / 119,50	2:43	21:20
Teppichauslegeware, synthetisch	m^2	20,90 / 69,—	1:25	12:19
Rundfunk-Kassetten-Recorder mit Netzteil	Stück	199,95 / 1 160,—	13:36	207:09
Farbfernsehgerät, Pal/secam [3]	Stück	1 199,— / 5 650,—	81:34	1008:56
Waschvollautomat [4]	Stück	869,50 / 2 750,—	59:09	491:04

Kühlschrank 5)	Stück		1 525,—	29:54	272:19
Boden-Staubsauger, mittl. Ausführung	Stück	198,95	460,—	13:32	82:09
Personenkraftwagen 6)	Stück	10 210,—	24 500,—	694:33	4375:00
Benzin (92/96 bzw. 94 Oktan)	1 l	1,39	1,65	0:06	0:18
Dienstleistungen					
Elektrischer Strom 7)	75 kWh	29,30	7,50	2:00	1:20
Eisenbahnwochenkarte 2. Klasse	15 km	26,—	2,50	1:46	0:27
Straßenbahn-, Busfahrt	1 Fahrt	1,93	—,20	0:08	0:02
Briefporto, Fernverkehr	20 g-Brief	—,80	—,20	0:03	0:02
Ton- und Fernseh-Rundfunkgebühr	monatl.	16,25	10,05	1:06	1:48
Tageszeitung, Abo	monatl.	18,83	3,60	1:17	0:39
Herren-Formhaarschnitt	einmal	11,25	1,90	0:46	0:20
Besohlen von Herrenschuhen 8)	einmal	28,—	12,—	1:54	2:09

1) Unter Zugrundelegung des durchschnittlichen Nettostundenlohnes eines Arbeitnehmers je geleisteter Arbeitsstunde von 14,70 DM in der Bundesrepublik Deutschland und 5,60 M in der DDR im Jahre 1985.
2) Kräuselkrepp bzw. Dederon-Silastik.
3) Bundesrepublik Deutschland: 56 cm Bildröhre, DDR: 61 cm.
4) Bis 4,5 kg Trockenwäsche, 800 Umdr./min. Schleuderleistung.
5) Bundesrepublik Deutschland: 160 l; DDR: 170 l, beide mit Abtauautomatik und *** Tiefkühlfach.
6) Lada Nova, 1500 ccm.
7) Einschl. monatlicher Grundgebühr für eine 3-Raum-Wohnung.
8) Gummisohlen und Absätze.

Verbraucherpreise und Kaufkraft 1985

Waren bzw. Leistungsart	Mengen-einheit	Einzelhandels-preise, Miete (Jahresmitte 1985)		Zum Kauf erforderliche Arbeitszeit [1]	
Nahrungs- und Genußmittel		in DM bzw. M		Stunden : Minuten	
Mischbrot, dunkel	1 kg	2,99	,70	0:12	0:07
Weizenmehl, Typ W 405	1 kg	,79	1,—	0:03	0:11
Zucker, Raffinade	1 kg	1,72	1,59	0:07	0:17
Butter	1 kg	8,76	9,20	0:36	1:39
Delikateß-Margarine	1 kg	3,96	4,—	0:16	0:43
Eier, Klasse A 4	10 Stück	2,39	3,40	0:10	0:36
Trinkvollmilch, verpackt [9]	1 l	1,21	0,66	0:05	0:07
Käse, 40-45 % Fett i. Tr., Gouda	1 kg	12,80	9,60	0:52	1:43
Schweineschnitzel	1 kg	14,99	10,—	1:01	1:47
Mettwurst, [illegible]	1 kg	12,50	[illegible]	0:51	1:13

Makrele geräuchert	1 kg	[illegible] / 3,44	0:36	0:37
Kartoffeln [10], abgepackt	5 kg	4,42 / 0,90	0:18	0:10
Wirsingkohl [11]	1 kg	1,65 / 1,—	0:07	0:11
Äpfel, inländisch, mittlerer Güte [11]	1 kg	2,15 / 1,40	0:09	0:15
Zitronen	1 kg	3,82 / 5,—	0:16	0:54
Vollmilch-Schokolade mit Nuss	100 g	0,89 / 3,85	0:04	0:41
Bohnenkaffee, mittlere Sorte	250 g	5,25 / 25,—	0:21	4:28
Bier, einf. Qualität	0,5 l	0,66 / 0,98	0:03	0:10
Deutscher Weinbrand, 38 %	0,7 l	13,99 / 30,—	0:57	5:21
Filterzigaretten, gängige Sorte	20 Stück	3,47 / 3,20	0:14	0:34
Mieten				
2 Zimmer-Neubau mit K, D, B, Zentralheizung. (Kaltmiete)	monatl.	390,— / 75,—	26:32	13:24

9) Bundesrepublik Deutschland: 3,5 % Fettgehalt; DDR: 2,2 % Fettgehalt.
10) Bundesrepublik Deutschland: Jahresdurchschnittspreis, Handelsklasse 1; DDR: Stand Oktober, Preis für Ost-Berlin.
11) Saisonabhängiger Preis

Quellen: 2 (1986); 7 (Fachserie 17, Reihe 7); 55; Pressemeldungen; Berechnungen des DIW Berlin

Ausgaben privater Haushalte 1984 in %

4-Personenhaushalte - nur Arbeitnehmer

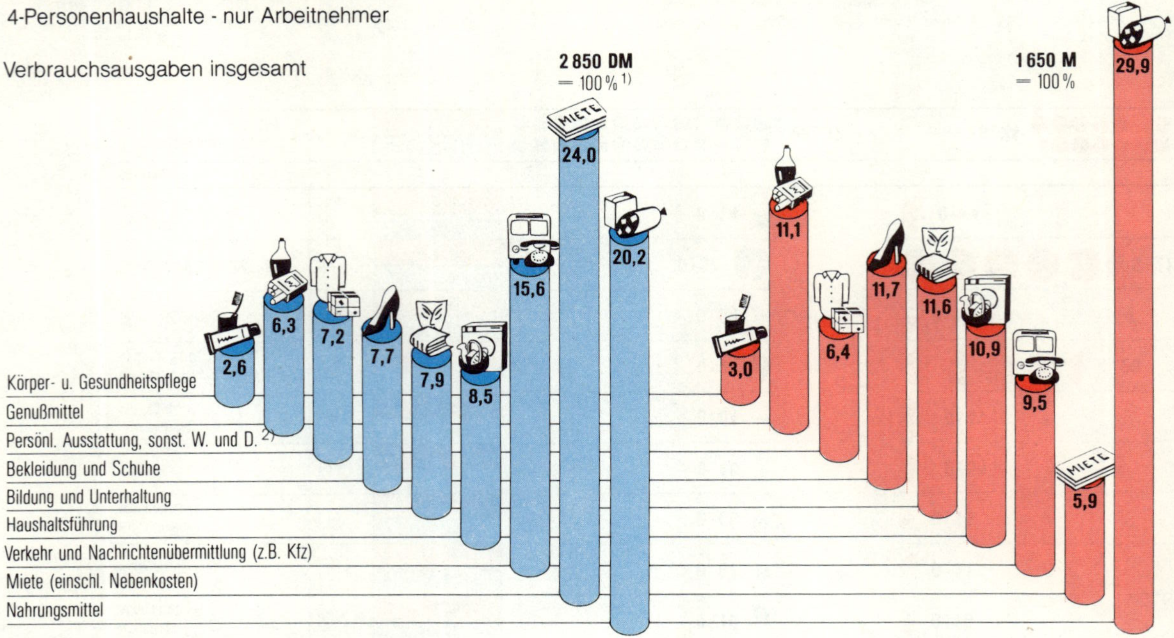

1) Haushalte mit mittlerem Einkommen.
2) W. und D. = Waren und Dienstleistungen.

Quellen: 2 (1986); 55

Bestand an langlebigen Konsumgütern 1985 je 100 Haushalte

Bei einem zahlenmäßigen Vergleich des Pro-Kopf-Verbrauchs und des Bestandes an langlebigen Konsumgütern in privaten Haushalten der Bundesrepublik Deutschland und der DDR können Qualitätsunterschiede, die außer bei Waren auch bei Leistungen des Einzelhandels und der Reparaturstellen vorhanden sind, nicht berücksichtigt werden. Das gleiche gilt für die immer wieder auftretenden zeitlichen und regionalen Lücken im Warenangebot und in der Warenanlieferung bei der Versorgung in der DDR.

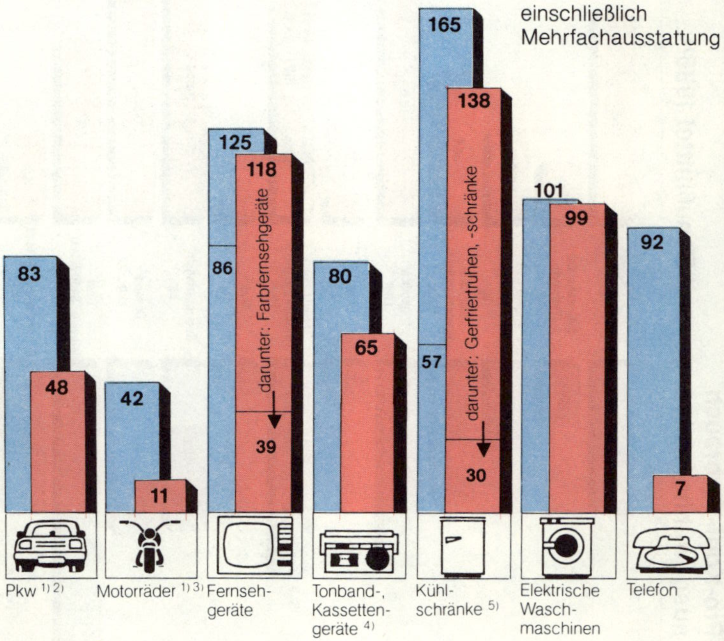

1) Ohne gewerblich bzw. von Verwaltungen genutzte Fahrzeuge.
2) Einschließlich Kombiwagen.
3) Einschließlich Motorroller, Mopeds und sonstiger Kleinkrafträder.
4) Einschließlich in Kombination mit anderen Geräten der Unterhaltungselektronik.
5) Einschließlich Gefriergeräte und Kühl-Gefrierkombinationen.

Quellen: 2 (1986); 7; G. & J. Nürnberg; Berechnungen und Schätzungen des DIW Berlin

Pro-Kopf-Verbrauch ausgewählter Nahrungs- und Genußmittel 1985[1)]

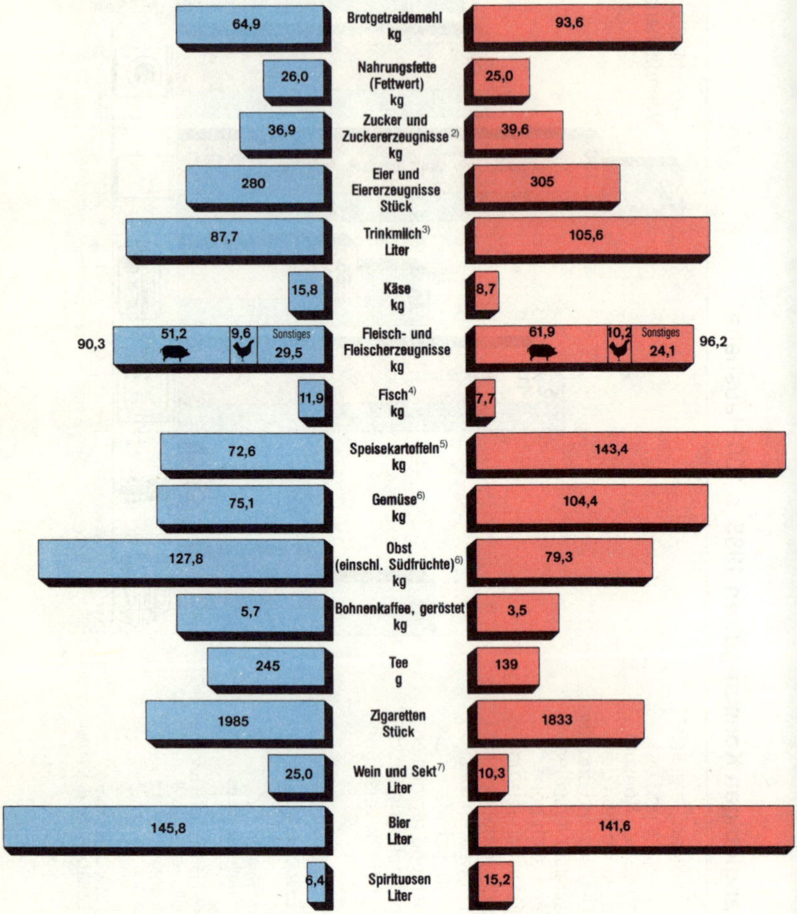

1) Bundesrepublik Deutschland vereinzelt auch Wirtschaftsjahre 1984/85 bzw. 1985/86.
2) Umgerechnet auf Weißzucker.
3) DDR: 2,5 % Fettgehalt. Bundesrepublik Deutschland: Einschließlich Sauermilch- und Milchmischgetränke.
4) Bundesrepublik Deutschland: Fanggewicht. DDR: Einschließlich Fischereierzeugnisse; effektives Warengewicht.
5) Ohne weiterverarbeitete Kartoffeln für Stärkeerzeugnisse.
6) In Frischgewicht; einschließlich Weiterverarbeitung.
7) DDR: Nur industrielle Herstellung.
Quellen: 1 (1986); 2 (1986); 7

Zu den Unterschieden der sozialen Schichten in der DDR gehört auch die »Stellung und Funktion im gesellschaftlichen Reproduktionsprozeß«, also die Stellung im Arbeitsleben und die Art der Arbeit. Statistisch erfaßt man dies im Rahmen der sozialökonomischen Struktur der Bevölkerung. Danach werden in der DDR für das Jahr 1986 insgesamt 8938000 Berufstätige unterteilt in verschiedene Gruppen. Die größte Gruppe bilden mit 7945000 (= 89%) die »Arbeiter und Angestellten«, gefolgt von 815000 (= 9%) Mitgliedern von Produktionsgenossenschaften. Von den 2% der übrigen Berufstätigen entfallen 1,2% auf das private Handwerk (109600), 0,1% auf freiberuflich Tätige (11800), 0,4% auf private Groß- und Einzelhändler (37700) und 0,1% auf Einzelbauern und private Gärtner (5900).

37,9% aller Berufstätigen sind in der Industrie beschäftigt, 21,1% im nichtproduzierenden Bereich, 10,8% in der Land- und Forstwirtschaft, 10,3% im Handel.

Deutlich erkennbar ist, welche untergeordnete Rolle noch »alte Nebenklassen«, wie z. B. die Handwerker, spielen. Allerdings ist anzumerken, daß gerade die Zahl der privaten Handwerksbetriebe in der DDR seit 1975 wieder kontinuierlich zunimmt. Sie stieg von 8418 im Jahr 1975 auf 12199 im Jahr 1986. Ursache ist die Einsicht der Partei- und Staatsführung, daß das private Handwerk flexibler und besser auf die Wünsche der Kunden reagieren kann. Ungarn war hier Vorreiter im Ostblock, die UdSSR folgt jetzt diesem Trend. Marxistisch ist dieses Vorgehen keinesfalls erklärbar, wohl aber pragmatisch.

89% der Bevölkerung der DDR sind also nach offizieller Angabe »Arbeiter und Angestellte«. Hier zeigt sich deutlich die begrenzte Aussagefähigkeit der DDR-Statistik. Wenn knapp 90% der Bevölkerung unter einem Oberbegriff soziologisch erfaßt werden, so macht dies nur in einer Hinsicht Sinn: wenn nämlich dadurch der ideologische Anspruch statistisch »belegt« werden soll, daß die voll entwickelte sozialistische Gesellschaft sich auf dem Wege zur klassenlosen kommunistischen Gesellschaft befindet. So werden denn die beträchtlichen Unterschiede zwischen Arbeitern, Facharbeitern, Angestellten, leitenden Angestellten usw. verwischt.

Dabei ist offenkundig und von jedermann jederzeit in der DDR überprüfbar, daß es beträchtliche soziale und wirtschaftliche Unterschiede zwischen einem SED-Funktionär auf der Leitungsebene und einem Arbeiter, einem Offizier der Nationalen Volksarmee und einem »Bausoldaten« (also Kriegsdienstverweigerer), einem Theologen und einem Geschichtsprofessor, einem LPG-Bauern und einem Handwerker gibt.

Wichtigstes Unterscheidungsmerkmal ist die Zugehörigkeit zu den Leitungskadern der SED. Die Nomenklatura, wie die Gruppe der Funktionäre im Ostblock auch bezeichnet wird, ist die »herrschende Klasse«. Sie verdient mehr Geld, sie erhält bessere Wohnungen, kann sich Autos leisten und erhält sie auch problemlos zugeteilt, ihr stehen eigene Geschäfte und Krankenhäuser zur Verfügung, für sie sind ständig Tische in Restaurants reserviert, sie erhält Zugang zu westlichen Druckerzeugnissen, sie kann freier reisen usw. Diese herrschende Klasse ist ihrerseits wieder unterteilt in die politische Führung, leitende Kader und einfache Kader. Unabhängig und eigenständig ist nur die politische Führung. Sie unterliegt kaum Beschränkungen und sondert sich deshalb auch völlig von der übrigen Bevölkerung ab. Ihre Villen am Wandlitzsee bei Berlin und ihre Ferienbungalows an der Ostsee sind von der Öffentlichkeit abgeschirmt. Sie sind keinem Richter unterworfen, sie müssen sich nicht verantworten. Abhängig sind sie im wesentlichen nur von der Unterstützung durch die Sowjetunion und der Beachtung gewisser Spielregeln untereinander. So gilt es für alle, eine bestimmte Rangfolge zu beachten. Sie kritisieren sich gegenseitig nicht öffentlich, und sie dürfen natürlich von der Öffentlichkeit auch nicht kritisiert werden. Sie bestimmen, wer in der Nomenklatura aufsteigt und wer ausgeschlossen bleibt. Sie befördern und degradieren.

Wichtigstes Kennzeichen der herrschenden Klasse ist ihre Macht, ihre Verfügungsgewalt über die Staatsorgane und ihr Informationsmonopol. Nur sie haben Zugang zu allen verfügbaren Informationen. Nach unten hin gibt es ein fein abgestimmtes System der Privilegien. Das gilt gleichermaßen für die Reisefreiheit wie natürlich auch für den Zugang zu materiellen Vorteilen.

Die Masse der Bewohner der DDR ist folglich von der Herrschaftsausübung ausgeschlossen. Materielle Vorteile kann sie sich jedoch begrenzt auch auf verschiedenen anderen Wegen beschaffen.

So gilt, daß mancher private Handwerker ein höheres Einkommen hat, über Haus, Datsche (Ferienhaus) und Auto(s) verfügt, und damit mehr besitzt als ein einfacher Nomenklatur-Kader. Allerdings hängt die materielle Sicherheit des Handwerkers auch davon ab, daß er sich mit den Herrschenden gut stellt.

Materielle Vorteile in bescheidenem, aber von der Bevölkerung hoch geschätztem Maße besitzt, wer über West-Währung verfügt Der Besitz von DM, in den man über Verwandte aus der Bundesrepublik gelangt, gewährt einem Zugang zum Warenangebot der Intershops. Hier kauft man Westwaren für Westgeld, und das ver-

Lange Schlangen bildeten sich am 15. 4. 1979 vor Intershop-Läden nach der Bekanntgabe, daß ab 16. 4. nicht mehr mit Westgeld, sondern nur noch mit Gutscheinen eingekauft werden kann. (dpa)

mittelt dem einzelnen das Bewußtsein gesteigerten Lebensstandards.

Die materiell stark benachteiligten Rentner sind in anderer Hinsicht wieder deutlich privilegiert: Sie dürfen frei reisen, vorausgesetzt, sie können es sich finanziell leisten bzw. erhalten entsprechende Unterstützung von Verwandten und Freunden im Westen. Rentner können auch frei ausreisen, in die Bundesrepublik übersiedeln. Vor allem diese Freiheit zu reisen wird als bedeutendes Privileg von der Gesellschaft empfunden, das mit den Rentnern in der Tat nur die Leitungskader gemeinsam besitzen.

Macht und Einfluß, unterschiedlich gut funktionierende »Beziehungen«, Reisefreiheit und Westgeldbesitz sind Merkmale für eine gesellschaftliche Differenzierung. Konfliktstoff liegt hierin insofern, als es für sie keine garantierte Form des Erwerbs, etwa durch Leistung, gibt. Dies gilt auch für den gesellschaftlichen Aufstieg. In der Anfangsphase der DDR wurden Unterprivilegierte gefördert, steigerte der Staat durch verschiedene Maßnahmen den Arbeiteranteil an den Studenten und am Leitungspersonal. Unter Honecker hat in zunehmendem Maße eine gesellschaftliche Stagnation eingesetzt. Leitungskader wollen ihre Positionen für ihre Kinder erhalten. Dies führt zwangsläufig dazu, daß anderen Chancen genommen werden. Privilegien und sozialer Aufstieg werden in der DDR von der herrschenden Klasse verwaltet; sie sind nur sehr begrenzt durch Leistung zu erwerben; sie werden letztlich »von oben« gewährt oder verweigert.

3. Familie, Jugend, Erziehung und Bildung

Partei- und Staatsführung zählen die Jugendpolitik zu ihren wichtigsten Aufgaben. Dies ist verständlich, wenn man bedenkt, daß der Sozialismus die Vorstufe zur »lichten Zukunft der Menschheit«, dem Kommunismus, sein soll. Da alles Handeln auf dieses Ziel gerichtet ist, kommt es natürlich entscheidend darauf an, die Jugendlichen für den Kommunismus zu gewinnen. Sie sollen das Werk fortsetzen und vollenden.

Da der Jugendliche in der Regel bei seinen Eltern lebt, muß die Familie in dieses Konzept mit eingebunden werden. Infolgedessen wurde die Aufgabe der Familie im Sozialismus neu bestimmt. Dies geschah 1965 im Familiengesetzbuch der DDR. In ihm wird zunächst die Familie als »kleinste Zelle der Gesellschaft« bezeichnet. Dann wird deutlich gemacht, daß sich durch die politischen, wirtschaftlichen und sozialen Veränderungen in der DDR auch die Rolle der Familie gewandelt hat. In der Einleitung zum *Familiengesetzbuch* heißt es hierüber:

> »Mit dem Aufbau des Sozialismus entstanden gesellschaftliche Bedingungen, die dazu führen, die Familienbeziehungen von den Entstellungen und Verzerrungen zu befreien, die durch die Ausbeutung des Menschen, die gesellschaftliche und rechtliche Herabsetzung der Frau, durch materielle Unsicherheit und andere Erscheinungen der bürgerlichen Gesellschaft bedingt waren.
>
> Mit der sozialistischen Entwicklung der Deutschen Demokratischen Republik entstehen Familienbeziehungen neuer Art.«

Diese »Familienbeziehungen neuer Art« haben Auswirkungen auf die Erziehung der Kinder, indem Staat und Gesellschaft in sie voll mit einbezogen sind. Paragraph 3 des Familiengesetzes beschreibt die Forderungen des Staates:

> »Es ist die vornehmste Aufgabe der Eltern, ihre Kinder in vertrauensvollem Zusammenwirken mit staatlichen und gesellschaftlichen Einrichtungen zu gesunden und lebensfrohen, tüchtigen und allseitig gebildeten Menschen, zu aktiven Erbauern des Sozialismus zu erziehen.
>
> Die Erziehung der Kinder ist zugleich Aufgabe und Anliegen der gesamten Gesellschaft.«

Staatliche Institutionen und gesellschaftliche Organisationen greifen also in die Erziehung ein, weil der ideologische Erziehungsauftrag nur von ihnen konsequent durchgeführt werden kann, während Eltern diesen in der Regel nicht erfüllen, und weil die Frauen wegen ihrer hohen Berufstätigkeit ihre traditionelle Rolle bei der Kindererziehung nicht übernehmen können. Es sind in diesem Fall tatsächlich die Bedingungen der Industriegesellschaft in der DDR, es sind relativ lange Arbeitszeiten, Berufstätigkeit beider Ehepartner, Schichtdienst usw., die es dem Staat ermöglichen, Kinder und Jugendliche länger unter der eigenen Aufsicht zu haben und damit erzieherisch auf sie einzuwirken. Da aber ungeachtet aller ideologischen Vorgaben die Eltern nach wie vor in der Erziehung der Kinder die wichtigste Funktion ausüben, hat der Staat seine Haltung dieser Tatsache wieder angepaßt. Seit einigen Jahren wird die hohe Verantwortung der Eltern herausgestellt und werden Angebote zur besseren Zusammenarbeit zwischen Staat und Familie gemacht.

Die Rolle der Frau hat sich aus mehreren Gründen gewandelt. Das geht zurück auf die ideologisch begründeten Forderungen von Friedrich Engels und besonders der deutschen Kommunistin Clara Zetkin. Sie forderte nicht nur die vollständige Gleichstellung beider Geschlechter, die Aufteilung der Hausarbeit zwischen Mann und Frau, die Berufstätigkeit der Frau, sondern auch die Wahrnehmung der Pflege und Erziehung der Kinder durch den Staat. Diese Leitvorstellungen standen bei der Frauenpolitik der SED Pate. So wurde durch gezielte Maßnahmen der Anteil weiblicher Studenten angehoben, von 19,2 % im Jahre 1950 auf 48,7 % im Jahre 1980. Die Berufstätigkeit der Frauen stieg aufgrund der Nachfrage auf dem Arbeitsmarkt stark an. Auf die Nachfrage wirkte sich besonders zwischen 1949 und 1961 der Bevölkerungsrückgang durch die Flucht in den Westen aus. 1986 waren 49,1 % aller Berufstätigen Frauen. Allerdings änderte sich kaum die geschlechtsspezifische Einstellung bei der Berufswahl, wenngleich hier Sachzwänge mitwirken. Noch heute streben die Mehrheit der Jungen Berufe in den Bereichen Elektrotechnik, Elektronik, Metallverarbeitung, Bau- und Verkehrswesen, Post sowie im Handwerk an, während Mädchen in der Lehre und Erziehung, der Textilverarbeitung, in den Bereichen Bekleidung, Gesundheitswesen und Dienstleistungen tätig sein wollen. Die sozialistische Erziehung hat bislang ihr Ziel verfehlt, dieses geschlechtsspezifische Verhalten aufzulösen.

Auch die Gleichberechtigung der Frau, wenngleich in der Verfassung verankert und von der SED gefordert, ist nicht voll verwirklicht. Die Hauptsache hierfür liegt bei dem nur schwer wandelbaren Rollenverhalten. Ein Scherz beschreibt die Rolle des Mannes bei der Hausarbeit als »die drei F«: Filzpantoffeln, Fernsehen und Flaschenbier. Die SED selbst geht ebenfalls nicht mit gutem Beispiel voran. In leitenden Funktionen sind Frauen nicht anzutreffen. Im Ministerrat gibt es nur eine Frau. Margot Honekker, die Ehefrau des SED-Generalsekretärs, bekleidet das Amt des Ministers für Volksbildung.

Geänderte Einstellungen sind in der jungen Generation feststellbar, allerdings nicht aufgrund der Erziehungsarbeit oder Vorbildrolle des Staates.

Starke Veränderungen hat es hingegen in zwei Bereichen gegeben, bei denen der Staat durch seine Gesetzgebung einen Wandel förderte. Das gilt einmal für die Ehescheidung. Kamen 1955 auf 1000 Einwohner 8,7 Eheschließungen und 1,4 Ehescheidungen im Jahr, so waren es 1985 auf 1000 Einwohner 8,3 Eheschließungen und 3,2 Ehescheidungen. In absoluten Zahlen ausgedrückt: 1986 gab es in der DDR 137 208 Eheschließungen und 52 439 Scheidungen. Jährlich neue Rekordzahlen führten dazu, daß der Staat durch Gerichte und gesellschaftliche Organisationen versucht, den Entschluß von Eheleuten, sich zu trennen, rückgängig zu machen. So wird beispielsweise trotz eines eindeutigen Willens beider Eheleute der Vollzug der Scheidung um ein Jahr verschoben. Erfolge sind nicht erkennbar. Der Trend hält an. Ursache für die hohe Scheidungsrate ist u. a. das relativ jugendliche Alter bei der Eheschließung. Das durchschnittliche Alter der Männer lag 1983 bei 23,7 Jahren, das der Frauen bei 21,6 Jahren. Dabei spielt eine Rolle, daß junge Erwachsene nur eine geringe Chance haben, eine eigene Wohnung zu bekommen, junge Familien hingegen eine weitaus größere; hinzu kommen weitere materielle Vorteile.

Die andere nennenswerte starke Veränderung hat es im Bereich der Abtreibungen gegeben. Seit 1972 ist es durch das »Gesetz über die Unterbrechung der Schwangerschaft« innerhalb von zwölf Wochen jeder Schwangeren gestattet abzutreiben. Zahlen werden nicht veröffentlicht. Aber die erkennbare Praxis läuft dem Wunsch der Partei zuwider, die Drei-Kind-Familie besonders zu fördern. Ärzte sind deshalb aufgefordert, auf Frauen einzuwirken, damit diese den Wunsch nach einem Schwangerschaftsabbruch aufgeben.

Insgesamt wünschen sich die meisten Ehepartner in der DDR nur ein bis zwei Kinder.

Die Familienforschung in der DDR wies Anfang der 80er Jahre besorgt auf die starke Zunahme der nichtehelichen Geburten hin. Jedes vierte Kind wurde unehelich geboren. Obwohl dies offiziellen Moralvorstellungen zuwiderläuft, nach denen nichteheliche Partnerschaften negativ zu beurteilen sind, hält dieser Trend an. Man kann in ihm durchaus auch ein Merkmal für die jetzt stattfindende Selbstemanzipation der Frau sehen.

Negativ auf die Familienbeziehungen wirkt sich die hohe zeitliche Beanspruchung von Mann und Frau durch berufliche Arbeit und die zusätzliche von Partei und Staat geforderte »gesellschaftliche Tätigkeit« aus. Wohnungsprobleme, Versorgungsengpässe und ein qualitativ unzureichendes Dienstleistungsangebot verschärfen diese Situation.

Insgesamt ist die Familie nach wie vor Leitbild für die Mehrheit der Deutschen in der DDR. Die Gründung einer eigenen Familie gehört zu den Wunschvorstellungen der meisten Jugendlichen. Sie haben auch überwiegend ein positives Verhältnis zu ihren Eltern. Die Familie ist ein Ort der Geborgenheit, in den sich jeder zurückziehen kann. Dies wird maßgeblich gefördert durch den Versuch des Staates, den einzelnen im Kollektiv gleichsam »aufzuheben«. Das bedeutet auch, daß die politischen, sozialen und beruflichen Vorstellungen der Eltern auf das Kind prägend wirken. Eine Folge hiervon ist, daß die Eltern die Berufswahl maßgeblich beeinflussen und damit Vorstellungen des Staates stören. Die Realität ist also weit vom sozialistischen Ideal entfernt. Gleichwohl können der einzelne Bürger und die Familie ihre Vorstellungen nur in dem Rahmen verwirklichen, den der Staat zieht. Ein Beispiel hierfür ist die Jugendweihe.

Sie wurde 1955 als besonderes Mittel zur Erziehung sozialistischer Persönlichkeiten eingeführt. Mit ihr wollte die SED die Konfirmation bzw. die Kommunion ersetzen.

Während des 8. Schuljahres erteilen SED-Funktionäre, Parteiveteranen, Künstler und »verdiente Arbeiter« Jugendlichen Unterrichtsstunden, um die Schüler darauf vorzubereiten, in die »Reihe der Erwachsenen« aufgenommen zu werden. Insgesamt zehn Jugendstunden sollen den Jugendlichen u. a. aufklären über »Unser sozialistisches Vaterland«, »Freundschaft zum Lande Lenins – Herzenssache unseres Volkes«, »Wir erfüllen das revolutionäre Vermächtnis«, »Wissenschaftlich-technischer Fortschritt – Herausforderung an Dich«, »Dein Recht und Deine Pflicht im Sozialismus«. Am Ende des 8. Schuljahres findet dann eine Abschlußfeier statt, in der die Jugendlichen geloben, »für die große und edle Sache des Sozialismus zu arbeiten und zu kämpfen« und dafür »in die große Gemeinschaft des werktätigen Volkes, das unter Führung der Arbeiterklasse und ihrer revolutionären Partei einig im Willen und im Handeln die entwickelte sozialistische Gesellschaft in der Deutschen Demokratischen Republik errichtet«, aufgenommen werden.

Nach anfänglichen Widerständen gelang es der SED durch verschiedene Druckmittel, die Jugendweihe, die offiziell »freiwillig« ist, allgemeinverbindlich zu machen, so daß heute rund 98 % aller Jugendlichen an ihr teilnehmen. Im Alltag der DDR verbindet sich mit dem revolutionären Pathos der Jugendweihe, das wie so vieles als Ritual eingeübt ist, jedoch kaum klassenkämpferische Begeisterung. Sie ist vielmehr ein traditionell verlaufendes Familienfest. Die Vierzehnjährigen werden beschenkt, Familie und Freunde kommen zusammen, um gemeinsam zu feiern. Das Fest markiert eigentlich den Reifungsprozeß des Jugendlichen. So ist denn auch die Familienfeier wichtiger als der politische Rahmen, der »dazugehört«, nur weil die mächtige Partei es so will. Für den einzelnen Vierzehnjährigen sind in der Regel die Geschenke wichtiger als das feierliche Gelöbnis, das einem Treueschwur auf den sozialistischen Staat gleichkommt.

Die Bemühungen des Staates um die Erziehung der Jugend zu »sozialistischen Persönlichkeiten« beginnen schon im frühen Kindesalter. In Kinderkrippen werden Kinder bis zum Alter von drei Jahren, in Kindergärten Drei- bis Sechsjährige betreut. Rund zwei Drittel aller Kinder bis zum Alter von drei Jahren besuchen die Kinderkrippen, die dem Ministerium für Gesundheitswesen unterstehen. Über 90 % aller Kinder von drei bis sechs Jahren gehen in den Kindergarten. Für seinen Besuch zahlen die Eltern lediglich einen Essenszuschuß in Höhe von 55 Pfennigen. Der Kindergarten soll bereits auf das Leben in der »sozialistischen Gesellschaft« vorbereiten und einen wesentlichen Beitrag zur Bildung von »harmonisch entwickelten sozialistischen Persönlichkeiten« leisten. Bega-

Beispiel eines Tagesplanes für Jungpioniere

6.30–7.15 Uhr
Aufstehen
Lockerungsgymnastik
Kalt waschen und anziehen
Frühstücken
Zähne putzen
Aufbruch zur Schule

7.30–13.00 Uhr
Unterricht

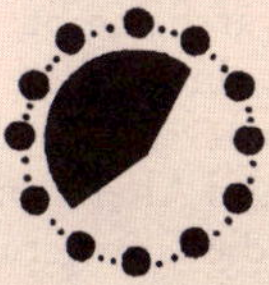

13.00–14.30 Uhr
Mittagessen
Mindestens eine Stunde Bewegung

14.30–18.00 Uhr
Hausaufgaben und Schultasche für den nächsten Tag packen
Eventuell Pioniernachmittag oder Arbeitsgemeinschaft
Erledigung von Pflichten im Haushalt
Spielen

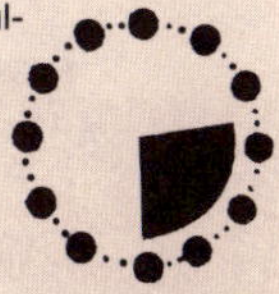

18.00–19.30 Uhr
Abendessen
Ruhige Spiele und Beschäftigungen

19.00–19.30 Uhr
Warm waschen und Zähneputzen, anschließend Schlafenszeit

(aus: *Pionierleiter,* Organ des Zentralrates der FDJ für Funktionäre in der Pionierorganisation »Ernst Thälmann«, Nr. 21/1981, S. 11) bungen will man früh entdecken und fördern. Das gilt für den sportlichen Bereich ebenso wie für den musischen. So können besonders begabte Kinder schon im Alter von fünf Jahren in die Musikschule geschickt werden. Damit ist bereits in sehr jungen Jahren eine erhebliche Möglichkeit zur Qualifikation, aber auch ein erheblicher Leistungsdruck vorhanden. Zur Vorschulerziehung gehört auch der Versuch, ein Feindbild anzuerziehen. Der stellvertretende Minister für Volksbildung formulierte dieses Ziel auf einer Pressekonferenz anhand des folgenden Beispiels:

»Wir wollen den Kindern sagen, daß es den Bösen Wolf nicht nur im Märchen gibt, sondern daß es noch Kräfte gibt, die in Gestalt eines Wolfes daran wirken, das Glück der Menschheit zu zerstören. Das soll das Vorschulkind seiner Entwicklung und Altersstufe angemessen auf kindliche Art erfahren, weil die Umwelt das einfach vermittelt.«

(aus: Hendrik *Bussiek:* Notizen aus der DDR. Frankfurt/M. 1979, S. 184)

Parolen und Symbole – Bestandteil der Erziehung (Bildarchiv Jürgens)

Zum Thema ...
... Erziehung der Jugend (aus der Sicht E. Honeckers)

Ausgehend davon, daß die sich heute und künftig vollziehenden Prozesse in unserer Gesellschaft höhere Ansprüche an die Verhaltensweisen der Menschen, ihre Aktivität, ihr Verantwortungsbewußtsein, ihre schöpferische Tätigkeit und Kollektivität, an solche Eigenschaften wie Disziplin, Pflichtbewußtsein, Zuverlässigkeit und Gemeinschaftssinn stellen, erfordern in der Erziehungsarbeit Fragen des Gesamtverhaltens der Jugend, ihre Erziehung zur Hilfsbereitschaft, Kameradschaftlichkeit, Bescheidenheit, die Erziehung ihres Charakters, ihrer Gefühle unsere Aufmerksamkeit. Mit der Sicht auf gegenwärtige und künftige Kampfbedingungen gilt es, unsere Jugend klassenmäßig zu erziehen, die Liebe und den Stolz auf ihr sozialistisches Vaterland immer erneut auszuprägen und zu vertiefen, ihrer Erziehung zum proletarischen Internationalismus, zur unverbrüchlichen Freundschaft mit der Sowjetunion und zur aktiven Solidarität stets größtes Augenmerk zu schenken.

Das im Parteiprogramm formulierte Erziehungsziel, die »Erziehung und Ausbildung allseitig entwickelter Persönlichkeiten, die ihre Fähigkeiten und Begabungen zum Wohle der sozialistischen Gesellschaft entfalten, sich durch Arbeitsliebe und Verteidigungsbereitschaft, durch Gemeinschaftsgeist und das Streben nach hohen kommunistischen Idealen auszeichnen«, ist den Zehntausenden Pädagogen unseres Landes Ziel und Richtung für ihr tägliches unermüdliches Wirken bei der Erziehung unserer Jugend. Im Wissen darum, daß Bildungs- und Kulturniveau, Bereitschaft zu hoher Leistung und schöpferischer Arbeit, hohes sozialistisches Bewußtsein, eine klassenmäßige Haltung, sozialistische moralische Eigenschaften und Verhaltensweisen zunehmend an Bedeutung gewinnen, sowohl in der materiellen Produktion als auch in allen anderen Sphären des gesellschaftlichen Lebens, und daß sie nicht zuletzt die persönliche Lebenshaltung der Menschen bestimmen, bemühen sich unsere Lehrer und Erzieher um eine hohe Qualität der Bildungs- und Erziehungsarbeit.

(aus: XI. Parteitag der SED Berlin, 17. bis 21. April 1986, Bericht des Zentralkomitees der Sozialistischen Einheitspartei Deutschlands an den XI. Parteitag der SED. Berichterstatter: Genosse Erich Honekker. (Ost-)Berlin 1986, S. 60, 64)

Die versuchte politische Beeinflussung geht über die Entwicklung eines Feindbildes hinaus. Es soll ausdrücklich zum Haß erzogen werden. Minister Parr kommentierte auch das:

»Indem wir den Kindern verständlich machen, was das Gute und Schöne ist, wofür man Partei ergreifen muß, was sich im Leben lohnt, entwickeln wir auch – ohne daß man das vordergründig machen muß – die Antipathie, die Ablehnung, die Distanz und in bezug auf bestimmte Kräfte den Haß gegen das, was solche Werte zerstören möchte. Partei für etwas zu ergreifen, etwas Gutes, schließt mit ein, das abzulehnen, das auch zu hassen, jawohl zu hassen, ich sage das so, was dem Guten schadet. Das ist nun einmal so im Leben.«

(H. *Bussiek*, a. a. O.)

Unterstützt wird diese Erziehungsweise durch Hilfsmittel, Kriegsspielzeug etwa, das bereits zwischen »Freund« und »Feind« unterscheiden hilft. Zweifellos stellt diese Form der sozialistischen Vorschulerziehung eine Besonderheit dar, die außerhalb der DDR – wenn überhaupt – nur selten zu finden sein dürfte.

An den Kindergarten schließt sich ein zehnklassiges Schulsystem an, die »allgemeinbildende polytechnische Oberschule«. Das »Gesetz über das einheitliche sozialistische Bildungssystem« aus dem Jahre 1965 beschreibt in § 1 (2) die Aufgaben:

»Das sozialistische Bildungssystem trägt wesentlich dazu bei, die Bürger zu befähigen, die Gesellschaft zu gestalten, die technische Revolution zu meistern und an der Entwicklung der sozialistischen Demokratie mitzuwirken. Es vermittelt den Menschen eine hohe Allgemeinbildung und eine hohe Spezialbildung und bildet in ihnen zugleich Charakterzüge im Sinne der Grundsätze der sozialistischen Moral heraus. Das sozialistische Bildungswesen befähigt sie, als gute Staatsbürger wertvolle Arbeit zu leisten, ständig weiter zu lernen, sich gesellschaftlich zu betätigen, mitzuplanen und Verantwortung zu übernehmen, gesund zu leben, die Freizeit sinnvoll zu nutzen, Sport zu treiben und die Künste zu pflegen.«

Diese Vorstellung von Bildung knüpft an das klassische Ideal vom Erlernen von Fähigkeiten und der Bildung der Persönlichkeit an. Allgemeinbildung, Spezialbildung, sportliche und künstlerische Fähigkeiten sind hohe Erziehungsziele. Als Besonderheiten kommen einmal der bereits von Marx geforderte Praxisbezug und zweitens die ideologische Ausrichtung hinzu. Praxisbezug und Ideologie treffen sich im Bereich der »Arbeitsmoral«, nach den Worten von DDR-Volksbildungsministerin Margot Honecker »Kernstück kommunistischer Moral«. Sie soll durch den polytechnischen Unterricht eingeübt werden.

Margot Honecker, Minister für Volksbildung, über »polytechnische Bildung«

Polytechnische Bildung

Das entscheidende Grundprinzip

Die Aufgabe, allseitig entwickelte Persönlichkeiten heranzubilden, ist auf das engste verknüpft mit der Realisierung der Marxschen These von der Verbindung des Unterrichts und der Gymnastik mit produktiver Arbeit, die Marx bekanntlich als die »einzige Methode zur Produktion vollseitig entwickelter Menschen« bezeichnete. Deshalb war unsere neue Schule von Beginn an auf eine enge Verbindung mit dem Leben, auf die Verbindung von Unterricht und Arbeit orientiert. Deshalb entwickelten wir unsere Schule als eine allgemeinbildende polytechnische Oberschule. Wenn im Parteiprogramm der SED die Aufgabe gestellt ist, den polytechnischen Charakter unserer Schule weiter auszuprägen, so geht es dabei um weit mehr als um die Konsequenzen, die sich aus der Entwicklung von Wissenschaft und Technik ergeben. Es geht um das entscheidende Grundprinzip sozialistischer Schulpolitik, das charakteristische Merkmal einer sozialistischen Schule überhaupt. Nur eine polytechnische Schule ist eine wirklich sozialistische Schule ...

Wir Marxisten betrachten die Arbeitsmoral als das Kernstück kommunistischer Moral. Unsere Schule hat den Auftrag, den Nachwuchs der Arbeiterklasse und aller Werktätigen heranzubilden. Das verlangt, die Schüler von klein an zu lehren, gesellschaftlich Nützliches zu tun. Bereits während der Schulzeit muß die Arbeit zum Nutzen der Gesellschaft eine selbstverständliche Lebensgewohnheit für unsere Kinder werden. Unsere Jugend soll frühzeitig lernen, daß sich persönliche Ansprüche allein durch die Arbeit erfüllen lassen, daß man nicht auf Kosten anderer leben, das eigene Wohl nicht über das anderer Menschen stellen kann. Erziehung zur Selbstlosigkeit, zur Verantwortung für das Ganze, Erziehung bewußter, schöpferischer, initiativ- und ideenreicher Menschen, die bereit und fähig sind, diszipliniert zu arbeiten, das ist konkrete kommunistische Erziehung. Eine solche Erziehung muß im Unterricht aller Fächer sowie im polytechnischen Unterricht in den Betrieben geleistet werden.

(Margot *Honecker* [seit 1963 Minister für Volksbildung der DDR] zu einigen Fragen der Schulpolitik der SED. In: Pädagogik [Zeitschrift der Akademie der Pädagogischen Wissenschaften der DDR] Nr. 1/1981, S. 5–6)

Er besteht aus einer allgemeinen Berufsvorbereitung in den Klassen 1 bis 6 u. a. im Rahmen des Werkunterrichts und dann vor allem aus spezifischen Unterrichten zur Berufsvorbereitung in den Klassen 7 bis 10. Dazu gehören »Einführung in die sozialistische Produktion«, »Technisches Zeichnen«, »Produktive Arbeit der Schüler in sozialistischen Betrieben«. Diese letzte Form des Unterrichts umfaßt in den Klassen 7 bis 8 zwei, in den Klassen 9 bis 10 drei Wochenstunden. Für die ersten beiden Schuljahre gilt die Auswahl nach den Bereichen Industrie und Landwirtschaft, in den Klassen 9 bis 10 kann unter zehn Möglichkeiten gewählt werden, von der Elektroindustrie bis zur Instandhaltung der Landtechnik. Aus den verschiedenen Bereichen bieten »Patenbetriebe« den Schulen Ausbildungsplätze an.

In den Klassen 9 und 10 findet auch der Unterricht im Fach »Wehrkunde« statt, der die Schüler ideologisch und praktisch auf den Dienst in der Nationalen Volksarmee vorbereiten soll.

Für die meisten Schüler schließt sich nach dem Abschluß der 10. Klasse eine zweijährige Berufsschulausbildung an. Diese wird immer stärker in betriebseigenen Berufsschulen absolviert. Nur rund 8 % eines Jahrgangs schließen die Schulausbildung mit dem Abitur ab, und zwar nach dem Besuch der 11. und 12. Klasse der Erweiterten Oberschule (EOS). Der Staat bestimmte als Voraussetzungen für die Aufnahme in die EOS oder in die Berufsausbildung mit Abitur folgendes:

»Gute Leistungen im Unterricht, hohe Leistungsfähigkeit und -bereitschaft sowie politisch-moralische und charakterliche Reife und Verbundenheit mit der Deutschen Demokratischen Republik sind wichtige Kriterien für die Auswahl.«

(aus: *Christoph/Leymann:* Zwischen Zuckertüte und Abschlußzeugnis. (Ost-)Berlin 1985, S. 167 [= Recht in unserer Zeit, Heft 44])

Leistungen, gesellschaftliche Arbeit, politisches Verhalten – Reifezeugnis in der DDR

Reifezeugnis – Abschrift
Deutsche Demokratische Republik

geboren am

---

hat die erweiterte allgemeinbildende polytechnische Oberschule besucht und sich der Reifeprüfung unterzogen

---

Gesamteinschätzung

Michael konnte seinen Leistungsstand im Vergleich zum Vorjahr wesentlich verbessern. Er hat es in diesem Schuljahr besser verstanden, seine Arbeit zu planen und ist in seiner Arbeitsweise kontinuierlicher geworden. Sein Selbstvertrauen ist durch seinen besseren Leistungsstandard gewachsen. Michael ordnet sich gut in das Klassenkollektiv ein. Er hat zu seinen Mitschülern im allgemeinen ein gutes Verhältnis. Er muß es jedoch noch lernen, in manchen Situationen beherrschter aufzutreten, um sein Ansehen zu wahren. Michael hat als Agitator der Klasse eine gute gesellschaftliche Arbeit geleistet. Auch seine Vorbereitung und seine Mitwirkung am Fest der russischen Sprache müssen hervorgehoben werden. Michael hat das FDJ-Studienjahr einer 9. Klasse mitgestaltet und konnte hier für seine geleistete Arbeit gelobt werden. An den Arbeitseinsätzen der Klasse zugunsten der Solidaritätsaktion unserer Schule nahm Michael teil. Michael zeigt in politischen Diskussionen ein parteiliches Auftreten. Er muß sich aber auch weiterhin bemühen, seine Information zu vertiefen, um noch überzeugender vom Marxismus-Leninismus ausgehend argumentieren zu können. In der wissenschaftlich-praktischen Arbeit wurde besonders seine Einsatzbereitschaft hervorgehoben.

Schwerpunkte im Unterricht der EOS bilden Mathematik, Physik, Chemie und Biologie (zusammen in Klasse 12 vierzehn Wochenstunden) sowie Deutsch (fünf Wochenstunden) und als erste Fremdsprache Russisch (vier Wochenstunden). Insgesamt umfaßt der Stundenplan in den Klassen 11 und 12 fünfunddreißig bis sechsunddreißig Wochenstunden. Das Abitur eröffnet die Chance zum Hochschulstudium, zu dessen Zulassung jedoch wiederum nicht nur Leistungsnachweise, sondern auch gesellschaftliche Tätigkeit und »politisch-moralische Eignung« gefordert werden. Für die einzelnen Studienfächer gilt strikt die Bedarfsplanung des Staates. Sie hat absoluten Vorrang vor den Studienwünschen des einzelnen.

Das Bildungswesen wird in der DDR als eine der ganz großen Errungenschaften des Sozialismus bezeichnet, und ganz ohne Zweifel vermittelt es eine gute Ausbildung. Dies steht übrigens in der in Deutschland im 19. Jahrhundert begründeten Tradition, der allgemeinen Volksbildung einen gesellschaftlich hohen Stellenwert einzuräumen. Der Eindruck jedoch, der Staat DDR täte für die Bildung außergewöhnlich viel, ist falsch. Die Bemühungen bewegen sich im internationalen Durchschnitt. Auch die Bildungsausgaben sind nicht außergewöhnlich hoch. Zum Vergleich: Die Bundesrepublik hat rund dreieinhalbmal soviel Einwohner wie die DDR, von seiten des Staates wird aber siebenmal soviel für das Bildungswesen ausgegeben.

Ungeachtet einer insgesamt respektablen Leistungsbilanz des Bildungssystems der DDR birgt es gravierende Mängel. Im allgemeinen wird auf eine straffe Disziplin viel Wert gelegt. Gehorsam gegenüber dem Lehrer ist wichtiger als Eigeninitiative. Lehrpläne engen die Möglichkeiten der Lehrer sehr ein. Sie müssen strikt eingehalten werden. Dazu gehört auch, daß nach Möglichkeit kein Schüler sitzen bleiben soll. Das führt zu besonderem Leistungsdruck und Streß. Wissen wird in der Regel eingepaukt und abgefragt. Der polytechnische Unterricht ist nicht flexibel genug, er erfaßt meist nur die materielle Produktion, nicht aber den Dienstleistungsbereich. Der einzelne Schüler wird dadurch weniger in seiner individuellen Neigung als vielmehr im Hinblick auf den gesamtgesellschaftlichen Nutzen gefördert. Auch stößt die zunehmende Spezialisierung der Berufe auf Schwierigkeiten, so daß den Schülern nicht eine Hilfe zur Berufswahl, eher schon eine Unterstützung bei der konkreten Berufsausübung geboten wird. Vor allem die ideologische Ausrichtung, besonders im Unterrichtsfach Staatsbürgerkunde, im neuen »Wehrunterricht«, aber auch in anderen Fächern, sorgt für Probleme. Sie wirkt negativ auf die Einstellung der Schüler, leistet also genau das nicht, was sie soll, nämlich die »sozialistische Moral« zu stärken. In Wirklichkeit muß sich der Schüler anpassen. Darin liegt die besondere Schwäche des ganzen Systems. Sie gilt für Schule, Betrieb und Universität gleichermaßen. Der einzelne soll und kann besondere Fähigkeiten erlernen. Aber ausüben darf er das Erlernte nur, wenn er die Regeln beachtet, die von der Partei festgelegt und überwacht werden. Er muß sich an das eingeübte Ritual halten. Nur dann hat er Chancen. Ein (Ost-)Berliner Pädagoge beschrieb das Ritual in der Schule, das in dieser Form gleichermaßen für alle anderen *öffentlichen* Bereiche in der DDR gilt:

»Der Lehrer weiß, daß eine Menge von dem, was er da von sich gibt, mit der Realität nicht übereinstimmt, und der Schüler weiß es auch. So gibt es falsche Antworten auf falsche Fragen, aber beide spielen das Gesellschaftsspiel mit.«

(aus: E. *Windmöller*/Th. *Höpker:* Leben in der DDR. 2. Auflage Hamburg 1981, S. 174)

Stundentafel der Klassen 7–10 an der polytechnischen Oberschule

Fach Klasse	7	8	9	10
Deutsch	5	4 + 1	3	3
Russisch	3	3	3	3
Mathematik	6	4	5	4
Physik	2	2	3	3
Astronomie	–	–	–	1
Chemie	2	4	2	2
Biologie	1	2	2	2
Geographie	2	2	1	2
Polytechnischer Unterricht,	*4*	*4*	*5*	*5*
davon Einführung in die sozialistische Produktion	*(1)*	*(1)*	*(2)*	*(2)*
Technisches Zeichnen	*(1)*	*(1)*	*(–)*	*(–)*
Produktive Arbeit	*(2)*	*(2)*	*(3)*	*(3)*
Geschichte	2	2	2	2
Staatsbürgerkunde	1	1	1	2
Zeichnen	1	1	1	–
Musik	1	1	1	1
Sport	2	2	2	2
Wochenstunden	32	32 + 1	31	32
2. Fremdsprache	3	3	3	2
Wochenstunden	35	35 + 1	34	34

(aus: *Akademie der Pädag. Wissenschaften* (Hg.): Das Bildungswesen der DDR. (Ost-)Berlin 1979, S. 64)

Das Bildungssystem der DDR

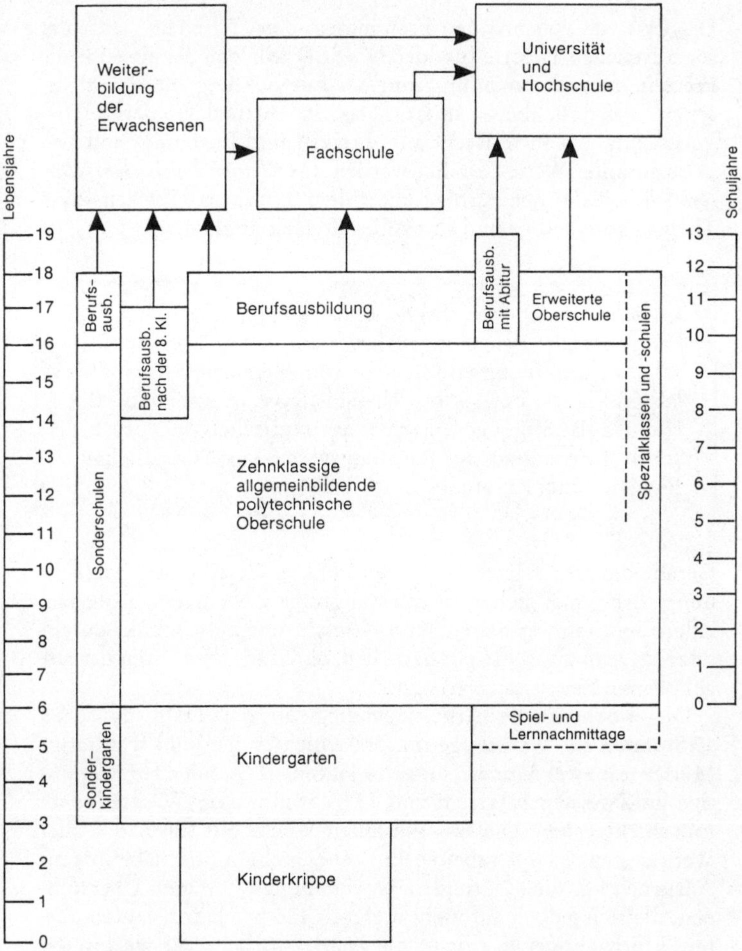

(Aus erster Hand: Volksbildung im sozialistischen Staat, Panorama DDR, Berlin/ Dresden 1977, S. 63)

Einen Ausweg aus diesem von Partei und Staat kontrollierten öffentlichen Bereich bieten Familie und Freundeskreis. Sie sind gewissermaßen der Freiraum für den vom Staat gegängelten einzelnen. In diese »private Nische« zieht sich der einzelne zurück. Hier genießt er seine Freiheit ungestört.

4. Freizeit

Die Existenz von privaten Freiräumen, den »Nischen«, läuft der sozialistischen Theorie zuwider. Die SED will, daß der einzelne die Freizeit »bewußt«, d. h. im Sinne der Entwicklung zur »sozialistischen Persönlichkeit« nutzt. Das in Artikel 34 der DDR-Verfassung gewährte Recht auf »Freizeit und Erholung« soll also in bestimmter Weise gestaltet werden. Im *Kleinen Politischen Wörterbuch* heißt es demzufolge unter dem Stichwort »Freizeit« zum Thema »notwendige und sinnvolle« Freizeittätigkeiten:

> »gesellschaftliche, politische Aktivitäten, Entwicklung und Pflege sozialer Beziehungen, beruflich-fachliche und politische Weiterbildung und Erwerb von Allgemeinwissen, geistig-kulturelle bzw. kulturell-künstlerische sowie sportliche u. ä. Betätigungen, Erhalt der physischen und psychischen Kräfte und des Leistungsvermögens, Geselligkeit, Entspannung, Erholung ...« (S. 273)

Gerade die hier zuletzt genannten Punkte, Geselligkeit, Entspannung, Erholung, stehen in der Rangfolge des einzelnen obenan. Allerdings kann er diesen Wunsch nicht uneingeschränkt durchsetzen. Denn zunächst gilt natürlich, daß die Arbeit ihren herausgehobenen Zeiteinsatz verlangt.

Die wöchentliche Arbeitszeit liegt in der DDR zwischen 40 Stunden für Werktätige im Dreischichtsystem und werktätige Mütter mit zwei Kindern unter 16 Jahren, 42 Stunden für Werktätige im Zweischichtsystem und $43\,^3/_4$ Stunden für Werktätige im Einschichtsystem. Die $43\,^3/_4$-Stunden-Woche gilt für 57,8 % aller Werktätigen, 28,6 % arbeiten in drei Schichten und haben damit Anspruch auf die 40-Stunden-Woche. Hinzu kommen Überstunden, die sich jedoch auf nicht mehr als 120 pro Jahr belaufen dürfen. Ein wichtiger Faktor ist die »Schwarzarbeit«. Sie wird in der DDR häufig geleistet, um im Austausch dafür wiederum aufgrund der Mangelwirtschaft nur schwer erhältliche Waren oder Dienstleistungen zu bekommen. Schwarzarbeit ist strafbar, gehört aber dennoch zum Alltag.

Der Grundurlaub beträgt 18 Werktage. Hinzu können bis zu höchstens 9 Tage Zusatzurlaub kommen. Da in der DDR die Fünf-Tage-Woche gilt, bedeutet dies durchschnittlich einen Jahresurlaub von gut vier Kalenderwochen. Die Zahl der gesetzlichen Feiertage ist reduziert worden. Ostermontag, Himmelfahrt und Bußtag muß gearbeitet werden. So gibt es lediglich noch 9 gesetzliche Feiertage. Das bedeutet insgesamt, daß die Arbeitszeit in der DDR (verglichen mit der westlicher Industriestaaten) relativ hoch ist.

Zum Thema …
… Alltag in der DDR

Der Graphiker Hans Noll über den Alltag in der DDR:

»Der Mangel an Spaß bestimmt unser Alltagsleben. Auf bedrückende Weise verbindet sich die ohnehin nicht sehr sprühende Volksmentalität mit einem zentralistischen Staatsgefüge, und dabei entsteht ein öffentliches Leben, so trist, so lustlos und so lähmend, wie sonst kaum irgendwo auf der Welt. Für alle, die sich von Berufs wegen mit Spaß beschäftigen, für Journalisten, Künstler und Schriftsteller, ist die Öde der Öffentlichkeit eine unerträgliche Atmosphäre. Es gibt daraus nur einen trügerischen Ausweg: den Rückzug ins Privatleben.

(aus: Hans *Noll:* Der Abschied. Journal meiner Ausreise aus der DDR. Hamburg 1985)

Die arbeitsfreie Zeit ist – wie überall – zum erheblichen Teil gebunden durch Schlafen, Essen, Körperpflege usw. Ein beträchtlicher Zeitaufwand muß in der DDR für das Einkaufen reserviert werden, und zwar wegen des mangelhaften Angebotes von Waren und Dienstleistungen. Für verhältnismäßig viele Bewohner der DDR kommt Gartenarbeit hinzu, die zwar auch der Entspannung und Erholung dient, die jedoch als körperliche Arbeit zudem häu-

Frauen im Beruf (Bildarchiv Jürgens)

fig einen wichtigen Faktor für die Ernährung der Familie, vor allem durch die Eigenproduktion von Obst und Gemüse, darstellt.

Die »arbeitsfreie« Zeit ist für die Frauen zudem eingeschränkt, denn die Hausarbeit und Kindererziehung liegt traditionell zum erheblichen Teil bei ihnen. Man spricht deshalb in der DDR auch von der »zweiten Schicht«, welche die Frau neben ihrem Beruf zu Hause zu leisten hat.

Die eigentliche Freizeit ist in der DDR auch nicht völlig ungebunden, denn »gesellschaftliche Tätigkeit« wird von jedem erwartet. Wer beruflichen Aufstieg wünscht, kann sich ihr nicht entziehen. Man muß also in irgendeiner Massenorganisation einige Stunden opfern, um »sozialistisches Bewußtsein« zu demonstrieren und um dafür den entsprechenden positiven Eintrag in die Kaderakte zu erhalten. Die tatsächlich freie Zeit, die der einzelne ungestört und unabhängig gestalten kann, liegt während der Woche für knapp 50 % der Frauen bei weniger als zwei Stunden am Tag, während gut 50 % bis zu drei Stunden Freizeit am Tag haben. In der soziologischen Untersuchung *Freizeit in der DDR*, die von der Akademie der Gesellschaftswissenschaften beim ZK der SED veröffentlicht wurde, heißt es dazu:

Nach Feierabend muß eingekauft werden, das Abendbrot wird vorbereitet und eingenommen, den Kindern gehört Aufmerksamkeit und Liebe, manche Hausarbeit wird getan und gesellschaftliche Verantwortung wahrgenommen. Der wirkliche ›Feierabend‹ beginnt so an den Werktagen in der Regel nicht vor 19.30 bis 20.00 Uhr. Bei gesellschaftlich aktiven Mitbürgern und beruflich besonders geforderten Gruppen wird es oft noch später.

(aus: H. *Hanke:* Freizeit in der DDR. (Ost-)Berlin 1979, S. 122)

Freizeitbeschäftigung

»Für welche Formen von Geselligkeit und Unterhaltung interessieren Sie sich in Ihrer Freizeit – unabhängig von den vorhandenen Möglichkeiten?« (Es waren mehrere Antworten möglich.) Die Ergebnisse wurden nach der Rangfolge geordnet.

	Bevölkerungs-querschnitt %	Werk-tätige* %
Sehen von Unterhaltungssendungen im Fernsehen	71,8	77,4
geselliges Zusammensein mit Freunden und Bekannten in der Wohnung oder im Garten	64,7	70,6
Besuch von Volks-, Heimat-, Pressefesten	33,6	37,8
Besuch von öffentlichen (Veranstaltungen) Unterhaltungsveranstaltungen	30,6	37,2
Besuch von Tanzveranstaltungen/ Diskotheken	29,1	41,6
Hören von Unterhaltungssendungen im Rundfunk	29,1	42,5

Besuch von Sportveranstaltungen	29,0	33,7
Kinobesuch	23,7	41,7
Besuch von Operetten- und Musicalaufführungen	22,2	27,1
Besuch von Zirkus- und Varietévorstellungen	21,1	24,6
geselliges Beisammensein in Gaststätten	20,9	31,9
Kabarettbesuch	10,6	12,9
Konzertbesuch	10,5	14,7
Opern-, Ballettbesuch	10,4	12,2
Besuch von Schauspielaufführungen	8,6	12,3
ohne Angaben	0,4	0,8

* Die gleiche Untersuchung wurde 1977 unter Werktätigen in Betrieben verschiedener Bereiche der Volkswirtschaft durchgeführt, und zwar in den Bezirken Cottbus, Dresden, Erfurt, Halle und Rostock. Es wurden 2908 Fragebogen ausgewertet. Zum Vergleich mit dem »Bevölkerungsquerschnitt« sind diese Angaben in der Spalte »Werktätige« hier mit angeführt.

Musikalische Interessen Erwachsener und Jugendlicher
Frage: »Für welche Art von Musik interessieren Sie sich besonders?« Es waren wieder mehrere Antworten möglich.
Die Ergebnisse wurden nach der Rangfolge geordnet.

	Werktätige in %	Schüler und Studenten in %
Schlagermusik	78,5	38,4
Stimmungsmusik	56,5	31,3
Blas- und Marschmusik	45,0	3,6
Volksmusik	44,4	8,7
Operette, Musical	44,3	31,8
Beat	25,9	84,0
Oper	15,0	11,6
Chansons	11,5	18,0
politische Lieder, Lieder der Singbewegung	8,7	17,1
sinfonische und Kammermusik	8,1	24,0
Jazz	7,9	16,2
ich interessiere mich nicht für Musik	0,3	0,3
ohne Angaben	1,0	0,0

Entsprechend fiel eine statistische Erhebung in der DDR aus, in der gefragt wurde, wie die Bürger die zur Verfügung stehende Freizeit beurteilten:

	völlig ausreichend	es geht gerade	etwas zu wenig	viel zu wenig
Gesamtbevölkerung	14 %	32 %	34 %	20 %
männlich	15 %	34 %	33 %	18 %
weiblich	10 %	29 %	37 %	24 %

In der Beliebtheitsskala der Freizeitbeschäftigungen stehen Fernsehen und Radiohören an erster Stelle, gefolgt von geselligen Zusammenkünften. Bei Jugendlichen folgen Musik(hören), Sport und Diskothekenbesuch. Gerade das Freizeitverhalten der Jugendlichen stellt für die SED ein großes Problem dar. Denn die FDJ ist nicht der bevorzugte Partner bei der Freizeitgestaltung. Um dieses Problem im Sinne der Partei zu lösen, hat die SED der FDJ auch jene Bereiche übertragen, die die Jugendlichen für die Freizeitgestaltung nutzen möchten: Clubanlagen, Sportplätze, Ferienzentren und Diskotheken.

Ferienlager der Jungen Pioniere (Gesamtdeutsches Institut)

Junge Sportler bei einer Spartakiade (Bildarchiv Jürgens)

Der Staat kam nicht umhin, auch Diskotheken zu gründen. Allerdings schuf er in der staatlichen »Diskothekordnung« 1973 einen straffen Rahmen. Für die Unterhaltung sorgen staatlich ausgebildete Diskjockeys. Die rund 120 Berufsdiskjockeys der DDR sind inzwischen in der Sektion »Diskothek« des Komitees für Unterhaltungskunst zusammengeschlossen. SED und FDJ versuchen so, die Gestaltung der Musikprogramme zu kontrollieren. Da auch die Jugendlichen in der DDR überwiegend Rock aus den angelsächsischen Ländern bevorzugen, ist es Aufgabe der Diskjokkeys, dafür zu sorgen, daß im Musikprogramm Titel aus sozialistischen Ländern überwiegen (Mindestanteil 60%). So soll der »Tendenz zur thematischen und musikalischen Verwässerung und Oberflächlichkeit« Einhalt geboten werden. In der Praxis laufen die Kontrollversuche jedoch ins Leere. Denn die Jugendlichen kennen die Hitlisten der westdeutschen und Westberliner Sender genau. Sie wenden sich häufig direkt an den Norddeutschen Rundfunk oder den RIAS, die zur Befriedigung der zahlreichen Hörerwünsche aus der DDR eigene Programme haben. Da SED und FDJ gegenüber dem Freizeitverhalten der Jugendlichen relativ machtlos sind, haben sie sich teilweise angepaßt. Ein Blick in das Jugendmagazin *neues Leben* zeigt die ideologischen Zielsetzungen des Staates ebenso wie die Wünsche der Jugendlichen. So stehen denn neben klassenkämpferischen Artikeln ganzseitige Fotos und Berichte über Bruce Springsteen, das westdeutsche Gesangsduo Modern Talking, über Dustin Hoffman (als Tootsie) und Paul Newman. Die Pop-Kultur ist international.

Discos in der DDR: »Einrichtungen, die Jugendtanz veranstalten«

Wie entstand das »blaue T«?
»Blau» steht für unsere Verbandsfarbe und »T« für Tanz. Daraus ist ein Zeichen entstanden, das an alle Einrichtungen, die Jugendtanz veranstalten – also auch Gaststätten –, als Qualitätssiegel für regelmäßigen und niveauvollen Jugendtanz verliehen wird. (...)
Wer erhält es wofür?
Einrichtungen erhalten von der FDJ-Kreis- bzw. -Bezirksleitung eine Urkunde und das »blaue T» als Plakette verliehen, wenn:
– mindestens zweimal wöchentlich Jugendtanz stattfindet. In Ausnahmefällen auch dann, wenn beispielweise in ländlichen Gegenden mit einmal wöchentlich der Bedarf gedeckt ist und alle weiteren Kriterien erfüllt sind;
– die künstlerische Gestaltung und Atmosphäre der sozialistischen Lebensweise Jugendlicher entspricht, sie fördert und realen Bedürfnissen und Interessen entspricht;
– Disziplin, Ordnung, Sauberkeit und Sicherheit sowie die Einhaltung von Gesetzen, insbesondere der Verordnung zum Schutze der Kinder und Jugendlichen, gewährleistet sind;
– die Jugendlichen selbst in die Vorbereitung und Durchführung der Veranstaltungen einbezogen sind. (...)
Was beinhaltet die »60:40-Anordnung«?
Die Programme öffentlicher Veranstaltungen sind so zu

gestalten, daß mindestens 60 Prozent aller aufgeführten Werke (...) von Komponisten geschaffen wurden, die ihren Wohnsitz in der DDR oder anderen sozialistischen Ländern haben. (...)

Gibt es einen Kleiderzwang?

Grundsätzlich gibt es keine Kleiderordnung. Vielmehr ist das eine Frage des persönlichen Geschmacks oder der Schicklichkeit. Kommt z. B. jemand in schmutziger Arbeitskleidung oder mit sehr unsauberen Schuhen in die polsterbestuhlte und teppichausgelegte Gaststätte, hat deren Leiter nicht nur das Recht, sondern – im Interesse der Gäste und gesellschaftlicher materieller Werte – sogar die Pflicht, diesen Gästen den Eintritt zu verwehren. So findet es auch gesellschaftliche Mißbilligung, wenn jemand in Badekleidung zum Tanze kommt oder durch Eigenwilligkeit seiner Kleidung allgemein herrschende Auffassungen oder Gefühle ungebührlich mißachtet. Streitfragen kann es auch geben, wenn sich Jugendliche oder andere Bürger zu allgemein öffentlichen Tanzveranstaltungen in Jeans einfinden, Herren kein Jackett und keinen Binder tragen oder die Damen strumpflos erscheinen. Beim speziellen Jugendtanz wird gegen Jeans-Kleidung, die sauber und nicht verschlissen ist, kaum etwas einzuwenden sein. Erst recht können nicht Schlips und Kragen verlangt werden. Bei aller Berechtigung, eine kulturelle Atmosphäre zu sichern, wäre es sicher falsch, den Gästen die persönlichen Vorstellungen des Leiters diktieren zu wollen.

(aus: Junge Generation Nr. 1/1983, S. 71–73)

Zum Thema …
… der ideale Jugendliche

Nationalität: deutsch
Staatsbürgerschaft: DDR
Bes. Kennzeichen: meine

Dein Abteilungsleiter sagte, als wir uns nach dir erkundigten, du hättest mitunter eine etwas schlaksige Art.

Ja? Mehr hat er nicht gesagt?

Doch. Daß dein Einstand als Fachschulabsolvent über die Maße gut ist. Daß er sich sogar vorstellen kann, dich in kürzester Frist – er sprach von ein, zwei Jahren – als Abteilungsleiter einzusetzen. – Meinte er mit »schlaksig«, daß du gelegentlich eine große Lippe riskierst?

Ich sage, was ich denke.

Auch, wenn du anderer Meinung bist als dein Vorgesetzter?

Das kommt vor. In der Regel geht's mir aber nicht darum, über getroffene Entscheidungen und Weisungen zu diskutieren.

Sondern?

Ich möchte schon ganz gern verstehen, warum eine Sache so und nicht anders entschieden wird.

Setzt das aber nicht Erfahrungen voraus, die ein Absolvent – du bist ja erst seit wenigen Monaten im Betrieb – noch gar nicht haben kann?

Stimmt. Aber meine Chefs haben doch diese Erfahrungen. Also gehe ich erst mal davon aus, daß ihre Entscheidungen richtig sind. Das finde ich auch normal – soviel Vertrauen müssen sie verlangen können. Und in grundsätzlichen Fragen sind wir ohnehin einer Meinung.

Zum Beispiel?

Daß wir Mikroelektroniker mit dem neuen Werk in Erfurt-Südost eine Milliarden-Investition anvertraut bekommen haben, von der ganz wesentlich die Zukunft der DDR abhängt. Das ist die modernste Chip-Fabrik des Landes. Ihr habt ja selber gesehen, was bei uns im Cleanroom steht – alles vom Feinsten und demnach nicht vom billigsten. Deshalb verstehe ich, daß hier an jeden höchste Anforderungen gestellt werden. Gestellt werden müssen.

Welche denn?

Exakt zu arbeiten wie ein Herzchirurg. Mit strengster Selbstkontrolle alle technologischen Vorschriften zu befolgen wie ein Bergmann unter Tage. Diszipliniert und fleißig zu sein wie ein Japaner.

Dann bist du wohl so eine Art Japaner mit SED-Abzeichen?

Na, ich weiß ja nich ... Ich bin Mitglied der SED, das ist richtig. Aber alles andere ist doch zunächst erstmal keine Frage der Nationalität. Die Tatsache, daß Mitsubishi, Philips, Siemens oder wie die Firmen heißen, noch bessere oder zumindest billigere Chips liefern, beweist erstmal nur, daß sie technisch unheimlich gut drauf sind. Mehr nicht. Ich halte es für eine große Leistung, daß eine kleine sozialistische Republik wie unsere zu der Handvoll Länder gehört, die in der Mikroelektronik ernsthaft mitreden können.

Was das Mitreden betrifft: Ist es dabei ein Vorteil für dich, daß du Genossin bist?

In gewissem Sinne ja. Seit vier Jahren bin ich in der SED. Und eines habe ich gemerkt: Wenn es um Arbeit geht, werden die Genossen als erste gefragt, und wenn es um politische Antworten geht – auch. Nun bin ich wahrlich alles andere als ein großer Redner, aber zum Glück ist Parteimitgliedschaft nicht nur das, was man sagt, sondern vor allem das, was man tut.

Du hast es doch aber schwerer – als Genossin mußt du schließlich Vorbild sein.

Ja und nein. Macht mal nicht sonstwas Großes aus mir, ich möchte da lieber auf dem Teppich bleiben. Daß ich sofort nach dem Studium als einer von 27 Absolventen bereit war, als Ingenieur in die Produktion zu gehen, Drei-Schicht-System, das war keine Entscheidung, um anderen vordergründig ein Beispiel zu geben. Das war vielmehr die Antwort auf die Bitte, die die Genossen an mich richteten.

War das nicht eher eine Bitte mit Ausrufezeichen, ein freundlicher, aber doch sehr entschieden formulierter Auftrag?

Es war wirklich eine Bitte. Aber auch, wenn es ein Auftrag gewesen wäre, hätte ich es gemacht.

Du bist also nicht folgsam wie ein Samurai in den Cleanroom gegangen, sondern freiwillig?

Klar. Dazu bin ich doch hergekommen. Ihr solltet euch da keine falschen Vorstellungen machen: Das ist doch kein Opfergang oder so was. Im Alltag ist das eine Arbeit wie viele andere auch.

Das hat uns dein oberster Chef im Werk Erfurt-Südost auch gesagt: Mikroelektronik sei was Großes, aber nichts Mystisches. Aber das betrifft doch dein Kombinat genauso wie die westlichen Konzerne. Was unterscheidet sie voneinander?

Ich möchte jedenfalls nie im Leben in eine Situation geraten, in der ich durch meine Arbeit zwar mir selber was schaffe, aber mich unwohl fühlen müßte, weil meine Chips anderen die Arbeit nicht abnehmen, sondern sie ihnen wegnehmen. Das ist sicher der entscheidende Unterschied. Ich glaube, im Westen ziehen viele Leute auch einen scharfen Strich zwischen der Arbeit und ihrem eigentlichen Leben. Für mich gibt es diese Trennung nicht, ich will gleichzeitig arbeiten und dabei merken, daß ich lebe – dadurch, daß ich arbeite. Dazu zählt zuerst, daß man frei ist von Druck und Zwängen. Das Unangenehmste, was einem hierzulande passieren kann, ist doch, daß man Ärger miteinander hat. Mehr nicht.

Zum Beispiel?

Bei uns hat man die Gewerkschaft gefragt, ob sie mit einem Rauchverbot auch in den Pausen im gesamten neuen Betrieb einverstanden wäre.

Und was hat die Gewerkschaft gesagt?

Das fand bisher noch keine Mehrheit.

Findest du das gut?

Nein. Der Mensch verstreut ohnehin 5000 Partikel pro Tag. Und jedes davon gefährdet die Qualität des Chips. Raucher »dampfen« erwiesenermaßen noch 20 Minuten nach dem letzten Zug. Also technisch gesehen wäre es gut, wir wären ein totaler Nichtraucherbetrieb.

Und menschlich gesehen?

Arbeiten wir in einem VEB. Und Volkseigentum heißt, jeder Kollege ist Miteigentümer. Also kann man mit ihm nicht nach Belieben umspringen.

Was heißt hier umspringen! Wer als Miteigentümer in der Chipfabrik raucht, der schneidet sich doch ins eigene Fleisch, oder?

Das ist es ja! Bloß: Auch in diesem Fall, oder gerade in diesem, kann eine Weisung die Überzeugung jedes einzelnen nicht ersetzen. Also werden wir weiterdiskutieren!

Bdauerst du das?

Nein. Auf keinen Fall. Sicher, vielleicht kämen wir in manchen Sachen wirklich schneller voran, wenn man nur anzuordnen brauchte, statt überzeugen zu wollen. Aber was wäre der Preis dafür? Mit Strafen und Drohungen hantieren? Im Endeffekt aus Angst arbeiten? Dann wäre es ja tatsächlich kaum anders als im Westen. Da ziehe ich unsere Art, miteinander umzugehen, entschieden vor. Bei uns, und damit meine ich nicht nur ESO II, unser Werk, hat doch kein Arbeiter Angst vor irgendwem. Ganz im Gegenteil, selbst die Lehrlinge haben schon ein ganz solides Selbstbewußtsein, mit dem sie zur Arbeit kommen.

Dann wollen wir dir mal vorlesen, wie der DDR-Korrespondent der BRD-Illustrierten »stern« die Jugend bei uns beschreibt: »Nicht Eigenverantwortung und Selbständigkeit werden im Alltag honoriert, sondern Anpassertum und Disziplin. Wer aufmuckt, bekommt den Unwillen der Obrigkeit zu spüren. Im Bewußtsein, daß sich Zoff mit Vorgesetzten nicht lohnt, haben sich Generationen von jungen DDR-Bürgern den gesellschaftlichen Zwängen gebeugt.«

Die Jugend? Mit wem hat denn der gesprochen?

Das stand dort nicht. Das fehlt in solchen Artikeln fast immer. Aber was sagst du denn nun dazu?

Ich gehe mal nur von mir aus: Ich finde es gut, das Leben bei uns. Und wenn ich nicht zufrieden wäre, würde ich auch erstmal darüber nachdenken, ob das an mir selbst liegt. Wenn man es unbedingt anpassen nennen will, daß man sich in der Schule um gute Zensuren bemüht – dann habe ich mich allerdings angepaßt. Ich hatte im Durchschnitt Zweien. Und dann ist es doch auch nicht so, daß man bei uns einen vom Staat verordneten Beruf ergreift – aus meiner Klasse ist das jedenfalls keinem passiert. Ich wollte Wirtschaftskaufmann werden. Leider hat mir die Berufsberatung dann das Bild eines Schalterbeamten in der Sparkasse entworfen, und das wollte ich denn doch nicht. Der nächste Wunsch: Chemielaborant. Aber da meine Eltern im damaligen Funkwerk Erfurt arbeiteten, habe ich mich schließlich um eine Elektronik-Facharbeiterlehre beworben. Die haben mir doch aber gleich gesagt: Dazu muß die »Drei« in Physik von deinem Zeugnis verschwinden. Da hatte ich tatsächlich die Wahl zwischen »braver Folgsamkeit« und einem Widerspruch so nach dem Motto: Was gehen euch denn meine Zensuren an ... Wäre mir da was passiert? Was denn? »Nur« genommen hätten sie mich nicht. Und es ist doch wohl einzusehen, daß man mit 'ner »Drei« in Physik schlecht in die Mikroelektronik starten kann.

Das ist einleuchtend. Wer Papst werden will, muß nun mal katholisch sein. – Was hattet ihr denn in Erfurt als Lehrlingsproduktion?

Schachcomputer, eine tolle Sache. Hat Spaß gemacht. Weil's nicht nur um Zensuren ging im Berufswettbewerb, sondern um die Qualität der Arbeit. Und der Monatsbeste erhielt 60 Mark Prämie.

(aus: Junge Welt)

5. Militärisches und Militär

Militärisches ist in der DDR nicht allein auf die Nationale Volksarmee beschränkt. Partei und Staat bemühen sich vielmehr stark darum, in allen gesellschaftlichen Bereichen eine »Wehrerziehung« durchzuführen, mit der sowohl eine praktische soldatische Ausbildung als auch eine ausgeprägte Kampfmoral verwirklicht werden soll.

So gilt es, im Kindergarten bereits erste Kenntnisse durch das Ausschneiden von Rangabzeichen, Panzern und Flugzeugen zu gewinnen. Das Kinderlied wird gelernt:

»Mein Bruder ist Soldat
im großen Panzerwagen
und stolz darf ich es sagen:
Mein Bruder schützt den Staat.
Und greift uns jemand an,
so hat er nichts zu lachen,
die Volkssoldaten wachen
und stehen ihren Mann.«

In der Pionierorganisation »Ernst Thälmann« werden als »Ferienspiele« die Kinder-Manöver »Freundschaft«, im Winter die Manöver »Schneeflocke« durchgeführt, durch die, neben körperlichem Training, »Liebe und Achtung« zur Nationalen Volksarmee, zur

Abschluß eines Pioniermanövers in Dresden (dpa)

Sowjetarmee und den anderen Armeen des Warschauer Paktes entwickelt werden sollen. Als Beispiel für weitere »Spiele« wird auch der »Schutz der Staatsgrenzen«, ein Nachvollziehen des Mauerbaus vom 13. August 1961, empfohlen. Im ersten Schuljahr lernt das Kind militärisches Marschieren, in »Geländespielen« werden »Agentensuche, Lagerverteidigen, Partisanenkampf, einfache Manöverübungen« geprobt. Marschlieder gehören zu diesem Programm:

»Soldaten sind vorbeimarschiert
die ganze Kompanie.
Und wenn wir groß sind, wollen wir
Soldat sein so wie sie.«

Der Schulunterricht unterstützt in vielen Bereichen diese Form der Wehrerziehung. Die Flugbahn von Artilleriegeschossen soll im Mathematikunterricht, Kartenlesen im Fach Geographie bearbeitet werden. Der Sport dient besonders einer vormilitärischen Ausbildung. Aufgrund einer Vereinbarung zwischen dem Ministerium für Volksbildung, der Freien Deutschen Jugend und der Gesell-

Schützenpanzer auf dem Kinderkarussell des (Ost-)Berliner Weihnachtsmarktes (dpa)

schaft für Sport und Technik finden jährlich die »Hans-Beimler-Wettkämpfe« statt. Schüler und Schülerinnen der 8. Klassen üben das Überwinden einer Hindernisbahn, den Handgranatenweitzielwurf, das Luftgewehrschießen. Auf einem zehn Kilometer langen »Marsch der Bewährung« werden Orientierung im Gelände, Tarnung, Erste Hilfe usw. geübt.

Am 1. September 1978 wurde für die 9. und 10. Klassen der allgemeinbildenden polytechnischen Oberschulen das Fach »Wehrunterricht« eingeführt. In der 9. Klasse werden vier Doppelstunden im Schuljahr zum Thema »sozialistische Landesverteidigung« unterrichtet. In einem Übungslager gibt es am Ende des Schuljahres für Jungen zwölf Ausbildungstage mit je acht Stunden konzentrierter Wehrausbildung. Zum Programm gehören: aktuelle politische Information, Unterricht über militärische Disziplin und praktische Ordnungsübungen, Gelände-, Schieß- und Schutzausbildung, Selbsthilfe und gegenseitige Hilfe, Körperertüchtigung, Kulturarbeit und Freizeitsport. Mädchen und Jungen, die sich weigern, den militärischen Teil zu besuchen, absolvieren zur gleichen Zeit den Lehrgang »Zivilverteidigung«. In den 10. Klassen gibt es vier Doppelstunden Unterricht und im Winter drei Tage Wehrbereitschaft mit dem manöverähnlichen »Marsch der Waffenbrüderschaft«. Obwohl die Einführung dieses Unterrichtes zu erheblicher Unruhe unter Schülern und Eltern führte und auch die Kirchen sich offen gegen ihn äußerten, hielt die SED an ihm fest. Sie setzt auf die Gewöhnung.

Auch zur Lehrlingsausbildung und zum Hochschulstudium gehört die Wehrerziehung. Freie Deutsche Jugend und Freier Deutscher Gewerkschaftsbund führen den Wehrunterricht zusammen mit der Gesellschaft für Sport und Technik durch. In einer monatlichen Ausbildung an einem Tag werden paramilitärische Übungen durchgeführt.

Militärische Fähigkeiten mögen durch diese vielfältigen Ausbildungsformen gefördert werden, viele Kinder finden an den »Spielen« auch Spaß, doch die Heranwachsenden lehnen mit zunehmendem Alter diese Form der Militarisierung des täglichen Lebens ab. Damit erreicht die SED genau das Gegenteil von ihrem Ziel: Es entsteht nicht mehr »Wehrmotivation«, sondern im Gegenteil ein innerer Widerwille. Deutlich wird dies z. B. an den Schwierigkeiten von Partei und Staat, genügend Freiwillige für die Nationale Volksarmee zu finden. Und der Dienst bei den Grenztruppen der DDR ist erst recht äußerst unbeliebt.

Zum Thema …
… »Wehrerziehung« (I)

Sozialistische Wehrerziehung

Die sozialistische Wehrerziehung ist ein wichtiger Bestandteil der klassenmäßigen sozialistischen Erziehung und Bildung, der die Herausbildung und Festigung jener Eigenschaften, Kenntnisse und Verhaltensweisen der Bürger zum Ziel hat, die sie befähigen, ihren Pflichten zur Verteidigung des sozialistischen Vaterlandes und zur Stärkung der Verteidigungsbereitschaft der sozialistischen Verteidigungskoalition nachzukommen.
Ihre *Grundlage* ist die Erziehung der Bürger
- zum Patriotismus, zur Liebe zum sozialistischen Vaterland sowie zum Haß gegenüber den imperialistischen Feinden des Volkes,
- zum sozialistischen Internationalismus und zur Waffenbrüderschaft,
- zur Opferbereitschaft für die Errungenschaften des Sozialismus.

Sie umfaßt
- die sozialistische Bewußtseinsbildung und die Entwicklung des militärpolitischen Denkens aller Bürger,
- den Wehrunterricht an den allgemeinbildenden Schulen, die wehrpolitische und wehrsportliche sowie vormilitärische Ausbildung der Jugend,
- die politische und militärische Ausbildung in der NVA, in den Grenztruppen der DDR, in den Kampfgruppen und in den anderen bewaffneten Organen der DDR,
- die Arbeit in den Reservistenkollektiven,
- die militärpolitische Massenpropaganda u. a.

Vormilitärische Ausbildung

Die vormilitärische Ausbildung hat als Teil der sozialistischen Wehrerziehung zum Ziel, die durch Elternhaus, FDJ,

Schule und Betrieb anerzogene Bereitschaft zum militärischen Schutz der Arbeiter-und-Bauern-Macht bei der Jugend zu vertiefen und in militärpolitische, militärische, militärtechnische Kenntnisse und Fertigkeiten sowie in physische und psychische Fähigkeiten umzusetzen und damit die Verwirklichung des Klassenauftrags der NVA wirksam zu unterstützen. Sie hat zum Inhalt:

- Maßnahmen der wehrpolitischen Erziehung und Bildung;
- die Vermittlung militärischer Grundkenntnisse, -fähigkeiten und -fertigkeiten;
- die Schaffung von Grundlagen einer bewußten militärischen Disziplin und Ordnung;
- die Herausbildung eines guten physischen Leistungs- und psychischen Belastungsvermögens;
- die Unterstützung der Nachwuchsgewinnung für militärische Berufe.

Die vormilitärische Ausbildung erfolgt durch die GST für alle männlichen Jugendlichen im Alter von 16 bis 19 Jahren in Ausbildungseinheiten an den Erweiterten Oberschulen, Berufsschulen oder anderen Einrichtungen der Berufsausbildung. Seit 1969/70 bilden

- das Ausbildungsprogramm der vormilitärischen Grundausbildung und
- die Ausbildungsprogramme für bestimmte Laufbahnen in der NVA

die Grundlage für ein möglichst einheitliches Niveau in der Wehrdienstvorbereitung der Jugend der DDR.

(aus: Wissensspeicher/Wehrausbildung. Das Wichtigste in Stichworten und Übersichten. (Ost-)Berlin 1981)

Zum Thema …
… »Wehrerziehung« (II)

25. Bei einem Manöver werden insgesamt 1780 km zurückgelegt. Der erste Abschnitt ist 180 km lang. Die anderen 8 Abschnitte sind annähernd gleich lang.
Wie lang ist ungefähr ein Abschnitt?
26. Bei einem Militärtransport über 2000 km werden am 1. Tag 500 km zurückgelegt. Der Rest der Strecke soll an 5 Tagen zu gleichen Teilen gefahren werden.
Wieviel Kilometer müssen täglich gefahren werden?
27. Bilde ähnliche Aufgaben!
Beachte: Nach dem Subtrahieren ist die Differenz zu dividieren!

(aus: Mathematik, Lehrbuch für Klasse 3. (Ost-)Berlin 1978)

C Potenzen und Potenzfunktionen

70. *Potenzen*
Wiederholung (70) · Potenzen (Exponent $n \in N$; $n \geqq 1$) (71) · Potenzen (Exponent $n \in G$) (73) · Potenzen (Exponent $n \in R$) (75) · Spezialfälle der Potenzgesetze (77) · Abtrennen von Zehnerpotenzen (79) · Rechnen mit physikalischen Größen (80) · Positionssysteme (81)
84. *Potenzfunktionen*
Wiederholung (84) · Potenzfunktionen $y = x^n$ ($n \in G$; $n \geqq 2$) (87) · Potenzfunktionen $y = x^n$ ($n \in G$; $n \leqq 1$) (90) · Potenzfunktionen $y = x^n$
$\left(n = \frac{p}{q}; p, q \in G; p \neq q; q > 0\right)$
(92) · Graphen von $g(x) = f(x) + e$ und $h(x) = a \cdot f(x)$ (94) · Beispiele für rationale Funktionen (99)

Geschosse beschreiben nach dem Abschuß eine ballistische Kurve, deren Weite und Höhe unter anderem auch vom Abschußwinkel abhängen. Würde nicht der Luftwiderstand den Flug beeinflussen, so wäre die Bahn eine Parabel. Die Bilder spezieller Potenzfunktionen sind ebenfalls Parabeln. Geschoßbahnen können mit Hilfe von Funktionen mathematisch erfaßt und die Einschlagstellen also im voraus berechnet werden.

(aus: Mathematik, Lehrbuch für Klasse 9. (Ost-)Berlin 1975, S. 69)

Zum Thema …
… »Wehrerziehung« (III)

Wir lernen

Wir wollen sagen, daß etwas in Zukunft geschieht.
Morgen besuchen wir unsere Patenbrigade. Wir werden kleine Geschenke überreichen.

12. Ansprache eines Zugführers unserer Kampfgruppen

Genossen Kämpfer!

In unserer heutigen Übung gehen wir davon aus, daß sich feindliche Agenten in dem Waldstück jenseits des Kanals verbergen. Sie haben den Auftrag, unser Kraftwerk zu sprengen.

Der Gegner wird versuchen, den Kanal bei Dunkelheit zu überqueren. Bis 17 Uhr besetzt Gruppe 1 unserer Einheit die Leninbrücke. Die Gruppen 2 und 3 sichern nachher das Kanalufer bis zum Kilometerstein 12. Bei der starken Bewölkung werden wir nicht die Hand vor Augen sehen. Also, auf jedes Geräusch achten! Um 24 Uhr ist die Übung beendet. Nun Uhrenvergleich. Es ist jetzt 14.58 Uhr.

a) Wann geschieht das, was im ersten Abschnitt dargestellt ist?
b) Wann geschieht das, was im zweiten Abschnitt dargestellt ist?
c) Schreibe den 2. Abschnitt ab!
Unterstreiche die Wörter, an denen du erkannt hast, daß es sich um zukünftiges Geschehen handelt!

d) Untersuche genauer, auf welche Weise bei den Verbformen »versuchen« und »sehen« ausgedrückt wurde, daß es sich um zukünftiges Geschehen handelt!
e) Schreibe diese beiden Verbformen mit dem Subjekt heraus!

(aus: Unsere Muttersprache. Klasse 3. (Ost-)Berlin 1981)

1. a) Bestimme in den beiden Sätzen Subjekt und Prädikat!
   b) Betrachte den unterstrichenen Teil des Satzes!
   Was erfährst du durch dieses Satzglied?
   c) Welches Satzglied wird näher bestimmt?

2. Assi lebt *bei den Grenzsoldaten.* Er ist der beste Wachhund. Assi klettert *über die Leiter* und springt *über die Holzwand.* Der Grenzsoldat nimmt ihn *auf jeden Gang an die Staatsgrenze* mit.
   a) Nenne Subjekt und Prädikat!
   b) Lies den Text ohne die unterstrichenen Teile!
   Welches Satzglied bestimmen die unterstrichenen Teile näher?
   c) Schreibe so auf:
   bei den Grenzsoldaten leben;
   über...
   d) Frage nach dem unterstrichenen Teil des Satzes mit der Frage »Wo?« oder »Wohin?«!

3. Fred geht über... (Straße).
   Marlis steht hinter ... (Handwagen).
   Klaus kommt aus ... (Haustür).
   Annett wartet vor... (Haus).
   Marion zeigt auf ... (viele Flaschen).

(aus: Unsere Muttersprache. Klasse 4. (Ost-)Berlin 1977)

Die Nationale Volksarmee der DDR wurde 1956 gegründet. Ihr Vorläufer war die Kasernierte Volkspolizei, die 1952 geschaffen wurde (also drei Jahre vor Gründung der Bundeswehr). Zur NVA gehören knapp 170000 Soldaten, die ihren Dienst bei den Land-

und Luftstreitkräften sowie bei der Volksmarine leisten. Aufbau und Ausrüstung der NVA entsprechen dem sowjetischen Vorbild. Die NVA ist eine Wehrpflichtarmee. Der junge Bürger muß achtzehn Monate Wehrdienst leisten. Kriegsdienstverweigerung ist nicht gestattet. Da es in der DDR dennoch Kriegsdienstverweigerer gibt, die bereit wären, für ihr Gewissen auch ins Gefängnis zu gehen, wurde durch eine Anordnung des Nationalen Verteidigungsrates der DDR 1964 die Möglichkeit geschaffen, Wehrdienst ohne Waffe zu leisten, und zwar als »Bausoldat«. Bausoldaten leisten ihren Wehrdienst kaserniert ab und werden zu allgemeinen Bauarbeiten, vor allem auch zum Bau militärischer Anlagen, zum Beseitigen von Übungsschäden usw. herangezogen. Totalverweigerer werden mit Gefängnis bestraft. Es gibt aber wenige Ausnahmefälle, in denen der Staat darauf verzichtete, jemanden einzuberufen, von dem er wußte, daß dieser total verweigern würde, also ein Prozeß und öffentliches Aufsehen unvermeidlich wären. Formell getrennt, tatsächlich aber der NVA zugeordnet, und zwar unter dem Kommando des stellvertretenden Ministers für Nationale Verteidigung, sind die Grenztruppen mit ca. 46 500 Mann. Sie bewachen die Grenzen vor allem entlang der innerdeutschen Demarkationslinie.

Im Ratgeber *Fragen und Antworten zum Wehrdienst* des Militärverlags der DDR wird der Auftrag des Militärs propagandistisch umrissen:

> »Die Bundeswehr und die Nationale Volksarmee unterscheiden sich wie Feuer und Wasser. Sie sind in ihrem Charakter und in ihrer Funktion so diametral entgegengesetzt wie die sozialistische DDR und die imperialistische BRD.
>
> Die NVA ist ein zuverlässiges Machtinstrument der Arbeiterklasse und unseres sozialistischen Staates. Quellen ihrer Stärke sind die führende Rolle der marxistisch-leninistischen Kampfpartei, ihre feste Verwurzelung im Volk und die konsequente Anwendung der marxistisch-leninistischen Lehre vom Krieg und von den Streitkräften. Waffenträger des Sozialismus sind Soldaten in eigener Sache, die für die gerechteste Sache einstehen, die es nur geben kann.
>
> Die Bundeswehr ist eine imperialistische Armee, sie ist aggressiv, reaktionär und zutiefst menschenfeindlich. Der Soldat in ihr vertritt nicht die Belange der Werktätigen, son-

Zu offiziellen Feierlichkeiten in der DDR gehören Militärparaden (dpa)

dern die Interessen der Monopolgewaltigen, der Profiteure der Hochrüstungs- und Konfrontationspolitik.«

(aus: *Autorenkollektiv:* Fragen und Antworten zum Wehrdienst. (Ost-)Berlin 1984, S. 21 f.)

Soldaten in der NVA

»Genervt werden die Wehrpflichtigen durch ein Überangebot an einseitiger politischer Schulung und durch immer neue Wettbewerbe. Meistens aber ist die Papierform der Truppe bei der Schlußabrechnung in solchen Wettbewerben wichtiger als der tatsächliche Zustand der Einheit. Vorgesetzte und Unterstellte – offiziell Klassenbrüder – haben ein gemeinsames Interesse, oben angenehm aufzufallen. Schlechte Ergebnisse im Ausbildungs- und Gefechtsdienst werden allen Dienstgradgruppen zur Last gelegt.

Gegen Ende der achtzehnmonatigen Wehrpflicht kaufen sich viele »Entlassungskandidaten« (EKs) ein Bandmaß von 150 Zentimetern Länge: Jeden Tag wird dann in den letzten 150 Tagen ein Zentimeter abgeschnitten. In den letzten vierzehn Tagen geht es in vielen Kasernen leicht chaotisch zu, da die EKs aus dem Feiern nicht mehr herauskommen. Die ganz überwiegende Zahl der Wehrpflichtigen ist froh, die Armee – die in der DDR durchweg von den Offiziellen als ›Schule der Nation‹ begriffen wird – verlassen zu können.«

(aus: Peter Joachim *Lapp:* Wehrpflicht in der Nationalen Volksarmee. In: W. *Filmer,* H. *Schwan,* a.a.O., S. 78–81 [Zitat S. 81])

»Liebe« und »Haß« sind Erziehungsmittel, auf ein klares Feindbild wird großer Wert gelegt.

Es ist schwer zu sagen, wie stark diese Form der propagandistischen Erziehung wirkt. Die Soldaten der NVA waren – von Ausnahmen abgesehen – beim Einmarsch in die Tschechoslowakei 1968 gehorsam. Geschossen wurde allerdings nicht. An der innerdeutschen Grenze, wo auf Flüchtlinge in der Regel geschossen wurde, ist die Disziplin nach allgemeinen Erkenntnissen ein Problem. Wer nicht schießt oder nicht trifft (!), erhält strenge Strafen, wer einen Flüchtling verwundet oder erschießt, wird belohnt. Es ist kaum nachzuvollziehen, welche Gewissenskonflikte der einzelne Soldat auf seinem Streifengang an der Grenze durchmacht. Viele haben ungeachtet aller Strafen auf Flüchtlinge bewußt daneben geschossen, oder sie sind selbst geflohen, andere haben

Kirchentag 1987. Unerfüllte Forderung junger Christen in der DDR: »für einen zivilen Ersatzdienst« (Bildarchiv Jürgens)

bewußt gezielt und getroffen. Durch gezielten Schußwaffeneinsatz starben von 1961 bis 1986 an der Berliner Mauer dreiundsiebzig Personen.

Außer NVA und Grenztruppen, dem Wachregiment und dem Staatssicherheitsdienst gibt es rund 500 000 Mann in den »Kampfgruppen der Arbeiterklasse«. Sie sind mit Infanteriewaffen ausgerüstet und haben den Auftrag, »die sozialistischen Errungenschaften jederzeit mit der Waffe in der Hand zu schützen«. Was das bedeutet, wird klar, wenn man die Geschichte dieser Kampfgruppen betrachtet. Sie wurden verstärkt nach dem Arbeiteraufstand vom 17. Juni 1953 aufgestellt und waren an der Absperrung der Berliner Sektorenübergänge beim Mauerbau am 13. August 1961 beteiligt. Ihre Funktion gleicht der einer bewaffneten Hilfstruppe der Partei.

In der DDR sind darüber hinaus knapp 400 000 Soldaten der »Gruppe der Sowjetischen Streitkräfte in Deutschland« stationiert. Sie repräsentierten die Rechte der Siegermacht und garantieren die feste Einbindung der DDR in das sowjetische Lager. Die GSSD war es vor allem, durch die der Arbeiteraufstand 1953 niedergeschlagen wurde.

Der Versuch, durch Wehrunterricht und paramilitärische Ausbildung an Schulen, Hochschulen, in Betrieben und in den Massenorganisationen die Wehrbereitschaft und Kampfmoral der Bevölkerung zu erhöhen, brachte eine Militarisierung des Alltagslebens mit sich. Ursache für diese Politik ist das Machtbedürfnis der SED und ihre Angst, die Macht zu verlieren. Bewaffnete Organe wurden und werden in der DDR eingesetzt: Gegen den Arbeiteraufstand 1953 und tagtäglich gegen jene Bürger, die aus ihrem Staat fliehen wollen. Beteiligt waren sie 1968 an dem Einmarsch in das »sozialistische Bruderland« CSSR. Ihr Einsatz richtete sich bislang immer gegen den »inneren Feind«.

6. Kirchen

Die Länder, aus denen die DDR gebildet wurde, waren überwiegend protestantisch. Heute liegt die Zahl der Mitglieder von Religionsgemeinschaften in der DDR vermutlich bei 50 % der Gesamtbevölkerung. Knapp 8 Millionen Bewohner der DDR gehörten noch 1977 der evangelischen Kirche an. Ursache für den Rückgang der Zahl der Kirchenmitglieder ist vor allem die Politik der SED, die jene benachteiligt, die gläubig sind und ihre Religion ausüben wollen. Beruflicher Aufstieg ist ihnen verwehrt.

Es gibt in der DDR rund 6000 Pfarrer und Priester. Weitaus größer ist die Zahl der haupt- und nebenberuflichen kirchlichen Mitarbeiter. Sie wird auf 40–50 000 geschätzt. Die Kirchen führen nicht nur Gemeindearbeit durch, sie unterhalten auch durch Diakonie und Caritas Krankenhäuser, Säuglingsheime, Kinderpflegestätten und – in den letzten Jahren verstärkt – Altenheime. Die evangelische Diakonie betreut rund 6800, die katholische Caritas rund 5400 Krankenhausbetten. Finanzielle Unterstützung erhalten die Kirchen in unveröffentlichter Höhe aus der Bundesrepublik.

Die Verfassung der DDR garantiert in Artikel 39 die Religionsfreiheit »in Übereinstimmung mit der Verfassung und den gesetzlichen Bestimmungen«. Gleichwohl stehen kommunistische Weltanschauung und religiöses Bekenntnis in einem unlösbaren Spannungsverhältnis zueinander. »Wissenschaftlich-atheistische Aufklärungs- und Erziehungsarbeit« gehört zum Selbstverständnis des sozialistischen Staates.

In der Anfangsphase der DDR stand demgemäß die antikirchliche Propaganda im Vordergrund. Allerdings getraute sich der sozialistische Staat nicht, die Kirchen aufzulösen. Zwar wurde die Kirchensteuer abgeschafft, aber die kirchlichen Gemeinden durften selbst Abgaben sammeln, es wurde ihnen auch der Grundbesitz

Die Schloßkirche in Wittenberg (dpa)

belassen. Die Gründung der CDUD und ihre Fortexistenz sind als Versuch der SED zu werten, die Christen in den Staat zu integrieren, so gut dies unter den Bedingungen des sozialistischen Aufbaus geht. Versuche, die Kirchen zu unterwandern, wurden aufgegeben. Der in den fünfziger Jahren gegründete »Bund evangelischer Pfarrer in der DDR«, der an der inneren und äußeren Stärkung der sozialistischen Gesellschaft« mitwirken sollte, löste sich 1974 selbst auf. Den Brückenschlag zwischen Staat und Kirche hatte noch Ulbricht selbst versucht, als er erklärte, das Christentum und die »humanistischen Ziele des Sozialismus« seien keine Gegensätze. Da man seitens der SED erkannt hatte, daß die Konfrontation mit den Kirchen nur zu Spannungen führte, wurde durch Ulbrichts Formel ein Kompromißweg angedeutet. Zu diesem gehörte allerdings, daß in den 60er Jahren die Partei- und Staatsführung ihre Kirchenpolitik unter deutschlandpolitischen Abgrenzungsgesichtspunkten führte. Die Kirchen gaben dem Druck nach. 1969 schlossen sich die evangelischen Landeskirchen zum »Bund der Evangelischen Kirchen in der Deutschen Demokratischen Republik« zusammen und schieden damit aus der gesamtdeutschen »Evangelischen Kirche in Deutschland« (EKD) aus. Allerdings bekennt sich der Bund »zu der besonderen Gemeinschaft der Evangelischen Christenheit in Deutschland«. Die Kirchenführung suchte die Kooperation mit dem Staat. Das fand in einer Erklärung der Synode des Bundes 1971 in Eisenach seinen Ausdruck: »Wir wollen nicht Kirche gegen, nicht Kirche neben, sondern Kirche im Sozialismus sein.« Honecker setzte den Kurs der SED konsequent fort. 1978 empfing er erstmals den Vorstand des Kirchenbundes und äußerte sich positiv über die Rolle der Kirchen im Staat. Die Kirchen erhielten die Erlaubnis zum Bau von Gotteshäusern in Neubaugebieten. Sie erhielten 1978 das Recht, einmal im Monat im staatlichen Rundfunk eine fünfzehnminütige Sendung auszustrahlen und darüber hinaus Sendetermine für Beiträge im 2. Programm des DDR-Fernsehens. Die evangelische Kirche darf auch nach wie vor fünf Wochenblätter herausgeben.

Einen Höhepunkt kirchlicher und staatlicher Kontakte stellten 1983 die Luther-Feiern dar. Obwohl Staat und Kirche jeweils eigene Komitees hatten, gab es schließlich gemeinsame Festveranstaltungen, die z. T. auch live im Fernsehen und Radio übertragen wurden. Unverkennbar ist die Zielsetzung Honeckers: Er will möglichst viele Bürger in den Staat integrieren, die Zahl der offenen Gegner möglichst kleinhalten. Wenn also die Kirchen die Gläubigen an den Staat heranführen und zudem die Eigenstaatlichkeit der DDR durch Organisationsform und Aktivitäten unterstützen, dann dürfen sie entsprechend tätig sein, und dann ist ihnen auch die weitere Selbstverwaltung gestattet.

Konflikte sind dadurch nicht beendet. Immer wieder kommt es zu Spannungen an der Basis. Die Selbstverbrennung des Pfarrers Brüsewitz 1976 aus Protest gegen die Kirchenpolitik des Staates löste eine lebhafte Diskussion über die Kirchenarbeit aus. Eine weitere Belastung ergab sich 1978 durch die Einführung des Wehrunterrichts in den Schulen. Eltern suchten Unterstützung bei der Kirche, und deren Leitung wurde beim Staat vorstellig. Hier zeigten sich die Grenzen der Kooperation sehr bald. Proteste der Kirche wurden strikt zurückgewiesen. Die Entstehung von Basisinitiativen zur Friedensarbeit in den Kirchen hatte zur Folge, daß 1980 die Post der DDR kirchliche Zeitungen im Abonnement nicht mehr auslieferte. Besonders die Verteilung von Aufnähern »Schwerter zu Pflugscharen« führte 1981 zu Störungen. Der Staat fühlte sich herausgefordert, die Kirchenleitungen lenkten ein. Sie erklärten, den Aufnäher nicht mehr herstellen und verteilen zu wollen. Hierauf gab es wiederum starke Proteste besonders unter den jugendlichen Gläubigen. Sie vor allem fordern von der Kirche Unterstützung und nicht einen Ausgleichskurs mit dem Staat. So sind es heute vor allem einzelne Pfarrer, die ihre Gemeinden zu einem Anziehungspunkt für Jugendliche machen. Die Kirche wurde so überraschenderweise zu einer Stätte der Begegnung für all jene, die eine Gegenkultur suchen. Sie ist die einzige Großorganisation in der DDR, die nicht von der SED beherrscht wird und kann infolgedessen diesen Raum bieten. Friedensbewegung in der DDR bedeutet heute praktisch Gemeindearbeit in der Kirche.

Mahnwache vor der Ost-Berliner Zionskirche im November 1987 (dpa)

Deren Gewicht in der Gesellschaft nimmt so wieder zu. Dies führte 1988 zu einer erneuten Spannung zwischen Kirche und Staat bzw. SED. Kirchenzeitungen wurden zensiert, Gottesdienstbesucher kontrolliert, die Gemeindearbeit behindert.

Die Verhältnisse für die katholische Kirche sind insofern anders, als es in der DDR nur noch 1,2 Millionen Katholiken gibt. Aber die Grundbedingungen sind dieselben. Auch sie wurde nach einem Einigungsprozeß, in diesem Fall zwischen DDR-Regierung und Vatikan, durch vatikanisches Dekret 1976 von der Deutschen Bischofskonferenz unabhängig und selbständig. Der Zusammenhalt unter den Katholiken und ihr Festhalten an der Religionsausübung im kirchlichen Rahmen sind allerdings sehr stark. Besonders deutlich wird dies im Eichsfeld, einer katholischen Enklave, die zwischen beiden deutschen Staaten geteilt ist. Die katholischen Bischöfe der DDR weichen einem Streit mit dem Staat nicht aus. 1974 und anläßlich der Einführung des Wehrunterrichts abermals 1978 verlasen katholische Geistliche von den Kanzeln ein Hirtenwort gegen den umfassenden Erziehungsanspruch des Staates. 1983 wandte sich ein Hirtenbrief gegen die Militarisierung der Gesellschaft in der DDR.

Katholikentreffen 1987 in Dresden (dpa)

Für beide Kirchen und auch die kleinen anderen Religionsgemeinschaften gilt: Je stärker die Religion praktiziert wird, je mehr Gemeindearbeit stattfindet, desto mehr sind Partei und Staat betroffen, fühlen sie sich herausgefordert. Das Konfliktpotential bleibt also bestehen. Der Kompromißkurs von Parteiführung und Kirchenleitung hat so seine Grenzen. Überwunden werden könnte der Gegensatz nur, wenn die Christen ihren Glauben oder die Kommunisten ihren Atheismus aufgäben.

7. Opposition

Das *Kleine Politische Wörterbuch* definiert den Begriff »Opposition« richtig als »Gegensatz, Gegnerschaft, Widerstand«, und zwar im politischen Bereich als »Widerstand bestimmter politischer Richtungen und Organisationen gegen eine Regierung« (S. 694). Zugleich wird aber Opposition an den »bürgerlichen Staat« gebunden. Das bedeutet, daß für Opposition im sozialistischen Staat andere Bedingungen gelten. So heißt es im gleichen Nachschlagewerk dazu:

> »In sozialistischen Staaten existiert für eine Opposition keine objektive politische oder soziale Grundlage, denn die Arbeiterklasse – im Bündnis mit allen anderen Werktätigen – ist die machtausübende Klasse ...« (S. 695)

Opposition ist danach aus ideologischen Gründen ausgeschlossen, sie wird aus machtpolitischen Gründen in der DDR verfolgt, und es gibt sie dennoch – freilich unter den besonderen Bedingungen einer Parteidiktatur.

Die Formen oppositionellen Verhaltens sind in der DDR sehr vielfältig. Mit der Niederschlagung des Volksaufstandes vom 17. Juni 1953 und durch den Mauerbau vom 13. August 1961 wurde deutlich, daß die Staatsmacht alle ihr zur Verfügung stehenden Mittel einsetzt, um Widerstand zu brechen und oppositionelles Verhalten zu unterbinden. Wirksamstes Instrument ist seitdem der Staatssicherheitsdienst. Entscheidend ist das in der DDR verbreitete Bewußtsein, Widerstand sei zwecklos. Hierzu trägt ein

Strafgesetzbuch bei, das mehrere »Gummiparagraphen« enthält, durch deren Bestimmungen mißliebige Personen verurteilt werden können, z. B. wegen »staatsfeindlicher Hetze« (§ 106 StGB) oder »ungesetzlicher Verbindungsaufnahme« (§ 219 StGB). Damit können z. B. SED-kritische Äußerungen, die Korrespondenz mit westdeutschen Umweltschutzgruppen oder Briefe an amnesty international gemeint sein. Die politische Opposition wird durch derartige gesetzliche Bestimmungen kriminalisiert.

Ursache für oppositionelles Verhalten ist vor allem die SED-Diktatur selbst. Die Bürger können nicht frei reden, handeln, reisen; Wissenschaftler können nicht frei arbeiten; Künstler können sich nicht frei ausdrücken; Umweltschützer und Friedensgruppen dürfen nicht frei arbeiten; Christen werden benachteiligt. Die Unterdrückungsmaßnahmen treffen den am ehesten, der von eigenständigem Denken zu selbständigem Handeln getrieben wird und so gegen die Spielregeln der Staatsmacht verstößt. Wer sich nicht an das Ritual hält, verhält sich bereits oppositionell.

Zum wichtigsten Zentrum oppositioneller Kreise sind gegen den Wunsch der Kirchenleitungen die christlichen Gemeinden geworden. Pfarrer Brüsewitz, der sich 1976 selbst verbrannte, hatte auf ein Spruchband geschrieben: »Die Kirchen klagen den Kommunismus wegen der Unterdrückung der Jugend an.« Schon zuvor hatte er auf die staatliche Propagandaparole »Ohne Gott und Sonnenschein fahren wir die Ernte ein!« mit einem Spruchband geantwortet: »Ohne Regen, ohne Gott, geht die ganze Welt bankrott!« Sein Verhalten war für viele Jugendliche aufrüttelnd. Brüsewitz' Engagement öffnete die Kirche zugleich für jene Jugendlichen, die nicht eigentlich kirchliche Betätigung wünschen, sondern die auf der Suche nach einem Freiraum sind, um ihre weltanschaulichen Positionen und Fragen zum Ausdruck zu bringen und zu diskutieren. Gerade wegen der Militarisierung der DDR-Gesellschaft, die im Widerspruch zu den Friedensbekundungen des Staates steht, und wegen des einzig möglichen Protestes im Rahmen der Kirche wurde sie zum Zentrum pazifistischer Gruppen in der DDR. Diese Friedensgruppen in der DDR unterscheiden sich nicht in ihrer pazifistischen Grundströmung, wohl aber im starken Betonen der Menschenrechte und auch in ihrer organisatorischen Struktur von denen in der Bundesrepublik. Sie bilden keine geschlossene Organisation, haben deshalb auch keine Leitungsorgane und führen auch keine Großdemonstrationen durch. Die Friedensgruppen sind über die Kirchengemeinden des Landes zersplittert. Eine von ihnen, die Jenaer Friedensgruppe, war besonders aktiv und wollte ein Informationsnetz der Gruppen untereinander herstellen. Als sie offen mit Plakaten »Verzicht auf Gewalt« und »Militarismus raus aus unserem Leben« forderte, wurden die führenden Mitglieder verhaftet und wegen »Rowdytum« und »ungesetzlicher Verbindungsaufnahme« zu Gefängnisstrafen verurteilt. 1983 schob die DDR einige von ihnen in die Bundesrepublik ab.

Die Kirche und die »alternative Szene«: Bluesmessen

Blues und Trouble
Gespräch mit Günther »Holly« Holwas

OL: Du hast deine Texte für die Bluesmesse von der Kirche absegnen lassen.

Holly: Ja, als ich anfing, deutsche Texte zu machen. Bis Ende 1980 war noch eine phantastische Spontaneität bei diesen Bluesmessen, was dann total verlorenging. Ganz zum Schluß war nur noch »action«, es ging nur noch darum, so viele Jugendliche wie möglich in den Bann der Kirche zu locken. Anfangs hatte es gute Themen gegeben: Angst, Aussteiger, Ökologie.

OL: Wer hat die Themen festgelegt?

Holly: Es gab eine Vorbereitungsgruppe von fünf Personen. Ab 1981 war ich mit in dieser Gruppe und habe versucht, Texte zum Thema zu liefern. 1981 wurde ich zum Zentralhaus für Kulturarbeit in der Leipziger Straße vorgeladen. Da wurde mir kameradschaftlich nahegelegt, ich möchte mit dieser Bluesmesse aufhören, es wäre für meine weitere Entwicklung nicht von Vorteil. Ich hatte z. B. immer die Staatssicherheit begrüßt, prinzipiell bei jeder Bluesmesse. Ich hab gesagt, schönen guten Abend, ihr Herren, die ihr Schwierigkeiten habt, alles zu behalten, was hier so gesprochen wird. Ich hab die Leute drauf aufmerksam gemacht, daß auf jedem Dach, was dem Ausgang gegenüberlag und in jedem Barkas (DDR-Kleinbus, O.L.), der vorm Ausgang stand, die Stasi saß und alle gefilmt hat, die aus der Kirche rauskamen. Ich hab gesagt: bitte lächeln, um jetzt einen guten Eindruck zu machen. Ich wurde unter den scheinheiligsten Gründen vorgeladen, z. B. einen Tag vor der Bluesmesse mit Stefan Diestelmann habe ich eine Vorladung bekommen wegen Klärung eines Sachverhalts im Untersuchungsgefängnis in der Keibelstraße. Ja, sagten die, wir haben hier zwei Zeugenaussagen gegen Sie wegen unerlaubten Waffenbesitzes, Sie haben 'ne Pistole und haben damit geschossen. Aber ich war abgesichert durch Leute von der Kirche und zwei Anwälte, die mußte ich anrufen, sobald ich wieder raus bin.

OL: Die wären aktiv geworden, wenn du dich innerhalb einer Frist nicht gemeldet hättest.

Holly: Genau. Plötzlich wurden Konzerte, die mein Manager abgeschlossen hatte und die längst unterschrieben waren, kurzfristig abgesagt, ohne Angabe von Gründen. Selbst zehn Minuten vor einem Konzert wurde noch abgesagt. Anstandslos hat man die Vertragsstrafe bezahlt. Es ist vorgekommen, in Dresden, daß wir vor einem Publikum gespielt haben, was sich ausschließlich aus Stasi-Leuten zusammengesetzt hat, so wie damals bei Manfred Krug auch. Da sitzen nun 200 Leute und kein einziger verzieht eine Miene.

OL: Die dürfen dann auch nicht klatschen.

Holly: Überhaupt nichts weiter, als wenn da Puppen sitzen. Eisige Kälte. Jedenfalls bin ich dann nach zwanzig Minuten aufgestanden, hab mich recht herzlich für ihre Anteilnahme bedankt und bin nach Hause gefahren. Dann wurde ich noch einmal vorgeladen zum Haus für Kulturarbeit, man hat mir einen Plattenvertrag angeboten, wenn ich sofort mit der Bluesmesse aufhören würde. Man könne sich auch über eine Profilaufbahn unterhalten. So. Dann haben sie mir die Spielerlaubnis entzogen, hatte in Berlin Auftrittsverbot, bald dann in der gesamten DDR. Ich hatte keine Auftrittsmöglichkeiten mehr, nur noch die Bluesmessen.

OL: Wovon hast du gelebt?

Holly: Ich hab als Aufkäufer im Altstoffhandel gearbeitet. Die Bluesmesse war aus der Samariter-Kirche nach Lichtenberg in die Erlöser-Kirche verlegt worden, da kamen schon über 6000 Leute, wir mußten viermal hintereinander die Messe machen, immer anderthalb Stunden, freitags von nachmittags bis abends.

OL: Die mußten doch auch mal ...?

Holly: Die haben richtige Toilettenwagen besorgt, das war von der Kirche alles organisiert, du konntest Brause und Würstchen kaufen. Viermal hintereinander, das war totaler Stress, ich hab an einem Tag fünfeinhalb Pfund abgenommen. Dann kam eine Einschränkung von der Kirchenleitung, daß die Themen einem Rechtsanwalt vorgelegt werden müßten. Zensur, totale Zensur, weil sie den Druck von oben hatten. Ich habe ein langes Gespräch mit Eppelmann, ich wollte nicht mehr auftreten, weil es nur noch eine Veranstaltung der Veranstaltung wegen war; ich habe dann auf Grund meines Spielverbots einen Ausreiseantrag gestellt nach Kanada, das war Anfang August 1981. Die nächste Bluesmesse sollte am 27. November stattfinden, am 13. November wurde ich vorgeladen, man hat mir gesagt, innerhalb von acht Tagen habe ich die DDR zu verlassen, also kurz vor der Bluesmesse. Deshalb bin ich jetzt hier. Das ist alles.

OL: Was packt man da in seine Koffer?

Holly: Das Nötigste.

OL: Und was ist das?

Holly: Ein paar Bilder, von denen ich mich nun nicht trennen wollte. Ich hab meine sämtlichen Büchersammlungen und Tonbänder, mein sämtliches Mobiliar verschenkt. Man kann es mit nichts aufwerten, was es hier gibt. Du hast alle Freunde und Kumpel drübengelassen. Du bist in eine Welt reingekommen, die du ganz schwer verstehst.

Auto halten, Häuschen bauen,
Fressen, Fernsehen, Fußball, Frauen –
bunte Freizeit, heißt das – wie?
Ich finde, alles nur Monotonie.
Stolz verschleudern die Devisen
in den Einkaufsparadiesen,
sich was leisten, heißt das, – wie?
Ich finde, alles nur Konsumideologie.
An gewissen Feiertagen
froh sich auf die Schenkel schlagen,
seht, das Himmelreich, es naht – wie?
Ich finde, alles nur Euphorie.
In verqualmten Kneipen schwitzen,
und sein bißchen Geist verspritzen,

etwas ändern heißt das – wie?
Ich finde, alles nur Onanie.
Lieber meckern, durchdrehn, stöhnen,
als sich resigniert daran gewöhnen,
warten, dulden, hoffen – wie?
Ich finde, alles nur Lethargie.
(Aus einer Bluesmesse am 7. Oktober, »Tag der Republik«)

(aus: Olaf *Leitner:* Rockszene DDR. Aspekte einer Massenkultur im Sozialismus. Rowohlt Taschenbuch Verlag Reinbek bei Hamburg 1983, S. 93–95)

Die Forderungen von mehreren tausend Mitgliedern christlicher Gemeinden nach einem »sozialen Friedensdienst«, welche die Kirchenleitungen nicht offen zur eigenen Sache machten, viele Pfarrer aber in ihrer Arbeit in den Vordergrund stellten, wurde vom Staat brüsk zurückgewiesen. Jugendliche, die hierfür eintraten, den Aufnäher »Schwerter zu Pflugscharen« trugen, also offen eine oppositionelle Haltung zeigten, wurden mit Nichtzulassung zum Abitur, Entfernung aus der Erweiterten Oberschule, Verlust des Studienplatzes, Nichtannahme zur Lehrlingsausbildung usw. bestraft.

Junge Gottesdienstbesucher in Ost-Berlin (dpa)

Dennoch ist oppositionelles Verhalten damit nicht unterbunden worden. Heute ist es vor allem der Umweltschutz, der die Jugend herausfordert. Offiziell wird Umweltschutz vorsorglich betrieben, doch allein die Praxis der Braunkohleverwertung für Kraftwerke und private Heizungen, der unbefangene Einsatz von Kunstdünger, die Versalzung von Flüssen usw. machen ganz offenkundig, daß der Staat zugunsten der Produktionssteigerung den Umweltschutz vernachlässigt. Die SED versuchte 1980 durch die Gründung der »Gesellschaft für Natur und Umwelt« vorausschauend die Entstehung einer Ökologiebewegung aufzufangen. Das gelang ihr nicht, weil es heute überall zum Wesen von Umweltschutzgruppen gehört, kritisch zu sein, Versäumnisse aufzuspüren und Mängel anzuprangern. Genau das widerspricht dem Selbstverständnis des sozialistischen Staates. Auch hieran zeigt sich exemplarisch: Die Struktur des SED-Staates läßt eine tatsächliche Beteiligung des einzelnen und verschiedener Interessengruppen am politischen Willensbildungsprozeß nicht zu. Weil aber die Partei- und Staatsführung aus Erfahrung weiß, daß immer wieder Personen mit unterschiedlichen Interessen auftreten, werden in begrenztem Maße »Nischen« toleriert. Hier darf der einzelne »Dampf ablassen«, ohne daß die Staatsmacht direkt gefährdet wird.

Umweltinformationen am Rande eines »Umweltgottesdienstes« in Mölbis bei Leipzig (dpa)

Zum Thema …
… Umweltschutz (I) – Die Sicht des Ministers

Fragen an den Minister

Um den Leser mit einigen Aspekten der Umweltschutzpolitik der DDR bekannt zu machen, bat die Redaktion den Stellvertreter des Ministerrates und Minister für Umweltschutz und Wasserwirtschaft, Dr. Hans Reichelt, folgende Fragen zu beantworten.

Fragen: In den letzten Jahren hat die Umweltpolitik eine wachsende Bedeutung erlangt. International werden viele Probleme und Aufgaben diskutiert. Was halten Sie, Herr Minister, für das Wichtigste zum Schutz der Umwelt?

Dr. Reichelt: In der gegenwärtig international angespannten und äußerst gefährlichen Situation ist die Sicherung des Friedens das Allerwichtigste jeder Politik zum Schutz der Natur. Die Sozialistische Einheitspartei Deutschlands, die anderen Parteien in der DDR und die Regierung widmen der Erhaltung, der sinnvollen Nutzung und dem Schutz der natürlichen Umwelt als festem Bestandteil der auf das Wohl des Volkes gerichteten Gesamtpolitik ständige Aufmerksamkeit. Zur Verwirklichung dieser Politik ist der Frieden unerläßlich. Im übrigen sollte jeder, der sich dem Schutz der Natur verpflichtet fühlt, verstehen, daß wirkliche Umweltpolitik ein friedliches Zusammenleben der Völker und Staaten erfordert – unabhängig von ihrer Gesellschaftsordnung, auf der Grundlage der Prinzipien der friedlichen Koexistenz.

Die größte Bedrohung für die Menschheit, ihre Gesundheit und ihr Leben, für den Bestand ihrer Kultur und Umwelt geht heute vom Wettrüsten aus, das von den aggressivsten Kreisen des Imperialismus immer mehr eskaliert wird. Erinnert sei nur an die geplante Militarisierung des Weltraums und die zunehmende Anhäufung nuklearer Potentiale. Unermeßlich größer als von allen bisher bekannten sind die Gefahren, die Natur und Umwelt von atomaren, biologischen oder chemischen Kriegen drohen.

Unsere Bemühungen, die natürlichen Lebensbedingungen der Menschen zu erhalten und zu verbessern, die Naturressourcen rationell zu nutzen und zu bewahren, Luft und Wasser rein zu halten, Wälder, Meere und Seen, die Tier- und Pflanzenwelt zu schützen, sind doch nur sinnvoll, wenn ein nuklearer Weltkrieg verhindert wird, der alle Anstrengungen zunichte machen würde. Bereits heute führt das Wettrüsten zur Verschwendung von Naturreichtümern und Rohstoffen, zur Zerstörung ganzer Landschaften. Darüber hinaus verhindert die von gewissen NATO-Kreisen forcierte Hochrüstungs- und Konfrontationspolitik mit der Vergeudung unvorstellbarer finanzieller Mittel die Verwirklichung längst überfälliger, ja sogar international vereinbarter großer Projekte für den Umweltschutz.

Oberste Aufgabe ist es daher, mit der Schaffung einer weltweiten Koalition der Vernunft und des Realismus ein atomares Inferno abzuwenden, das Wettrüsten im Weltraum zu verhindern und auf der Erde zu beenden. Darauf sind die vielfältigen, zwingenden und logischen Vorschläge der UdSSR, der DDR und der anderen sozialistischen Staaten gerichtet. Würden zum Beispiel die USA dem Schritt der UdSSR folgen und ebenfalls ein Moratorium für nukleare Explosionen einführen, könnte das den Weg zur Beendigung der weiteren Vervollkommnung todbringender Kernwaffen ebnen. Die internationale Entspannung, die Beziehungen von Staaten unterschiedlicher Ordnung würden belebt, riesige Gefahren und nicht wieder gut zu machende Schäden für Menschheit und Biosphäre abgewendet. Mit Schritten zur Abrüstung und den dadurch freiwerdenden Mitteln wären auch entscheidende Bedingungen für die wissenschaftlich-technische und wirtschaftliche Zusammenarbeit zur Lösung globaler Umweltprobleme geschaffen.

(aus: Umweltschutz – Aufgaben und Ergebnisse. Aus erster Hand. Informationen aus der Deutschen Demokratischen Republik. Panorama DDR, (Ost-)Berlin 1986, S. 6–8)

Zum Thema …
…Umweltschutz (II) – Die Lage

Im ganzen Land sind während der letzten Jahre Dutzende von Umweltgruppen entstanden. Manche arbeiten mit staatlichen Organisationen zusammen, andere üben Selbstkritik an ihrem eigenen Verhalten als Konsumenten und Umweltschädiger, viele treten selbständig oder unter dem Schutz der protestantischen Kirchen in Aktion.

Zum alljährlichen Uno-Umwelttag Anfang Juni fallen die Grünen (Ost) regelmäßig mit Fahrraddemonstration auf, Motto: »Mobil ohne Auto«. In vielen Gemeinden sind Baumpflanzaktionen an der Tagesordnung. Die Umweltproteste in der DDR richten sich vor allem gegen den Wachstumskurs der SED, Hauptforderungen: eine öffentliche Umweltdiskussion und wahrheitsgetreue Darlegung der Fakten.

In fünf Ballungsgebieten, den Bezirken Halle, Leipzig, Dresden, Karl-Marx-Stadt und Berlin, konzentrieren sich auch die Umweltprobleme. Hier wird mehr als die Hälfte der industriellen Güter erzeugt, hier ist die Luftbelastung, ergaben DDR-Expertisen, »mehr als doppelt so hoch« wie in Chicago, Tokio oder Düsseldorf.

Abhilfe ist nicht in Sicht. Wirksame Maßnahmen, die Luftverschmutzung zu reduzieren, haben die SED-Politiker nicht auf dem Plan. Die DDR ist nicht mal halb so groß wie die Bundesrepublik, doch sie stößt doppelt so viel Schwefeldioxid (SO_2) aus: fast sechs Millionen Tonnen pro Jahr. …

Anders als die Bundesrepublik, die durch Milliardeninvestitionen die SO_2-Emissionen der Kraftwerke in den nächsten vier Jahren auf etwa eine Million Tonnen reduzieren will, gibt es in der DDR keine Aussicht auf Besserung: Es fehlt das Geld für den Umweltschutz.

… Wirtschaftliche Stabilität hat Vorrang, die ohnehin knappen »Investmittel« (so das SED-Deutsch) werden in anderen Bereichen der technologisch rückständigen Industrie dringender benötigt. Umweltpolitik in der DDR ist bisher nur ein schwacher Versuch, wenigstens die schlimmsten Schäden zu mildern. …

> Die Kurzsichtigkeit der DDR-Politik zeigt heute katastrophale Folgen. Im ganzen Land leiden Mensch und Tier unter den Schadstoffen in der Luft, ist das Ökosystem gefährdet, zerfrißt die Korrosion historische Gebäude, nagt an Wohnhäusern und Betrieben. ...
>
> Toter oder sterbender Wald ist mittlerweile überall in der Republik zu besichtigen, nicht nur im Thüringer Wald oder Erzgebirge. Forstexperten kommen aus ganz Europa angereist, um die Schäden zu studieren.
>
> (aus: Peter *Wensierski:* »Wir haben Angst um unsere Kinder«. In: *Der Spiegel* Nr. 28 v. 8. 7. 1985, S. 65–68)

Ähnliche Prolbleme stellen sich mit anderen oppositionellen Gruppen oder Einzelpersonen. Künstler haben in den letzten Jahren immer wieder den Ausweg in einer Übersiedlung in den Westen gesucht. Ein Teil der Schriftsteller läßt seine Werke ohnehin in der Bundesrepublik verlegen, weil sie in der DDR der Zensur zum Opfer fallen. Manche Künstler, wie Wolf Biermann, wurden aus dem Staat vertrieben, und der Staat verweigert ihnen die Rückkehr. 1988 wurde Stefan Krawczyk »abgeschoben«. Das intellektuelle Klima in der DDR ist deshalb durch Starrheit und Stagnation gekennzeichnet. Die kritischen Stimmen bleiben meist stumm. Der Zensor verbietet ihnen das Sprechen. Vereinzelt darf auf einer Theaterbühne auch Kritisches laut werden. Das Publikum reagiert äußerst sensibel auf derartige Formen der Kritik. Auch Theateraufführungen können so eine von der Staatsmacht tolerierte Ventilfunktion erfüllen; Kritik wird ausgesprochen und beklatscht, sie gefährdet dadurch aber nicht das System. Was die Partei für systemgefährdend hält, bleibt weiterhin von der Zensur verboten. Maß muß abwarten, inwieweit der kulturelle Liberalisierungsprozeß in der Sowjetunion, der sich z. Zt. entwickelt, Auswirkungen auf die DDR haben wird.

Auch die Opposition von links wird unterdrückt. Robert Havemann, Kritiker der SED und Verfechter eines demokratischen Sozialismus, wurde isoliert. Rudolf Bahro konnte den Staat verlassen. Die linkssozialistische Opposition ist beschränkt auf wenige Intellektuelle.

Solange der Staat jeder Opposition die Existenzberechtigung abspricht, wie dies in der DDR geschieht, solange wird er eine Gratwanderung unternehmen müssen, bei der die bewaffnete

Macht und die geheime Polizei seine wichtigsten Instrumente zur Herrschaftssicherung sind. Die SED versucht dieses Dilemma zu lösen, indem sie einmal Nischen mit Ventilfunktion zuläßt und zum anderen soziale Leistungen anbietet, die dem einzelnen zeigen sollen, daß es ihm »eigentlich« gut geht. Sie weiß aber genau, daß der Staatsicherheitsdienst und die Mauer ihre Macht zuverlässiger garantieren als staatlich kontrollierte Freiräume und Prämien. Weltanschauliche und politische Freiheit bleibt die zentrale Herausforderung an das SED-Regime.

8. Grundrechte und Grundpflichten – zur Lage der Menschenrechte in der DDR

Mit dem Dilemma der Opposition ist zugleich beschrieben, welche Stellung die Grundrechte im System der DDR haben. Nach marxistischem Verständnis gibt es keine allgemeinen und unveräußerlichen Menschenrechte. Recht gehört danach zum ideologischen Überbau im Staat und ist abhängig von der materiellen Basis, den Eigentumsverhältnissen. Die Rechtsordnung der DDR soll mithin eine von der Arbeiterklasse geprägte sein.

Zum Thema …
… Opposition und Grundrechte

Jana Kruschwitz, 20 Jahre, ehemals wohnhaft in Jena, Verkäuferin, wurde nach § 219 zu einem Jahr Freiheitsentzug verurteilt. Jana berichtet, wie es dazu kam:

»Anfang 1983 begann ich mich in der unabhängigen Friedensbewegung der DDR zu engagieren. Wir druckten Flugblätter gegen die SED, sprühten Losungen an Häuserwände gegen das ›sozialistische System‹ und beteiligten uns auf unsere Art an den Demonstrationen der FDJ. Diese Aktionen liefen unter dem Namen der Jungen Gemeinde ab, einer Jugendgruppe der evangelischen Kirche. Ich war damals noch Lehrling und hatte deshalb oft Auseinandersetzungen mit der Direktion meiner Berufsschule. Im Sommer 1983 wurde mein Freund, Armin Graf, verhaftet, da er den Eingriff der Sicherheitsorgane gegen die Leute vom ›Weißen Kreis‹ in Jena fotografierte, weshalb er in der Folgezeit zu einer Freiheitsstrafe von einem Jahr und sieben Monaten verurteilt wurde. Ich sandte sofort seine Daten und den Grund seiner Verhaftung an Freunde in West-Berlin. Dies erfuhr der Staatssicherheitsdienst, worauf ich mehrmals verhört wurde, jedoch alles abstritt. Man drohte mir mit drei Jahren Freiheitsentzug, hatte jedoch keinerlei Beweise. Dem MfS war bekannt, daß wir uns an Demonstrationen der FDJ gegen die NATO-Hochrüstung beteiligten, jedoch anders, als die es wollten. Die üblichen Fragen, worauf sie von uns jedoch keine Antwort bekamen, lauteten: ›Was haben Sie denn geplant? Wer beteiligt sich daran? Wer hat das angestiftet?‹.

Im November bekam ich einen Ersatzausweis PM 12 (mein Personalausweis wurde mir weggenommen). Bei der Kriminalpolizei mußte ich unterschreiben, daß ich nicht gegen die §§ 212–220 StGB der DDR verstoßen werde. Mindestens einmal wöchentlich kamen Polizei und Staatssicherheitsdienst in meine Wohnung wegen angeblicher Fahndungskontrolle und Ruhestörung. Im März 1984 wurde Räumungsklage gegen unsere Wohngemeinschaft erhoben.

Mein Antrag auf Sozialunterstützung wurde von der Abteilung ›Soziale Betreuung‹ beim Rat der Stadt Jena abgelehnt mit der Bemerkung: ›Verkaufen Sie doch ein paar Klamotten oder Platten‹.

Als die Polizei und MfS von weiteren geplanten Aktionen zum 1. Mai (›Tag der Arbeit‹) und zum 6. Mai (Kommunalwahlen in der DDR) erfuhren, wurden ca. 50 Personen verhaftet. Ich wurde in die Untersuchungshaftanstalt des MfS in Gera gebracht. Bei einer Hausdurchsuchung wurden Briefe von Freunden aus West-Berlin gefunden, woraus hervorging, daß ich sie über meine Situation informiert hatte. Daraufhin wurde ich wegen ›Ungesetzlicher Verbindungsaufnahme‹ – § 219 – zu einem Jahr Freiheitsentzug verurteilt.«

(aus: Menschenrechte in der DDR und Ost-Berlin. Hrsg. von der Internationalen Gesellschaft für Menschenrechte. Frankfurt/M. 1987, S. 82–83)

Die Artikel 19 bis 40 der DDR-Verfassung behandeln »Grundrechte und Grundpflichten der Bürger«. Darin wird einleitend auch der Grundsatz der Menschenwürde genannt. Doch welches Grundrechtsverständnis (der Begriff Menschenrechte wird nicht verwandt) dem zugrunde liegt, beschreibt Artikel 19 Absatz 3 der *DDR-Verfassung:*

> »Frei von Ausbeutung, Unterdrückung und wirtschaftlicher Abhängigkeit hat jeder Bürger gleiche Rechte und vielfältige Möglichkeiten, seine Fähigkeiten in vollem Umfange zu entwickeln und seine Kräfte aus freiem Entschluß zum Wohle der Gesellschaft und zu seinem eigenen Nutzen in der sozialistischen Gemeinschaft ungehindert zu entfalten. So verwirklicht er Freiheit und Würde seiner Persönlichkeit.«

Entscheidend in diesem Absatz ist das Wort »so«. Es besagt, daß die Menschenwürde und die freie Entfaltung nur im Rahmen der sozialistischen Staats- und Gesellschaftsordnung entfaltet werden können. Nur in der sozialistischen Gemeinschaft soll der einzelne die Chance zur Entwicklung seiner Persönlichkeit erfahren. Deshalb bilden Grundrechte und -pflichten auch eine Einheit. Ein Beispiel mag das verdeutlichen:

Artikel 28 der DDR-Verfassung gibt den Bürgern das Recht, »sich im Rahmen der Grundsätze und Ziele der Verfassung friedlich zu versammeln«. Grundsatz der Verfassung, Staatsziel schlechthin, ist nach Artikel 1 der Sozialismus. Das Recht auf Versammlungsfreiheit ist also an die Pflicht gebunden, diese nur zum Wohle des Sozialismus zu nutzen. Demonstrationen gegen die SED sind somit verboten.

Artikel 27 der DDR-Verfassung gewährt die Meinungsfreiheit. Natürlich darf sie auch nur insoweit beansprucht werden, als dabei keine »staatsfeindliche Hetze« betrieben wird, Sozialismus und Sozialistische Einheitspartei also nicht kritisiert werden. Artikel 27 gewährt auch die Pressefreiheit. Aber das SED-Statut lehrt uns, daß die Partei zu ihren wichtigsten Aufgaben die »Leitung der Presseorgane« zählt.

Presseberichterstattung Deutschland-Ost

Neues Deutschland

6./7. Februar 1988, S. 2

»Komsomolskaja Prawda«: Über dem Abgrund der Lüge

Von S. Maslow, Korrespondent in Berlin

Unter den »hervorragenden Errungenschaften« der westlichen »Demokratie« ist meiner Ansicht nach eine unumstrittene. Was man ihr nicht nehmen kann, ist das Recht, unverblümt zu lügen. Und zwar hinsichtlich der »Verletzung der Menschenrechte« in den sozialistischen Ländern. Ein weiteres Zeugnis dafür ist die lärmende feindliche Kampagne, die in diesen Wochen die Massenmedien der BRD und Westberlins entfalteten. Der Vorwand dafür waren die provokatorischen Ausfälle, die am 17. Januar ein Häuflein Abtrünniger während der großen Demonstration der Werktätigen in der Hauptstadt der Republik zum Andenken an Karl Liebknecht und Rosa Luxemburg verübte. Eine Gruppe von Personen, die sich als »Opposition« darstellten und gegenüber dem sozialistischen deutschen Staat äußerst feindlich eingestellt sind, verletzte die öffentliche Ordnung und bemühte sich, die Demonstration zu stören.

Die Provokation hat ihr Ziel nicht erreicht und wurde von den zuständigen Organen unterbunden, die Schuldigen wurden zur Verantwortung gezogen. Bei der Untersuchung stellte sich heraus, daß viele der festgenommenen »Kämpfer für die Bürgerrechte« eng mit westlichen Geheimdiensten in Verbindung standen. Ihre Wühltätigkeit dirigierten bestimmte Kreise in Westberlin. Dank entlarvenden Dokumenten, die die Zeitung der westdeutschen Kommunisten, »Unsere Zeit«, veröffentlichte, wurde bekannt, wer im Ausland die antisozialistischen Elemente in der DDR finanzierte und materiell-technisch unterstützte. Die Massenmedien vergießen anläßlich der Festnahme der außer Rand und Band geratenen Abtrünnigen Krokodilstränen. Besonders ereifert sich im Export von Lügen über den Rundfunk ein Sender in Westberlin mit dem anspruchsvollen Namen »Glasnost«.

Die Westberliner Drahtzieher sind sich klar darüber, wie populär heute in der ganzen Welt alles ist, was mit diesem Begriff im Zusammenhang steht, bemühen sich aber ganz bewußt, nicht zu ihrem Wesen vorzudringen. Das würde nicht zu ihren Plänen passen. Die Lügenfabrikanten betreiben einfach Spekulationen mit diesem Begriff wie mit einer Ware, genau wie jene gewieften Händler, die Hosenträger verkaufen, welche kreuz und quer mit dem Wort »Glasnost« bedruckt sind. Wozu die reaktionären Kreise diesen neuen provokatorischen Rummel brauchten, ist sonnenklar. Die positiven Veränderungen im internationalen politischen Klima, die sich gerade bemerkbar machen, passen offensichtlich nicht in den Kram, die an Nostalgie des »kalten Krieges« leiden. Diesen Leuten paßt auch die wachsende außenpolitische Autorität der DDR nicht. In ihre Lügen verwickelt, möchten sie die Völker erneut hin zum Abgrund der Konfrontation und des Mißtrauens stoßen. Das tun sie in völliger Übereinstimmung mit den Traditionen der westlichen »Demokratie«, was ihnen nicht das geringste ausmacht.

Presseberichterstattung Deutschland-West

aus: Frankfurter Allgemeine Zeitung

Dienstag, 2. Februar 1988, Nr. 27

In der DDR sind wieder Gefängnisstrafen gegen Systemkritiker verhängt worden
»Versuchte Zusammenrottung zur Störung der öffentlichen Ordnung« / Noch sieben Personen in Haft

Ws. Berlin, 1. Februar. Das Stadtbezirksgericht Lichtenberg in Ost-Berlin hat am Montag drei Mitarbeiter der »Umwelt-Bibliothek« des Friedens- und Umweltkreises der evangelischen Zionskirchengemeinde zu je sechs Monaten Freiheitsstrafe verurteilt. Die 20 Jahre alten Andreas Kalk und Bert Schlegel sowie der 17 Jahre alte Till Böttcher, die am 17. Januar am Rande der offiziellen »Kampfdemonstration« zu Ehren von Karl Liebknecht und Rosa Luxemburg festgenommen worden waren und sich seitdem in Haft befinden, wurden wegen »versuchter Zusammenrottung zur Störung der öffentlichen Ordnung« verurteilt.

Der Staatsanwalt hatte für Kalk und Schlegel je acht und für Böttcher sieben Monate Freiheitsstrafe gefordert, der Rostocker Rechtsanwalt Schnur auf Freispruch plädiert. Nach dem Prozeß – an dem der Ost-Berliner Generalsuperintendent Krusche als Beobachter der Leitung der Evangelischen Kirche in Berlin-Brandenburg teilnahm – kündigte Rechtsanwalt Schnur an, daß er gegen das Urteil Berufung einlegen werde. Am vergangenen Donnerstag hatte dasselbe Gericht die 35 Jahre alte Vera Wollenberger, die in der »Kirche von unten« aktiv ist, ebenfalls wegen versuchter Zusammenrottung nach Paragraph 217 des DDR-Strafgesetzbuches zu sechs Monaten Freiheitsstrafe verurteilt. Auch gegen dieses Urteil hat Schnur Berufung angekündigt. Nach der Urteilsverkündung gegen Kalk, Schlegel und Böttcher fand in der dem Gerichtsgebäude gegenüberliegenden Kirche eine Andacht statt, bei der die Freilassung aller noch Inhaftierten gefordert wurde.

Außer den Verurteilten Kalk, Schlegel, Böttcher und Vera Wollenberger befinden sich aus dem Kreis kirchlicher und unabhängiger Gruppen noch sieben Personen in Haft, denen »landesverräterische Beziehungen« vorgeworfen werden. Es sind dies der 32 Jahre alte Liedermacher Stephan Krawczyk, der am 17. Januar im Zusammenhang mit der Liebknecht/Luxemburg-Demonstration inhaftiert wurde; seine Frau, die 37 Jahre alte Theaterregisseurin Freya Klier; die 42 Jahre alte Malerin Bärbel Bohley; ihr 36 Jahre alter Lebensgefährte, der Theaterdekorateur Werner Fischer; der 39 Jahre alte Geisteswissenschaftler ohne Anstellung Wolfgang Templin; seine Frau Lotte (Regina) Templin, eine kirchliche Angestellte, sowie der gelernte Schlosser und kirchliche Mitarbeiter Ralf Hirsch, 27 Jahre alt. Die

Genannten sind – außer Krawczyk – am 25. Januar verhaftet worden. Dabei wurden ihre Wohnungen stundenlang, manche – wie die Templins – sogar mehrfach gründlich durchsucht, wobei umfangreiches, vor allem schriftliches Material beschlagnahmt wurde. Außer Krawczyk und Klier, die durch ihre kritischen Programme, die sie seit 1985 nur noch in kirchlichen Räumen aufführen konnten, die staatlichen Stellen reizten, gehören die übrigen der Initiative »Frieden und Menschenrechte« an, die das hektographierte Informationsblatt »Grenzfall« herausgibt.

In der ganzen DDR nehmen die kirchlichen Veranstaltungen zur Solidarität mit den Inhaftierten weiter zu. Seit dem 17. Januar haben in mehr als dreißig Städten und Gemeinden Andachten mit Gebeten für die Freilassung der Inhaftierten stattgefunden. In Dresden, Leipzig, Torgau, Cottbus, Potsdam, Jena, Finsterwalde, Magdeburg und Naumburg finden nach kirchlichen Angaben – wie in Ost-Berlin – fast täglich Informations- und Fürbitte-Veranstaltungen in evangelischen Kirchen statt.

Als von den Menschen tatsächlich empfundene wichtige Errungenschaft wird das Recht auf Arbeit gemäß Artikel 24 der DDR-Verfassung gewertet. Es gilt in der Verfassungswirklichkeit allerdings nur eingeschränkt für Oppositionelle, für Personen etwa, die einen Ausreiseantrag gestellt haben. Auch kommt es in den letzten Jahren immer häufiger vor, daß bei einem Arbeitsplatzwechsel Personen arbeitslos werden. Im großen und ganzen wird das Recht auf Arbeit jedoch gewährt. Damit verbunden ist allerdings auch die Pflicht zur Arbeit. Artikel 24 Absatz 2 der DDR-Verfassung schreibt vor:

»Gesellschaftlich nützliche Tätigkeit ist eine ehrenvolle Pflicht für jeden arbeitsfähigen Bürger. Das Recht auf Arbeit und die Pflicht zur Arbeit bilden eine Einheit.«

Um eine Arbeitsplatzgarantie abgeben zu können, muß der Staat notwendigerweise auch Arbeitsplätze verplanen. Das hat zur Folge, daß es keine freie Berufswahl gibt. Trotz dieser Einschränkung ist für viele Bewohner der DDR hier ein positives Ergebnis staatlicher Politik vorhanden. Dies dürfte damit die einzige Grundrechtsbestimmung der DDR-Verfassung sein, die auch in ihrer Realisierung auf breite Zustimmung zählen könnte.

Wie empfinden die Bewohner der DDR die Lage der Menschenrechte in ihrem Land tatsächlich?

Immer wieder werden der westdeutschen Presse Aufrufe von Gruppen oder Einzelpersonen aus der DDR übermittelt, in denen Menschenrechte gefordert werden. Besonders die Reisefreiheit ist ein Anliegen fast aller Menschen in der DDR. Dabei können sie sich darauf berufen, daß die DDR-Regierung ungeachtet ihrer ideologischen Position sich international zur Einhaltung der Menschenrechte verpflichtet hat: durch die Unterzeichnung der KSZE-Schlußakte 1975 und des Internationalen Paktes über bürgerliche und politische Rechte der UNO. Daß sich der Staat nicht an die von ihm eingegangenen Verpflichtungen hält, daß die DDR die Menschenrechte nicht achtet, zeigen u. a. drei Aufrufe von DDR-Bewohnern aus den Jahren 1985 und 1986, die von der *Frankfurter Allgemeinen Zeitung* und dem *Spiegel* veröffentlicht wurden. Sie machen deutlich, worum es bei der Forderung nach Menschenrechten in der DDR geht und an deren Aktualität sich nichts geändert hat.

Frankfurter Allgemeine Zeitung 18. Juli 1985

Ein Brief an die Teilnehmer der Weltfestspiele in Moskau –

Jugendliche aus der DDR pochen auf die Verwirklichung der Grundrechte

Ws. Berlin, 17. Juli. Ende Juli bis Anfang August finden in Moskau die XII. Weltfestspiele der Jugend und Studenten statt. Zu dieser kommunistisch inspirierten Veranstaltung wird aus der DDR eine Delegation der »Freien Deutschen Jugend (FDJ)« reisen. Sie soll in Moskau die Jugend der DDR vertreten. Anfang Juli haben einige zumeist junge Leute aus der DDR, die nicht der FDJ angehören, einen offenen Brief an die Teilnehmer der Weltjugendfestspiele gerichtet. Diesen Brief haben sie auch an den Zentralrat der FDJ geschickt. »Da Ihr nach unserer Kenntnis die einzigen seid, die aus der DDR zu diesem Festival fahren können, hoffen wir, daß Ihr auch Meinungen und Haltungen von anderen aus der DDR, die nicht Mitglieder Eures Verbandes sind, zur Sprache bringt«, heißt es in dem Begleitschreiben an die »lieben Freunde« vom FDJ-Zentralrat. Sie hätten ihre Meinung in dem offenen Brief an die Teilnehmer der Weltjugendfestspiele dargelegt und möchten, daß auch über ihre Meinung als Beitrag aus der DDR diskutiert werden könne. »Wir hoffen, daß Ihr als in Moskau weilende Delegierte der DDR auch uns, als Bürger der DDR, vertretet.« Der offene Brief trägt die Unterschriften von 34 »Erstunterzeichnern«, darunter die des Ost-Berliner Pfarrers Rainer Eppelmann und die der jungen Schriftsteller Sascha Anderson und Rüdiger Rosenthal. Zehn von den »Erstunterzeichnern« gehören zu jenen 27 Jugendlichen, die im Januar einen Brief zum »Jahr der Jugend« an die Regierung der DDR gerichtet hatten, in dem sie eine Reihe von Forderungen erhoben, die ihrer Meinung nach erfüllt sein müßten, »um die volle Entwicklung und Entfaltung der Jugend zu ermöglichen«. Angemahnt wurden damals das Recht auf allseitige Bildung, der Zugang zu Informationen und geistig-kulturellen Gütern, Versammlungsfreiheit, Reisefreiheit, freie Wahl des Wohnsitzes und Entmilitarisierung des öffentlichen Lebens. Diese Forderungen kehren in dem offenen Brief an die Teilnehmer der Weltjugendfestspiele wieder, den wir nachstehend im Wortlaut veröffentlichen:

»Im UN-Jahr der Jugend finden die XII. Weltfestspiele der Jugend und Studenten statt. Dies möchten wir zum Anlaß nehmen, den Teilnehmern dieser Weltfestspiele einen offenen und friedensfördernden Meinungsaustausch zu wünschen.

Weil wir uns durch die nach Moskau gereisten Vertreter aus der DDR, Delegierte der Freien Deutschen Jugend, nicht voll vertreten fühlen, wollen wir euch unsere Meinung zur Diskussion stellen.

Bereits zum Anfang des Jahres haben Jugendliche aus Anlaß des UN-Jahres der Jugend in einem Brief an unsere Regierung Vorschläge zur Veränderung der Jugendpolitik unterbreitet, leider haben sie bisher noch keine Antwort darauf erhalten.

Wir meinen, daß die volle und allseitige Entwicklung und Verwirklichung der Menschen, speziell der Jugend, nur möglich ist, wenn die in der Allgemeinen Erklärung der

Menschenrechte festgeschriebenen Grundrechte voll verwirklicht werden. Da dies bisher nach unserer Kenntnis in keinem Land erreicht ist, sehen wir es als eine internationale Aufgabe an, die volle Verwirklichung der Allgemeinen Menschenrechte durchzusetzen, dabei werden auf Grund unterschiedlicher Strukturen die Ansatzpunkte verschieden sein. Für uns in der DDR ist die Durchsetzung folgender Rechte eine wichtige Aufgabe:
Recht auf freie Meinungsäußerung
Recht auf freie Information
Recht auf Freizügigkeit
Recht auf uneingeschränkte Reisefreiheit
Recht auf Versammlungs- und Vereinigungsfreiheit
Chancengleichheit in der Bildung, unabhängig von Religion und Weltanschauung.

Um diese Rechte durchzusetzen, sind nach unserer Meinung in unserem Land u. a. folgende Maßnahmen notwendig:

1. Recht auf freie Meinungsäußerung wird durch strafrechtliche Bestimmungen, deren Tatbestände nur sehr allgemein formuliert sind, eingeschränkt. Da dieses Recht jedoch nicht nur auf das Recht der Zustimmung zu staatlichen Maßnahmen reduziert werden darf, müssen Paragraphen, die die Ausübung dieses Rechts unter Strafe stellen können, außer Kraft gesetzt bzw. geändert werden.

2. Ein freier und unzensierter Informationsaustausch muß möglich werden. Dazu ist es unumgänglich, Zensurbestimmungen aufzuheben, freie Publikationen unterschiedlichster Art zu garantieren und noch immer vorhandene Einschränkungen für Publikationen aus dem Ausland aufzuheben. Ebenfalls dürfen Veröffentlichungen im Ausland aus der DDR heraus nicht von staatlicher Genehmigung abhängig sein. Auch hierbei sind umfassende Gesetzesänderungen notwendig.

3. Das auch in der Verfassung der DDR festgeschriebene Recht auf Freizügigkeit wird in der Praxis eingeschränkt. Es darf nicht möglich sein, Bürgern der DDR ihren Wohnsitz vorzuschreiben, ihnen den Aufenthalt in der Hauptstadt und anderen Orten zu verbieten und ihren Aufenthalt auf ihren Heimatkreis zu beschränken.

4. Die außerdem praktizierten starken Einschränkungen im Reiseverkehr ins östliche und westliche Ausland behin-

dern die Vertrauensbildung zu anderen Völkern und zur eigenen Regierung. Dies gilt nicht nur für die in Ausnahmefällen möglichen Reisen in das westliche Ausland, sondern auch für Reisen in Länder, die eigentlich unsere Bündnispartner sind. So ist es zum Beispiel nicht verständlich, daß Bürger der DDR an der Grenze zur CSSR ohne Begründung zurückgewiesen werden können, daß Privatreisen nach Polen nur in Ausnahmefällen möglich sind, daß Reisen nach Ungarn, Rumänien, Bulgarien und in die Sowjetunion beantragt werden müssen und ohne Begründung abgelehnt werden können. Es ist uns zum Beispiel unmöglich, als Bürger der DDR spontan nach Moskau zu reisen, um Veranstaltungen der XII. Weltfestspiele mitzuerleben. Reisen in das westliche Ausland sind nur für eine Minderheit, hauptsächlich ältere DDR-Bürger, möglich und für die Mehrheit ausgeschlossen.

In diesem Bereich sind umfassende Veränderungen notwendig, um jedem freie Aus- und Wiedereinreise zu garantieren.

5. Friedliche Versammlungen und die Gründung von Initiativen, Organisationen, Vereinen, Verbänden und Parteien dürfen nicht abhängig sein von einer staatlichen Genehmigung. Die freie uneingeschränkte Arbeit unabhängiger Gruppierungen würde die Gesellschaft vor der Erstarrung in eine festgefügte Verwaltungsordnung, die die schöpferische Initiative der Bürger unseres Landes nur hemmt, schützen.

6. Es darf weder soziale noch weltanschauliche Bildungsprivilegien geben. Es muß vermieden werden, Wohlverhalten zu fordern und offen geäußerte Kritik zu bestrafen. Dies setzt auch voraus, die Bildungspolitik inhaltlich offen zu gestalten.

Wir möchten mit diesem Brief nicht eine gegen die DDR gerichtete Propaganda unterstützen, sondern möchten konstruktiv an der Gestaltung der gesellschaftlichen Verhältnisse in unserem Lande mitarbeiten. Wir stimmen mit der DDR darin überein, daß der Frieden das Wichtigste ist. Jedoch ist Frieden mehr als ein dauerhafter Waffenstillstand. Solange die international anerkannten Menschenrechte verletzt werden, kann kaum von Frieden gesprochen werden, denn jegliche Beeinträchtigung der Menschenrechte, gleich in welcher Gesellschaft, gefährdet den Frieden.«

Der Spiegel Nr. 20, 12. Mai 1986

»Die Rechte einzelner spielen keine Rolle«

21 DDR-Regimekritiker fordern eine politische Kursänderung

In einer »Eingabe« an SED-Generalsekretär Erich Honecker haben 21 DDR-Bürger einen »konstruktiven Dialog« gefordert zwischen Staatsführung und Bürgern über die Gesellschaftspolitik, die führende Rolle der Partei und mehr Freiheiten in Bildung und Wissenschaft. Auszüge aus dem Zehn-Seiten-Schreiben, das unter anderem von Bärbel Bohley, der Havemann-Witwe Annedore-Katja und Hans-Jochen Tschiche, dem Leiter der Evangelischen Akademie Sachsen-Anhalt, unterzeichnet ist:

An die Stelle des sozialen Bildungsprivilegs wurde in der DDR ein politisches Bildungsprivileg gesetzt, das heißt, daß die berufliche Perspektive beziehungsweise der weitere Bildungsweg sehr stark vom politischen Wohlverhalten abhängig sind.

Bereits in der Schule wird dies in Beurteilungen unter dem Synonym »gesellschaftliche Arbeit« bewertet. Dadurch wird ein über den schulischen Leistungsdruck hinausgehender Anpassungsdruck erzeugt. Als »gesellschaftliche Arbeit« zählt dabei Mitgliedschaft und Übernahme von Funktionen in bestimmten Massenorganisationen. Damit erhalten diese, besonders die FDJ, die Rolle einer bildungspolitischen Machtinstanz. Mitgliedschaft wird zum »freiwilligen Zwang«, wodurch jedes Leben einer wirklichen Jugendorganisation unmöglich gemacht wird. Dieser Anpassungsdruck setzt sich auf dem weiteren Bildungsweg verstärkt fort.

Die Militarisierung des Bildungswesens beginnt schon im frühen Kindesalter (Kindergarten). Sie setzt sich im Wehrkunde-Unterricht an den Schulen, durch die größere Bedeutung der GST (Gesellschaft für Sport und Technik – die Red.) und der vormilitärischen Ausbildung fort.

Demgegenüber fehlt das Einüben demokratischer Verhaltensweisen fast völlig. Die Defizite in diesem Bereich sind erschreckend. Viele haben Schwierigkeiten, ihre Bedürfnisse und Forderungen zu formulieren bzw. teilweise überhaupt zu erkennen. Die Rechte des einzelnen und deren Einklagbarkeit spielen im Erziehungsprozeß kaum eine Rolle.

Von Parteitag zu Parteitag wächst mit dem Engagement der Druck von staatlicher Seite gegen die Engagierten. Ihnen wird immer wieder unterstellt, daß sie auf ungelöste Probleme hinweisen, um die DDR zu schwächen und zu diskreditieren. Dies führt dazu, daß das offene Gespräch von den Vertretern staatlicher Institutionen vermieden wird, gegen die Engagierten aber Repressalien ausgeübt werden. Leider treffen diese oft »unbescholtene« Bürger und Familienangehörige, die durch diese »Erziehungsmaßnahmen« verängstigt werden und jeden Mut zu eigenem Denken und Handeln verlieren.

Uns ist bekannt,

- ▷ daß seit dem 1.1.85 60 Personen aus unserem Freundes-, Bekannten- und Familienkreis im Alter von 14 bis 80 Jahren die Ausreise zu Besuchs- und Urlaubszwecken in sozialistische Länder verweigert wurde,
- ▷ daß 105 Bürgern ... aus dem westlichen Ausland die Einreise in die DDR verweigert wurde, um zwischenmenschliche Kontakte zu verhindern,
- ▷ daß seit dem 15.11.85 25 DDR-Bürger ohne gerichtlichen Beschluß in ihrer Freizügigkeit innerhalb des Landes behindert wurden,
- ▷ daß durch polizeiliche Maßnahmen kirchliche Veranstaltungen verhindert oder gestört wurden,
- ▷ daß zwölf Frauen 1985 die Teilnahme an der staatlichen Gedenkfeier in Ravensbrück verboten wurde,
- ▷ daß 50 Personen die Teilnahme an einer Gedenkveranstaltung in Sachsenhausen während der Friedensdekade 1983 verboten wurde,
- ▷ daß private Buchlesungen und Gespräche mit Autoren verboten wurden und Ordnungsstrafen von 200 bis 400 Mark erfolgten,
- ▷ daß private Zusammenkünfte mit Hinweis auf die Veranstaltungsordnung verhindert wurden,

- ▷ daß sehr viele Menschen in ihren persönlichen Rechten ... stark eingeschränkt und diskriminiert sind,
- ▷ daß aufgrund ihres gesellschaftlichen Engagements gegen viele Menschen Ermittlungsverfahren eröffnet wurden und zum Teil Verhaftungen erfolgten,
- ▷ daß persönliches Engagement berufliche und gesellschaftliche Konsequenzen mit sich bringt ...

Wenn die SED dem Anspruch »Alles zum Wohle des Volkes« gerecht werden will, dürfen diejenigen, die die Probleme benennen, nicht kriminalisiert werden. Wir erwarten deshalb, daß in unserem Land ein konstruktiver Dialog beginnt.

Der Spiegel Nr. 10, 3. März 1986

»Die Reisefreiheit aller Bürger ist nötig«

DDR-Friedensfreunde fordern öffentliche Debatte über Menschenrechte und Mitbestimmung

In einem Brief »An die Regierung der Deutschen Demokratischen Republik« fordern vier DDR-Bürger Reisefreiheit, mehr Mitbestimmung und die Einhaltung der Menschenrechte. Die Autoren, Mitglieder der DDR-Friedensbewegung – Peter Grimm, Ralf Hirsch, Wolfgang Templin und Pfarrer Rainer Eppelmann –, blieben auf ihre am 24. Januar abgeschickten Vorschläge bisher ohne Antwort. Text des Schreibens:

Die Uno hat das Jahr 1986 zum Jahr des Friedens erklärt. Nach dem mutmachenden Anfang mit dem beachtenswerten Vorschlag des KPdSU-Generalsekretärs, Michail Gorbatschow, sind nun entsprechend einer Forderung Gorbatschows alle Staaten und alle Bürger aufgefordert, ihren entsprechenden Beitrag zu leisten. Im Bewußtsein unserer Mitverantwortung bei der Erhaltung des Friedens und für die gesellschaftliche Entwicklung in unserem Land wollen wir unsere Vorstellungen zu einigen Problemen der Innenpolitik darlegen.

Wir möchten in unserem Appell auf den inneren Frieden eingehen, da nach unserer Meinung nur ein innenpolitisch friedlicher Staat auch nach außen wirklich überzeugend für den Frieden wirken kann. Innerer Frieden bedeutet für uns, die Garantie und praktische Durchsetzung der in der Allgemeinen Erklärung der Menschenrechte festgelegten Grundrechte zu vervollkommnen.

Als erste Schritte sind nach unserer Meinung folgende Maßnahmen notwendig und in diesem Jahr auch realisierbar. Alle Vorschläge sollten in öffentlicher, gesellschaftlicher Diskussion behandelt und geprüft werden:

1. Die Einschränkungen der Reisefreiheit empfinden wir als Mißtrauen der Regierung gegenüber den Bürgern. Reisen in das westliche Ausland sind noch immer nur in Ausnahmefällen und für Rentner und Invalidenrentner möglich. Auch die Reisemöglichkeiten in das sozialistische Ausland wurden in Einzelfällen ohne Begründung eingeschränkt oder vollständig verwehrt, wie es 1985 auffallend häufig geschah. Zur Vertrauensbildung erachten wir hierbei unter anderem als notwendig:

a) Die uneingeschränkte Reisefreiheit aller Bürger. Aufgrund der ökonomischen und politischen Situation der DDR wird dieses Ziel nur schrittweise zu erreichen sein.

b) Die gesetzliche Garantie der bestehenden Reiseregelungen, das heißt Begründungspflicht bei Ablehnung und die gesetzliche Möglichkeit, dieses Recht gerichtlich einzuklagen.

c) Die schrittweise Erweiterung der Reisemöglichkeiten, die nicht als Privileg oder willkürlich zu gewähren sind, sondern der detaillierten gesetzlichen Festlegung bedürfen.

d) Einschränkungen bei a), b) und c) sind nur im Falle einer strafrechtlichen Verfolgung möglich und müssen dem Bürger schriftlich begründet werden.

2. Die Paragraphen 99 (Landesverräterische Nachrichtenübermittlung), 106 (Staatsfeindliche Hetze), 107 (Verfassungsfeindlicher Zusammenschluß) und 218 (Zusammenschluß zur Verfolgung gesetzwidriger Ziele) usw. können so ausgelegt werden, daß sie elementare Menschenrechte einschränken. Die Praxis der juristischen Verfolgung politischer Engagements ist insgesamt fragwürdig. Daher ist unumgänglich:

a) Eine Amnestie für alle nach Paragraphen 99, 106, 107 und 218 usw. Verurteilten sowie die Einstellung aller aufgrund dieser Paragraphen laufenden Ermittlungsverfahren.

b) Von dieser Amnestie sollte nur ausgeschlossen bleiben, wer aufgrund der Verherrlichung von Faschismus, Militarismus oder Rassen- und Kriegshetze verfolgt oder verurteilt wurde.

c) Die Volkskammer sollte über die weitere Anwendung dieser Paragraphen beraten. Dazu ist es nötig, eine Volksaussprache durchzuführen.

3. Als vertrauensbildende Maßnahme und als Schritt zur Erweiterung der Möglichkeiten demokratischer Mitbestimmung halten wir die Aufstellung unabhängiger Kandidaten zu Kommunal- und Volkskammerwahlen für unerläßlich.

a) Jeder muß das Recht erhalten, einen Bürger mit dessen Einverständnis als Kandidaten aufzustellen.

b) Jeder Bürger muß sich selbst aus eigener Entscheidung als Kandidat zur Wahl stellen können.

4. Die Versammlungs-, Kundgebungs- und Vereinigungsfreiheit wird stark eingeschränkt durch die Möglichkeit und Praxis der Ablehnung von Anträgen auf Genehmigung von Versammlungen, Kundgebungen und Gründung von Vereinigungen. Daher meinen wir, daß es notwendig ist, bestehende Gesetze und Bestimmungen dahingehend zu ändern:

a) Versammlungen, Kundgebungen und die Gründung von Vereinigungen dürfen nicht von staatlicher Genehmigung abhängig sein, sondern die zuständigen staatlichen Organe müssen nur darüber informiert werden.

b) Versammlungen, Kundgebungen und Vereinigungen beziehungsweise deren Gründung können nur verboten werden, wenn deren Ziele nachweislich faschistische, militaristische, rassistische oder terroristische Inhalte haben.

5. Die Legalisierung der Wehrdienstverweigerung durch die Schaffung eines von jeglichen militärischen Strukturen unabhängigen zivilen Ersatzdienstes wäre ein deutliches Zeichen des Friedenswillens, sowohl für den inneren als auch den äußeren Frieden. Gleichzeitig sind folgende Veränderungen nötig:

a) Eine Amnestie für alle nach Paragraph 256 (Wehrdienst- und Reservistendienstverweigerung) Verurteilten sowie Einstellung aller deswegen eingeleiteten Ermittlungsverfahren.

b) Die Abschaffung des Wehrkundeunterrichts an den Polytechnischen Oberschulen.

c) Die Teilnahme an der vormilitärischen Ausbildung darf keine Bedingung für den Abschluß eines Lehrvertrages beziehungsweise für die Aufnahme eines Hoch- und Fachschulstudiums sein.

6. Für eine Grundvoraussetzung des inneren Friedens halten wir die Bereitschaft der Regierung der DDR zum Dialog auch mit Andersdenkenden. Daher schlagen wir vor, daß die Regierung der DDR auf Stellungnahmen, Kritiken, Vorstellungen und Vorschläge auch von Andersdenkenden, möglichst auch öffentlich, eingeht und sachlich reagiert.

Dieser Appell soll unsere Vorstellungen verdeutlichen, wie im Jahr des Friedens ein Prozeß konstruktiver Veränderungen beginnen könnte.

* Bei einer »Blues-Messe« in der (Ost-)Berliner Erlöserkirche.

IV. Die Sowjetunion, die DDR und die deutsche Nation – zur heutigen Bedeutung der Deutschen Frage

1989 feiert die DDR den vierzigsten Jahrestag ihrer Gründung. Der sozialistische deutsche Staat hat also eine gewisse Beständigkeit erreicht. Unabhängig von der Frage, wie undemokratisch und diktatorisch das politische System der DDR ist, muß man sich mit dem Problem auseinandersetzen, ob die Nachkriegsgeschichte nicht zu einem Zerfall der deutschen Nation geführt hat, ob Bundesrepublik und DDR füreinander nicht Ausland sind. Völkerrechtlich ließe sich der Zerfall bestreiten. Auch die politische Lage in und um Berlin zeigt, daß es auf deutschem Boden Besonderheiten gibt, die in der Welt ihresgleichen suchen. Die DDR schließlich hat diese Besonderheiten selbst anerkannt, als sie der Errichtung von »Ständigen Vertretungen« und nicht Botschaften in Bonn und (Ost-)Berlin zustimmte. Sie tat das jedoch auf sowjetischen Druck hin und möchte dies gern ändern. Nicht ändern will sie hingegen die besonderen innerdeutschen Wirtschaftsbeziehungen, weil mit ihnen zu viele Vorteile verbunden sind. Von entscheidender Bedeutung ist aber, ob die deutsche Nation zerfallen ist, ob die Deutschen im Westen und die Deutschen im Osten füreinander zu »Ausländern« geworden sind. Erich Honecker und die SED behaupten genau dies.

In der heute gültigen Verfassung der DDR aus dem Jahr 1974 ist jeder Hinweis auf die deutsche Nation getilgt worden. War in der ersten DDR-Verfassung von 1949 noch die Rede von Deutschland als einer »unteilbaren Republik«, verlangte die Verfassung von 1968 noch die Wiedervereinigung, so heißt es seit 1974 statt dessen:

»Die Deutsche Demokratische Republik ist für immer und unwiderruflich mit der Union der Sozialistischen Sowjetrepubliken verbündet. Das enge und brüderliche Bündnis mit ihr garantiert dem Volk der Deutschen Demokratischen Republik das weitere Voranschreiten auf dem Wege des Sozialismus und des Friedens.

Die Deutsche Demokratische Republik ist untrennbarer Bestandteil der sozialistischen Staatengemeinschaft.«

(Artikel 6, Absatz 2 der DDR-Verfassung)

In einzigartiger Weise hat sich hier ein Staat in seiner Verfassung »für immer und unwiderruflich« an einen anderen gebunden, hat sich die DDR mit der UdSSR verbündet. Im Parteiprogramm der SED wird dies damit begründet, daß die »Lebensinteressen« der DDR mit denen der Sowjetunion übereinstimmen. Erich Honekker findet in seiner Autobiographie dafür folgende Worte:

»Die Kampfgemeinschaft von SED und KPdSU, die Freundschaft der DDR und der Sowjetunion bilden eine entscheidende Grundlage unserer Erfolge. Diese Verbundenheit ist Bestandteil unserer Verfassung und der Dreh- und Angelpunkt unserer Politik. Durch unser Bündnis wird die Souveränität und Unabhängigkeit der Deutschen Demokratischen Republik, die an der Scheidelinie zwischen Sozialismus und Imperialismus in Europa, zwischen NATO und Warschauer Pakt liegt, unantastbar.«

(aus: Erich *Honecker:* Aus meinem Leben. (Ost-)Berlin 1980, S. 365)

Aus diesen Worten spricht eine »Frontmentalität«, die viele SED-Funktionäre kennzeichnet und die selbst mancher an den Sozialismus glaubende Intellektuelle in der DDR übernommen hat. Die Mauer als Monument der Staatlichkeit der DDR ist zu scheußlich, als daß man sie ohne weiteres hinnehmen könnte. Die Existenz des Staatssicherheitsdienstes verrät Schwäche und bedarf der Rechtfertigung. Also muß zur Begründung ein Feindbild propagiert werden. Das ist die NATO und deren angebliche Aggressivität, das sind »Imperialismus« und »Kapitalismus«. Mauer, Wehrerziehung *und* das »ewige« Bündnis mit der Sowjetunion finden so eine

Michail Gorbatschow und Erich Honecker auf dem XI. SED-Parteitag 1986 (dpa)

Erklärung. Da sich die SED nicht eingestehen will, daß ihre Herrschaft von innen bedroht ist, weil es nur wenige überzeugte Marxisten-Leninisten gibt, wird ein äußerer Feind beschworen. Das Bündnis mit der Sowjetunion soll folglich dazu dienen, die »aggressiven NATO-Kreise« abzuschrecken. Die vollständige militärische Integration der DDR in den Warschauer Pakt und die Anwesenheit der sowjetischen Streitkräfte in der DDR sind Ausdruck dieses »brüderlichen Bündnisses«, das die Herrschaft der SED sichert. Für Honecker und die SED ist dies in der Tat Ausdruck eines »Lebensinteresses«, denn sie streben nach der Sicherung ihrer Herrschaft im sozialistischen Staat. DDR-Verfassung und SED-Programm spiegeln also die Interessenlage der SED wider: Die Sowjetunion, deren Panzer 1953 die Herrschaft der marxistisch-leninistischen Partei gerettet haben, ist der zuverlässigste Garant des »real existierenden Sozialismus« auf deutschem Boden.

Für die UdSSR wiederum ist die Herrschaft der SED Garant ihrer Machtposition in Europa und in der Welt. Sie hat deshalb die DDR voll in ihr Bündnissystem integriert: durch die fortgesetzte Stationierung eigener Streitkräfte in der DDR, die vertragliche Regelung von »Freundschaft, gegenseitigem Beistand und Zusammenarbeit«, die Aufnahme der DDR in die östliche Wirtschaftsintegration, in den Rat für gegenseitige Wirtschaftshilfe (RgW) 1950, und in die militärische Integration des Warschauer Paktes (WVO) 1955. Innerhalb des Ostblocks ist die DDR industriell am erfolgreichsten. Mehr als ein Drittel ihres Handels wickelt sie mit der UdSSR ab, von der sie wiederum die meisten Rohstoffe erhält. Wirtschaftliche und militärische Interessen verbinden sich für die Sowjetunion zur Machtposition, die sie besitzt und natürlich erhalten will. SED und KPdSU bilden deshalb tatsächlich, wie Erich Honecker formulierte, eine »Kampfgemeinschaft«. Es kann also nicht verwundern, wenn Honecker und Gorbatschow gegen eine Wiedervereinigung Deutschlands eintreten, es sei denn, diese vollzöge sich auf der Grundlage des Sozialismus. SED und KPdSU beharren deshalb auf der europäischen Nachkriegsordnung, die sie konservieren möchten. Der Status quo garantiert ihnen den Machterhalt. Folglich erklärten Honecker und Gorbatschow gemeinsam am 6. Mai 1985: »Die deutsche Frage ist nicht ungelöst.«

Doch der Status quo hätte nur dann eine Chance auf Dauerhaftigkeit, wenn ihn die Völker selbst akzeptieren würden. Besonders die Polen, aber auch Tschechen und Slowaken, Ungarn, ja selbst Völker innerhalb der UdSSR wie Esten, Letten und Litauer lassen keinen Zweifel daran, daß sie den »real existierenden Sozialismus« nicht für unabänderlich halten und die Kontrolle durch die Sowjetmacht nicht für »immer und unwiderruflich« wollen. Gilt das auch für die Bewohner der DDR? Oder haben die Deutschen in der DDR eine neue Identität im »real existierenden Sozialismus« gewonnen?

Diese Frage ist nicht einfach zu beantworten. Denn natürlich hat der Aufbau eines neuen politischen und wirtschaftlichen Systems und haben die damit verbundenen gesellschaftlichen Veränderungen Auswirkungen auf das politische Bewußtsein und Identitätsgefühl der Bürger.

Die DDR-Bevölkerung ist als eine »leistungsorientierte Laufbahngesellschaft« beschrieben worden. Die überwiegende Mehrheit der Bürger sucht ihr Fortkommen in den Bahnen, die ihnen der Staat eröffnet. Doch die DDR-Gesellschaft hat, wie auch immer wieder beobachtet worden ist, ein doppeltes Gesicht, eines für den von Partei und Staat kontrollierten öffentlichen Bereich und eines für den privaten. Es gibt in der DDR, um einen Begriff des Rußland-Historikers Günther Stökl aufzugreifen, eine »Gesellschaft als Veranstaltung des Staates« und daneben die oft zitierte »Nischengesellschaft«. Da die Bevölkerung der DDR zu beiden Gesellschaften gehört, ist ihre Identität eine doppelt geschichtete.

Die DDR-Gesellschaft als Veranstaltung des Staates, das heißt: Der Freiraum des einzelnen wird auf ein Minimum reduziert. Die Partei versucht, über staatliche Machtorgane und gesellschaftliche Organisationen den einzelnen voll in eine öffentliche Sphäre einzubinden, aus der er nicht entfliehen kann und gegen die er nicht opponieren darf. Handeln und Denken sollen in dieser öffentlichen Gesellschaft übereinstimmen. Der einzelne soll gefühls- und vernunftmäßig die Politik der marxistisch-leninistischen Partei mitvollziehen, ihren Forderungen nach besten Kräften Folge leisten. Eine Utopie soll konkret werden: der Kommunismus.

Diese öffentliche Gesellschaft der DDR gerät zur Farce. Ein Blick in die Presse oder ins Fernsehen bestätigt das. Parolen und Erfolgsbilanzen sollen ein stetiges Fortschreiten zum Kommunismus hin bestätigen. Der Fortschritt ist das entscheidende Leitmotiv für die öffentliche Gesellschaft. Nur: An die Erreichung eines sorgenlosen Lebens in der klassenlosen kommunistischen Gesellschaft glaubt allenfalls noch eine kleine Gruppe von Parteiideologen. Für die überwiegende Mehrheit gelten andere Überzeugungen. Sie leisten öffentlich die geforderten Zustimmungsbeweise, z. B. bei den »Wahlen«. Sie unterstützen Solidaritätsadressen, schicken ihre Kinder zur Jugendweihe, zeigen »gesellschaftlich nützliche Tätigkeit«, und zwar in einem Maße, das es gestattet, die persönliche Laufbahn erfolgreich fortzusetzen. Die öffentliche Gesellschaft ist eine Veranstaltung des Staates, weil dieser die Spielregeln relativ autonom festgelegt hat. In klarer Erkenntnis der Realitäten hat er darauf verzichtet, sich in wirklich freien Wahlen zu legitimieren. Der SED-Staat hat statt dessen mit Panzern auf Arbeiter schießen lassen und die Mauer gebaut. Und der SED-Staat weiß genau, daß er den Abbruch der Mauer und die Auflösung des Staatssicherheitsdienstes nicht überleben würde. Denn politische und gesellschaftliche Zwänge sind letztlich nur mit Gewaltmitteln durchzusetzen. Freie Wahlen, davon kann man ausgehen, brächten der SED eine Niederlage. Die Utopie ist verlorengegangen, der Fortschrittsglaube verstaubt. Der »real existierende Sozialismus« strahlt nicht. Braunkohlenstaub verdeckt die Sonne.

Das Leben in der öffentlichen Gesellschaft der DDR ist deshalb geprägt von ganz persönlichem Leistungsstreben und der Beachtung des politischen Rituals. Die Verhaltensweisen in der Öffentlichkeit sind nicht spontan, in den seltensten Fällen echt, sie sind eingeübtes, regelhaftes Verhalten. Weil Spontaneität fehlt und die Partei mit

Hilfe des Staatsapparates das Verhalten der Bürger in der Öffentlichkeit verbindlich festgelegt hat, ist diese Gesellschaft mit ihren Ritualen nichts weiteres als eine Veranstaltung des SED-Staates.

Die Vorgänge in der DDR 1953, die Vorgänge in Ungarn, der Tschechoslowakei und Polen haben gezeigt, daß in dem Moment, da einer den Mut hat zu sagen, des Kaisers neue Kleider gäbe es gar nicht, der Kaiser sei nackt, wo – auf die Realität der sozialistischen Staaten übertragen – der Fortschritt offen angezweifelt, die Diktatur des Parteiapparates offen angeklagt, die Verletzung der Grundrechte offen angesprochen und ihre Verwirklichung offen gefordert wird, in diesem Moment ist das System in seinem Kern getroffen. Es kann nur seine Struktur völlig wandeln oder durch massive Repression vorläufig erhalten. Man muß abwarten, wie in der UdSSR unter Gorbatschow der Strukturwandel tatsächlich verlaufen wird, was Auswirkungen auf die DDR hätte, oder ob es wieder einmal nur eine relativ kurze Tauwetterperiode geben wird, in der den Künstlern etwas mehr Freiheit und den Arbeitern etwas mehr Konsum gewährt wird, ohne daß sich an der Diktatur der Parteiführung und des Apparates etwas änderte.

Die DDR ohne Ritual, die DDR-Gesellschaft als freie, nicht von Partei und Staatsapparat veranstaltete, wäre etwas grundlegend anderes. Dabei ist zu berücksichtigen, daß die Mehrheit der Bewohner der DDR, so sehr sie über das Verschwinden der Diktatur froh wäre, auch positive Leistungen ihres Staates sehen, die sie bewahren möchten. Die materielle Sicherheit, die nahezu bestehende Vollbeschäftigung sind *der* Pluspunkt in der Leistungsbilanz. Kostenlose medizinische Versorgung und das Bildungssystem werden von manchen als Pluspunkt gewertet, doch hier mangelt es einfach an der Kenntnis internationaler Standards.

Beim konkreten Erlebnis des einzelnen, einen sicheren Arbeitsplatz zu haben, sieht das anders aus. Im Widerspruch hierzu werden die anderen Elemente der Planwirtschaft, nämlich Mangelversorgung und natürlich auch Verplanung der Ausbildung als Mängel empfunden. Aber auch diese widersprüchliche Einstellung ist DDR-typisch.

Bedeutet vorhandener Stolz auf die Aufbauleistung der DDR, die Entstehung eines modernen Industriestaates aus den Trümmern des Zweiten Weltkrieges, der bei vielen DDR-Bürgern gerade der mittleren Generation vorhanden ist, bedeuten Zufriedenheit mit dem Sozialsystem und dem Arbeitsplatz, daß es eine eigene DDR-Identität gibt? Haben die Deutschen in der DDR also durch Zwang und gewisse Leistungserfolge eine Identität im »real existierenden Sozialismus« erworben?

Es ist eben nur eine Teilidentität, die die DDR bietet. Teile des Systems und Teile der Aufbauarbeit werden für positiv gehalten. Die SED-Führung weiß um diesen Sachverhalt. Vor rund fünfzehn Jahren begann sie, die »sozialistische Nation DDR« zu propagieren. Durch neue Lebensgewohnheiten, Denkweisen und Gefühle sollte sich angeblich eine eigene Nation in der DDR herausgebildet haben, die den fortschrittlichen Teil der deutschen Geschichte verkörpere, während im Westen weiterhin die »kapitalistische deutsche Nation« existiere. Doch nach einigen Jahren stellten die Parteiideologen fest, daß dieses Konzept reichlich theoretisch war und mit den tatsächlichen Gegebenheiten nicht übereinstimmte. So wird dann auch heute die Idee von der sozialistischen deutschen Nation, wenngleich sie keinesfalls aufgegeben wurde, nicht mehr propagiert. Vereinzelt versuchen noch Wissenschaftler zu zeigen, daß eine solche Nation sich entwickelt. Doch die SED griff statt dessen verstärkt auf die deutsche Geschichte als Element der Sinnstiftung zurück. Und hier berühren sich öffentliche und Nischengesellschaft.

Die Nischengesellschaft ist gekennzeichnet durch private Vertrautheit und Vertraulichkeit. Sie bedarf nicht des aus politischen

Ein gesamtdeutsches Phänomen: Schrebergärten (hier »Datschen« in Ost-Berlin) (Gesamtdeutsches Institut)

Gründen eingeübten Rituals. Sie entwickelte sich auf der Grundlage deutscher Traditionen unter den Bedingungen der modernen Industriegesellschaft. Sie ist sehr deutsch und – wie häufig beobachtet wird – teilweise auch sehr kleinbürgerlich. Sie vollzieht sich im gewohnten Lebensraum. In ihm hat das Heimatgefühl eine besondere Bedeutung. Sachsen und Brandenburg, Thüringen und Mecklenburg sind alte deutsche Landschaften, in denen sich über Jahrhunderte hinweg ein besonderes Gemeinschaftsgefühl entwikkelt hat, das stark von der heimatlichen Landschaft geprägt ist. Der hierin zum Ausdruck kommende, für Deutschland typische Regionalismus vermittelt vielen Menschen Geborgenheit, das Gefühl, hier »zu Hause« zu sein.

Die SED erkannte die Bedeutung der Nische und die Rolle des Heimatgefühls für das Leben des einzelnen. Anstatt mit aller Gewalt die Vorstellungen von »neuen sozialistischen Persönlichkeiten« durchzusetzen, zeigte sie sich in Grenzen flexibel. 1979 wurde eine eigene Gesellschaft für Heimatgeschichte im Rahmen des Kulturbundes gegründet. Anstatt weiter die neue sozialistische Nation zu propagieren, begann ein bis heute andauerndes Bemühen um Heimatpflege. Hatte die DDR früher Bauten wie das Ber-

Erfurt, Krämerbrücke (Bildarchiv Jürgens)

Erfurt, Gildenhaus (Gesamtdeutsches Institut)

liner Stadtschloß oder die Potsdamer Garnisonskirche sprengen lassen, so wurde nunmehr mit ehrgeizigen Denkmalschutz- und Wiederaufbauprojekten begonnen. Zu den glanzvollen Höhepunkten zählen bis jetzt die Wartburg, die Semper-Oper in Dresden, Schauspielhaus und historischer Stadtkern in Berlin. An Martin Luther, früher von der SED als Fürstenknecht verschrien, und an Friedrich II. von Preußen, früher als Militarist und Reaktionär verdammt, gewannen Historiker öffentlich auch positive, »fortschrittliche« Seiten, so daß beide in die Ahnenreihe der DDR aufgenommen wurden. Es folgten August der Starke von Sachsen, Friedrich Wilhelm I. von Preußen (der »Soldatenkönig«), Friedrich Wilhelm von Brandenburg (der »große Kurfürst«), ja sogar Bismarck.

Die Wartburg bei Eisenach (Gesamtdeutsches Institut)

Doch hier zeigt sich die ganze Ambivalenz des Vorgangs: Man kann nicht Luther und Friedrich den Großen ohne weiteres in das eigene Ahnenerbe eingliedern. Man kann wohl die eigene Geschichte pflegen, nur »Sachsens Glanz und Preußens Gloria«, wie eine erfolgreiche DDR-Fernsehserie hieß, sind eben nicht

DDR-Geschichte. Pflegt man das historische Erbe, so pflegt man das Erbe der deutschen Geschichte. So wirkt denn die Hinwendung zur eigenen Geschichte keinesfalls im Sinne der Partei, denn sie fördert nicht die Erziehung zu neuen »sozialistischen Persönlichkeiten«, sondern knüpft an das deutsche Nationalbewußtsein und an die Heimatgefühle der Bürger an.

Diese Politik ist aber zugleich realistisch. Die Menschen in der DDR sind Deutsche und werden dies in ihrem Bewußtsein in absehbarer Zeit bleiben. Da es der SED in 40 Jahren nicht gelungen ist, den neuen Menschen zu schaffen, spricht es für pragmatische Einsichtsfähigkeit, wenn die Partei von einem Konfliktkurs absieht und statt dessen auf das Wohlbehagen der Bürger abzielt.

Den Begriff Stabilität rechtfertigt diese Entwicklung nicht. Stabil ist eine Gesellschaft, die in der Lage ist, widerstreitende Interessen zu integrieren. Wenn Honeckers SED Heimatgeschichte pflegt, wenn sie städtebaulich einen Prozeß der Erneuerung einleitet, wenn sie versucht, der Jugend Spaß in Diskotheken und anderen, gleich ob Bauern, Handwerkern oder Umweltschützern, das Gefühl von mehr Mitwirkungsmöglichkeiten zu geben, dann schafft das nicht Stabilität. Es schafft oberflächliche Ruhe. Stabilität bedeutet mehr: Beständigkeit, Dauerhaftigkeit.

Die DDR existiert seit fast 40 Jahren. Historisch gesehen ist das ein relativ kurzer Zeitraum. Im Rahmen der deutschen Geschichte des 20. Jahrhunderts erscheint er eher lang. Diese relative »Dauerhaftigkeit« der DDR wurde in den vergangenen Jahren durch sowjetische Panzer, den Staatssicherheitsdienst und die Mauer gewährleistet. Erst wenn diese drei zentralen Elemente des SED-Staates wegfallen, kann sich zeigen, welchen Weg die Menschen in der DDR gehen wollen. Erst dann wird sich erweisen, ob die DDR wirklich stabil ist und damit die Deutsche Frage von der Geschichte beantwortet wurde oder ob der sozialistische Staat nur so beständig ist wie die Mauer in Berlin und die sowjetischen Panzer dahinter.

Quellenangaben

Aus Raumgründen wird auf eine weiterführende Literaturliste verzichtet. Zitate sind entweder bereits im Text nachgewiesen, oder aber sie entstammen den zahlreichen Quellentexten, die vom Gesamtdeutschen Institut herausgegeben worden sind. Dies gilt besonders für

- die Verfassung der DDR
- das Programm und Statut der SED
- die verschiedenen zitierten Gesetze der DDR
- die Dokumente zur Deutschlandpolitik der Siegermächte.

Das Zahlenmaterial ist primär entnommen aus:

Statistische Taschenbücher der Deutschen Demokratischen Republik 1986 und 1987. Hrsg. von der Staatlichen Zentralverwaltung für Statistik. (Ost-) Berlin 1986 und 1987.

DDR-Handbuch. Hrsg. vom Bundesminister für innerdeutsche Beziehungen. 2 Bde., Köln 1985.